大数据金融丛书

从零开始学基金

黄士铨 著

电子工业出版社
Publishing House of Electronics Industry
北京·BEIJING

内 容 简 介

为了帮助有基金投资需求的人理解基金投资，本书作者分析海内外基金数万只，结合过去投资经验与投资者问题反馈，总结了一些符合中国市场的基金投资方法，从基本的自我认识到最终的基金追踪诊断，列举大量真实数据并搭配案例说明，希望基金投资者在牛市、熊市都能够淡定面对，让投资、生活、事业互不干扰且相辅相成。

本书实用性强，可以定位为基金投资的工具书，建议四类人阅读、学习。第一类，理财经理（或基金投资顾问）。中国地区这类职业人士的年纪尚轻，需要对基金投资有更多、更深的理解。第二类，有点资产想要自主投资基金的人。按照本书的内容操作，代价小、收获大。第三类，基金投资已经出现长期亏损的人。按照书中的诊断方法去理解与应对，不会犯大错。第四类，要做定投的人。虽然市场上关于定投的书很多，但具有实操性、深入分析基金投资的比较少，而本书实用性强，可以按照内容操作，是一本适合了解基金投资的工具书。

未经许可，不得以任何方式复制或抄袭本书之部分或全部内容。
版权所有，侵权必究。

图书在版编目（CIP）数据

从零开始学基金 / 黄士铨著. —北京：电子工业出版社，2022.1
（大数据金融丛书）
ISBN 978-7-121-42225-6

Ⅰ. ①从… Ⅱ. ①黄… Ⅲ. ①基金－投资－通俗读物 Ⅳ. ①F830.59-49

中国版本图书馆 CIP 数据核字（2021）第 210149 号

责任编辑：李　冰　　　　　特约编辑：田学清
印　　　刷：北京天宇星印刷厂
装　　　订：北京天宇星印刷厂
出版发行：电子工业出版社
　　　　　北京市海淀区万寿路 173 信箱　　　邮编：100036
开　　本：720×1000　1/16　　印张：12　　字数：268.8 千字
版　　次：2022 年 1 月第 1 版
印　　次：2023 年 5 月第 10 次印刷
定　　价：75.00 元

凡所购买电子工业出版社图书有缺损问题，请向购买书店调换。若书店售缺，请与本社发行部联系，联系及邮购电话：（010）88254888，88258888。
质量投诉请发邮件至 zlts@phei.com.cn，盗版侵权举报请发邮件至 dbqq@phei.com.cn。
本书咨询联系方式：libing@phei.com.cn。

推 荐 序

"工欲善其事,必先利其器。"

——《论语·卫灵公》

这是一个最好的时代

2020 年末,中国经济总量突破 100 万亿元。

20 世纪 70 年代末,中国开始全面实施改革开放政策,启动了中国经济从计划经济体制向市场经济体制的转型,充分释放了中国经济的活力,创造了人类经济发展史上罕见的中国速度。

在中国经济体制的转型过程中,中国资本市场应运而生,并逐渐壮大、规范和开放。

2021 年 10 月,经过三十年的发展,沪深两市上市公司总数已突破 4000 家,开立证券账户的投资者超过 1.9 亿户,总市值超过 80 万亿元。资本市场的发展历程也成为了中国经济快速发展的珍贵缩影。

从 QFII、QDII 到 RQFII,再到 2021 年逐步取消期货、基金和证券公司的外资持股比例限制,我国资本市场整体呈现出循序渐进和逐步加速的特征,并进一步对外资开放。境外机构和个人持有境内人民币股票和债券资产的数量持续增加,境外投资者参与我国资本市场的程度逐年加深,中国资本市场的国际地位大幅提升。

这是一个信任的时代

1998 年春天,国泰基金、南方基金、华夏基金的相继成立开启了中国证券市场的基金元年。规模也历史性地增至 24.02 万亿元，产品体系不断完善，FOF、科创板基金、基础设施公募 REITs、北京证券交易所也伴随市场需求应运而生。

截至 2020 年第三季度末，若剔除一般法人，公募基金持股市值占比超过 41%，成为 A 股最大的机构投资者。随着国家经济稳步向好发展，人民生活水平逐步提高，手有余钱的大众投资者参与市场的意向也越来越强烈。中国证券投资基金业协会数据显示，2019 年 12 月底，我国公募基金场内投资者总数为 1980 万。其中，专业机构投资者为 2.64 万，一般机构投资者为 4.8 万，自然人投资者为 1973 万（占比 99.6%），自然人投资者占比同比上升 7%。

这是一个从野蛮生长到严格监管规范的过程。在过去五年中，资管新规落地，基金行业的各项规章制度不断完善，金融市场的对外开放程度不断提高，为基金公司带来了挑战，同时也带来了机遇。持续深化"合规、诚信、专业、稳健"的基金行业文化理念，保护基金份额持有人的合法权益是保证行业健康发展、获取投资者信任的基石。"为天下人，理天下财"，要像管自己的钱一样管理投资者的钱，这是我从业以来一直秉持的观点。监管的不断加强和投资者参与数量的不断增加，是机构和投资者之间信任感双向加强的体现。

这是一个智慧的时代

"退潮之后，才会发现谁在裸泳。"

——沃伦·巴菲特。

在过去两年中，市场行情火热，上证指数、沪深 300 指数分别上涨 39.04%、77.05%，基金赚钱效应明显，吸引了大量新基民涌入。2020 年 1 月，核心资产带动指数快速拉升，市场风格在经历短暂的回调后进一步极致化，并持续到春节前。因此，很多对基金产品并不了解的新基民在高点买入。但市场很快就教育了这些慕名而来的新人。在春节后，市场行情快速逆转，仅经过 13 个交易日就急速下跌 338.43 点。截至 2021 年 3 月 31 日，全部基民中盈利人数比例从 2020 年底的 70.42% 降至 53.28%，平均收益率由 15.44% 下滑至 8.85%。目前，仍然持有基金份额的基民，其盈利情况下滑更加明显，盈利人数占比从 95.90% 大幅下滑至 48.86%。大部分春节前买入的基民，目前仍未盈利。

根据中国证券投资基金业协会发布的 2019 年度《全国公募基金投资者状况调查报告》，在 1973 万自然人投资者中，只有 53% 的人接受过与金融相关的教育，25.2% 的人通过自学金融教材和书籍的方式获得金融知识，20.4% 的投资者没有接受过或自学过任何金融相关的教育。资本市场如虎狼，却有近 20% 的人在

"裸泳"。

投资并不是简单的技术分析，市场也从来都不是理性的。这是一场与自己、与对手进行的心理博弈战。投资公募基金可以将宏观分析和市场把控的环节交给基金经理。但是在面对 8866 只基金、151 家基金机构时，我们该如何抉择？

本书作者黄士铨先生在近 20 年金融行业从业的过程中，分析海内外基金，结合中国市场特征，以及基金投资者的大量问题，总结出了一套符合中国市场的基金投资方法。让纪律操作简化投资过程，减少不必要的操作和时间消耗，帮助投资者穿越"牛熊"，聪明赚钱。

基金到底是什么？为什么适合大多数人参与？为什么现在是好的时间点？如何挑选、追踪、调整基金？此处不再赘述，请大家在书中寻找答案。

这是一个"天时、地利、人和"的时代。作为一名见证基金行业崛起的老兵，我很欣慰能在投资者教育市场中看到这样一本实操性强、简单易懂的基金投资工具书。

资本市场的日趋成熟和规范并不是投资者在这场零和游戏中获利的"护身符"。投资者自身对游戏规则的认知和所掌握的应对技巧才能够成为其上战场的"铠甲"。

对于公募基金行业的所有参与者来说，最好的时代正在来临！

马庆泉
中国人民大学客座教授
曾任嘉实基金董事长、广发基金董事长

前　言

对于普通大众而言，公募基金可以说是公开且容易参与的投资。随着互联网技术的发展，信息获取变得非常容易，再加上互联网带来的流量经济，许多断章取义或者为博取眼球而夸大内容的关于投资的文章充斥着我们的手机。

2009年之前，我任职于渣打银行（中国台湾地区），从事财富管理多年，我更多的是代表金融机构面对投资者，从大类资产配置到基金筛选诊断等内容都必须与时俱进。海外基金发展已经非常成熟，关于基金的分析模式也已经数据化，投资者在投资市场能不能获得更多的收益，主要取决于其对区域经济的宏观判断和基金配置。根据我的一线观察，投资者最终能不能获得收益，跟自己的投资认知有很大的关系。

2010年之后，我全身心投入中国大陆地区金融培训市场，培训过的银行理财经理人数超过十万人，而其他地区鲜少有渠道了解中国大陆地区的基金。2010年1月，全国的公募基金才800多只，但是到了2020年1月，全国的公募基金已经达到6000多只。由于海内外投资市场的组成结构大不相同，国内投资市场尚处于快速发展阶段，海外基金的分析模式不能完全套用现阶段中国地区的基金。作为金融培训顾问，也是基金投资的受益者，我觉得有责任把自己掌握的投资理念传达给身边的朋友。虽然我多年的知识积累和实务工作经验没办法通过一本书说清楚，但是关于投资大多数人也不想了解太多内容，所以本书只说明"如何按纪律操作基金来实现财富增长"，其中引用了大量数据，有兴趣的读者可以深究，没兴趣的读者直接看结论即可。

我因工作需要有幸从事财富管理多年，研究、分析海内外基金，深谙海内外资本市场及海内外公募基金的差异，对于国内外公募基金的接触、分析多达几万只，从业期间看过形形色色投资者五花八门的赚钱方式，当然也见过不少光怪陆离的亏钱方式。

经过观察，我觉得能通过基金投资赚钱的人基本都有以下三个共性。

第一个共性，认知。他们了解金融交易的本质，了解自己，了解风险。

第二个共性，学习欲望。他们关心赚钱的核心逻辑远胜于账面上短暂的损益。

第三个共性，不贪心。他们都是先要求降低风险，再追求合理的收益。

这三个共性无法以数据去量化，却又是非常重要的元素，结合本书内容的编写主线——我个人研究、分析许多海内外基金的经验总结，加之研究了海外资本市场发展的历史，并结合具有中国特色的市场发展趋势，结论就是：对于普通大众来说，公募基金投资是非常好的投资。希望本书能帮助大家健康投资、快乐理财。

本书特色

1. 实用性强，简单易懂

培训经历告诉我，基金投资讲究的是快、狠、准。对于一堆与投资行为没有直接关联的理论与定义，我基本上能少就少；对于重要的操作知识点，我会详细论述并举例说明。

2. 数据验证，实例说明

重要知识点会尽量通过海内外数据进行验证，并且用真实案例说明，我做不到的事情就不会说，坚决不喊不切实际的口号——"定投 10 年赚 10 倍"，"定投 10 年获利千万元"，这种神操作在本书中不会出现。

3. 建立容易被忽略的"投资认知"

根据观察，投资能不能赚钱跟标的物的关联不是太大，跟投资者的投资认知的关联比较大。投资者想要通过投资赚钱的话，首先要了解自己，然后了解风险收益的流动性，最后了解金融产品与操作技巧。

本书体系结构

第 1 章是基金投资前的必备认知。本章可以帮助投资者建立正确的资产配置观念，使其了解自己，了解投资风险，并说明主动型基金是我国现阶段最好的投资。

第 2 章是基金基础知识。本章简要介绍不同类型基金的特性、优势与风险，明确基金是中立的,告诉投资者能善用优势就能多获得一些收益。

第 3 章是单笔投资的基金筛选逻辑。本章将一堆看似专业的评估指标的神秘面纱揭开,其实其背后的逻辑浅显易懂,并详细说明投资者如何利用几个关键指标选到适合自己的基金,让手上有点资金的人可以放心投资并持有。

第 4 章是投资后如何应对和调整:持续追踪、诊断基金的方法。本章详细说明基金持有跟踪方法及操作的纪律,目的是帮助投资者掌握关键指标,让自己的资金能够在市场上相对优秀。

第 5 章是单笔投资重要的择时点参考。本章将公募基金作为中长期投资,由于一些单笔投资的资金相对较大,所以投资者需要掌握进出场的时机点,并学习相关知识,这样可以有效避开因追捧某些热点造成的亏损。

第 6 章是定投的正确打开方式。定投是一种用时间换利润的投资方式,适用于所有人,详述其策略的有效性,并纠正常见的错误方式。

本书读者对象

- 理财经理(或基金投资顾问)。
- 有点资产想要自主投资基金的人。
- 基金投资已经出现长期亏损的人。
- 要做定投的人。

本书交流互动

方式 1:欢迎添加抖音号"moneyup001",与作者实时交流。

方式 2:关注微信公众号"麻利二铺",参与基金诊断互动。

目 录

第1章 基金投资前的必备认知 ... 1

- 1.1 如何快速识别金融产品 ... 2
- 1.2 如何通过理财投资实现财务自由 ... 3
- 1.3 基金投资的地位为什么在《资管新规》出台后大幅提升 ... 5
  - 1.3.1 为什么要出台《资管新规》 ... 6
  - 1.3.2 《资管新规》对基金投资的影响 ... 8
  - 1.3.3 炒股不如买基金 ... 10
- 1.4 为什么主动型基金是现阶段（2020年）中国市场基金投资的首选 ... 17
  - 1.4.1 海外成熟市场为什么推崇指数型基金投资 ... 17
  - 1.4.2 中国市场现阶段（2020年）为什么要投主动型基金 ... 20
  - 1.4.3 折中：现阶段指数增强型基金是个不错的选项 ... 22
- 1.5 为什么投资基金前必须填写风险评估问卷 ... 23
  - 1.5.1 为什么不能忽视风险评估问卷的严肃性 ... 23
  - 1.5.2 从风险的角度理解产品的功能 ... 29
  - 1.5.3 从资产布局理解产品的适配性 ... 30
- 1.6 如何选择适合自己的交易渠道 ... 32
  - 1.6.1 基金销售的商业模式 ... 32
  - 1.6.2 基金销售的渠道 ... 33
- 1.7 如何打造自己长期投资的健康心态 ... 37
  - 1.7.1 投资为什么要趁早 ... 37
  - 1.7.2 收支曲线与梦想规划 ... 38

1.7.3 你不理财，财不理你 40
1.7.4 如何应用大类资产配置穿越"牛熊" 42
1.7.5 什么样的投资策略适合自己 47
1.7.6 持有多少只基金合适 53

第 2 章 基金基础知识 56

2.1 基金的基本构成 56
2.1.1 基金的生命周期 57
2.1.2 净值、累计净值 59
2.1.3 分红、分红再投 62
2.1.4 关于交易：认购、申购、赎回、转换（复利定义+规则说明） 65
2.1.5 关于流动性：封闭期与开放期、新基建仓期、定开 66
2.1.6 收费形态：费用结构与收费类型 67
2.1.7 操作类型：主动操作与被动操作 68

2.2 从不同视角看基金定义与投资时机选择 73
2.2.1 公募基金对于投资布局的重要性 73
2.2.2 股票型基金："雇佣"专业的团队帮你投资股票 74
2.2.3 债券型基金：实现资产长期稳健增长 77
2.2.4 货币型基金：短期大额资金存放好去处 83
2.2.5 混合型基金：攻守兼备的全能工具 84
2.2.6 "固收+"基金：长期配置的稳固基础 89
2.2.7 指数型基金：看好就上，减少外部干扰 90
2.2.8 QDII 基金：全球配置好帮手 93
2.2.9 FOF 基金：专业的团队帮你挑选、追踪基金 94

第 3 章 单笔投资的基金筛选逻辑 98

3.1 基金全量观察维度（公开资讯）概览 98
3.1.1 业绩回报 98
3.1.2 基准指数 100
3.1.3 同类平均 100
3.1.4 同类百分比排名 102
3.1.5 年化回报 103
3.1.6 最大回撤 103

3.1.7 规模变动 104
3.1.8 夏普比率 105
3.1.9 贝塔系数 105
3.1.10 阿尔法系数 106
3.1.11 持有人结构 106
3.1.12 投资风格 107
3.1.13 换手率 107
3.1.14 资产配置 108
3.1.15 历任经理人 109
3.1.16 评级机构 110
3.2 资本市场特有的发展阶段 110
3.3 现阶段基金筛选的主要观察维度 113
3.3.1 主要维度1：阶段性排名的意义 113
3.3.2 主要维度2：绩效收益率走势对比 117
3.3.3 主要维度3：经理人的操作能力评估 119
3.3.4 主要维度4：主题轮动捕捉能力的体现 122
3.4 现阶段基金筛选的辅助观察项 125
3.5 基金公告重点事项 128

第4章 投资后如何应对和调整：持续追踪、诊断基金的方法 130

4.1 逐步缩小范围，判断问题出在哪儿 130
4.1.1 方法1：看大范围，看国际环境（美欧日股，贸易）............ 131
4.1.2 方法2：看中范围，看国内政策（资金政策，外资政策）.... 132
4.1.3 方法3：看小范围，看产品性质（时机优劣与基金优劣的四种场景）.. 133
4.2 基金诊断核心方法论 133
4.2.1 排名出现异常怎么办 133
4.2.2 绩效对比出现异常怎么办 136
4.2.3 经理人出现异动怎么办 139
4.2.4 优秀占比出现异常怎么办 143

第5章 单笔投资重要的择时点参考 146

5.1 时间会给基金一份公平的答卷 146
5.2 从企业融资的角度找到相对有利的时机点 149

5.3　从资金趋势的角度找到进入时机 153

第 6 章　定投的正确打开方式 159

　　6.1　定投赚钱的基本原理 159

　　6.2　基金定投的盈利收窄效应 164

　　6.3　哪些基金适合定投 167

　　6.4　定投需要选择时机吗 171

　　6.5　定投多久投一次合适 172

　　6.6　常见的定投操作策略 172

　　6.7　小结 179

参考文献 180

第 1 章

基金投资前的必备认知

在基金投资之前,我们需要了解看似基本但又非常重要的投资认知,这些投资认知是我们投资能否盈利、盈利的钱能否留在自己口袋里的关键。

2016年年底,我和三位好友在深圳聚餐,其中一位好友知道我对投资有点研究,就希望我报一只股票给他们,让他们发点小财。这类诉求在我的职业生涯中上演过太多次,就算现场推荐了标的,其结局也是能猜到的。为了不扫朋友们的兴致,我推荐了当时自己认为不错的港股"腾讯",推荐的原因也很简单,聚餐的地方在深圳,附近就有很多公司是腾讯的供应商,"脑力"就是股价。另外,我还跟朋友们强调,股票经常有变数,发生的任何损益都要自己负责。

话音刚落,其中两位朋友直接拿起手机下单了,当时腾讯每股190港元;另一位没下单的朋友则认为股票太伤神,不想折腾。时隔不久,那位问股票的朋友发了一张手机截屏给我,画面表明他在腾讯股价180港元的位置卖了,可能是想证明我是错的,并没有附带任何留言。过了很久之后,另一位在当时也下单的朋友给我打了一个电话,口气很紧张,对我兴奋的惊呼:420港元了!我很惊讶,他的股票居然还留在手上没卖,原来他因为工作太忙,根本没时间关注股票,当公司同事讨论到腾讯股价的时候才想起来自己也买了一点,发现涨了很多,所以急忙来问我要不要继续持有。

这类持有的问题在我的职业生涯中也经常被问到,通常我的标准回答是:满意了请结清,不满意请继续,一旦开始影响情绪或工作,结果都不会太好,任何决定的损益请自负。电话那头的朋友瞬间理解到刚才的兴奋显然影响了他的生活或者工作,于是决定卖掉。

三个不同的人,同一个时间,同一个地点,同一个标的物,最后的结果却截然不同。投资能不能赚到钱,问题不在于标的,而是人的认知。如果投资者不具备正确的投资理财认知,就算选到了天下无敌的标的都是没有意义的。

1.1　如何快速识别金融产品

任何带有投资属性的金融产品都具有风险性、收益性、流动性,没有一个金融产品能同时满足零风险、高收益、流动性佳三个条件,这也是投资圈经常听到的投资不可能三角理论,如图1-1中的A所示。

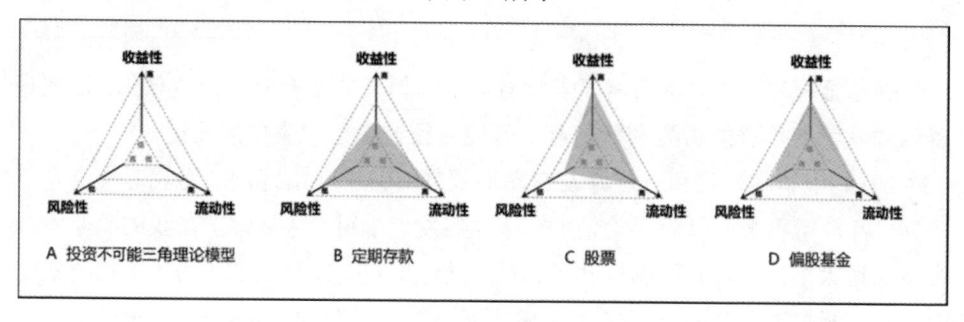

图1-1　投资不可能三角理论模型与金融产品识别

- 什么是风险性?风险性是指未来可能发生某件事会造成损失的可能性,或者是与预期回报间的落差。
- 什么是收益性?收益性是指扣除已经投入有价成本(脑力、劳力、资金等)之后得到的利润。
- 什么是流动性?流动性是指投资标的兑换现金的速度。

下面通过三种产品来验证一下投资不可能三角理论。

① 定期存款:收益低,流动性好,基本没有风险,如图1-1中的B所示。

② 股票:收益高,流动性好,风险高,如图1-1中的C所示。

③ 偏股基金:收益中偏高,风险中偏高,流动性中等,如图1-1中的D所示。

投资者通过对投资不可能三角理论的认知,可以清楚地知道:当你的收益欲望越大时,对应承担的风险越高;当你想保持资金随时变现的灵活性时,就要放弃收益或者承担高风险;如果你想要风险很低,就要放弃流动性或者收益。

1.2 如何通过理财投资实现财务自由

根据我过去投资讲座现场做的调研，对于"投资的目的是什么"这个问题，90%以上的人回答：获得财务自由。

那到底应该如何定义财务自由呢？财务自由跟金融产品之间又是什么关系呢？我们看过很多投资者像过山车一样的投资绩效，好的时候像股神，不好的时候像瘟神，这是投资者没有适当处置投资收益造成的。投资收益越高的时候，持有的资产积累的风险就越高，投资者进行适当的调整配置，就像是水坝泄洪，能够适当释放风险。

所谓的财务自由，指的是被动收入大于基本生活费用。被动收入是指不需要付出任何脑力或劳力就能获得的收入。反之，主动收入就是需要付出脑力或劳力才能获得的收入。所以人们要实现财务自由，就需要建立超过基本生活费用的被动收入体系。主被动收入现金流动图解如图1-2所示。

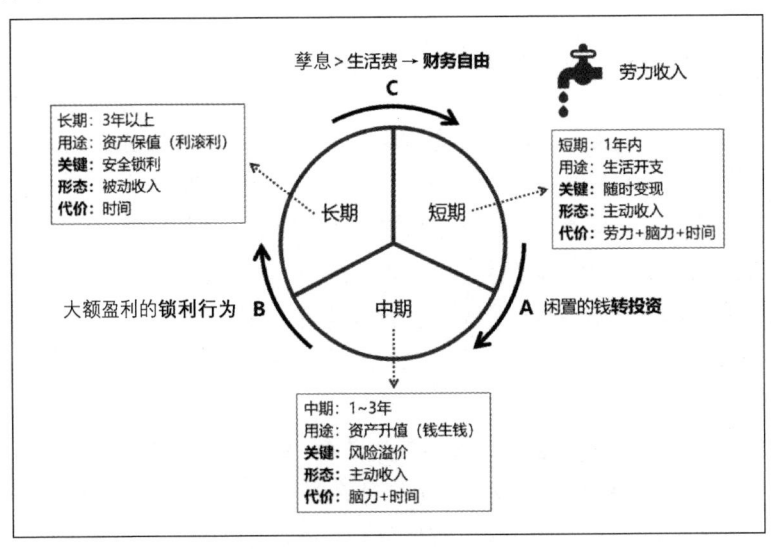

图1-2 主被动收入现金流动图解

从图1-2中可知，我们可以把资金简单地分成短期、中期、长期三个部分。

短期资金代表1年内要用的钱，主要用于生活必要的开支。预留短期资金的关键是确保资金供给的流动性，需要的时候，马上能取用，至少要准备相当于3～6个月生活开支的流动资金。短期资金来源于人们的主动收入，是用脑力、劳力和时间换来的收入。

既然短期资金规划的特点是确保流动性，那么用来承接短期资金的金融产品（银行的产品体系较全面）有活期存款（现金）、货币型基金、短期理财产品。

其配置逻辑可以分为两块：一是3～6个月的备用资金可以配置现金或者货币型基金，二是7～12个月的备用资金可以配置短期且风险低的理财产品。

中期资金是指可以保证1～3年不被动用的资金，是除去短期资金之后的闲置资金。中期资金规划的关键是赚取风险溢价，人们需要承担风险才能获取更高的收益，使更多资产升值。这部分的资金来源于短期结余的资金及人们的主动收入。

常见的用于承接中期资金投资的金融产品也可以分成两大块：一是股票型基金、偏股型基金，主要追求较高收益；二是平衡型基金、偏债型基金，主要追求稳定增长。

中期投资的盈利能否留住的关键在于"止盈"的执行力。只要按照本书后续章节去筛选偏股型基金和偏债型基金，并且按时追踪，最终很可能实现资产升值的目标。

长期资金是指超过3年以上不会动用的资金，主要用于资产的保值增值。长期资金规划的关键是本金安全、锁利，其资金来源是主动收入、中期资金投资获利的被动收入，这里的被动收入是孳息，只需要用时间（流动性）来换取。

常见的承接长期资金投资的品种有保险、房产、债券型基金或"固收+"基金。其中，"固收+"基金一般指的是80%以上的底层配置是固收类的产品，如国债、地方政府债、央行票据这类安全性极高的资产，其余部分可以逐步建立风险性的资产，如可转换债券（以下简称可转债）或股票。

当人们的长期被动收入（孳息）大于生活基本支出的时候，就可以说实现了财务自由。

其中，经常被忽略的地方是图1-2中的A、B、C三个箭头。

箭头A代表闲置的钱转投资。那么什么是闲置的钱？这里需要说明两种截然不同的理财观念。传统的理财观念是余钱储蓄，也就是工资收入减去生活支出后，剩下的钱用以储蓄和投资。这种观念优先满足的是生活支出，实际上也包含了欲望支出，支出范围通常是比较难控制的，最终很容易造成用于储蓄投资的钱难以稳定积累的局面。

相对来说，更加明智的做法是优先满足储蓄和投资，剩余的钱用于生活支出。尤其是刚进入社会的工薪族，累积投资本金，递延支出享乐，是至关重要的过程。

- 传统观念：工资收入-生活支出=储蓄和投资
- 投资观念：工资收入-储蓄和投资=生活支出

箭头 B 代表大额盈利的锁利行为，这里之所以用锁利而不是用止盈，是因为止盈是瞬间的效果，锁利是长久的效果，这在本质上有差异。大多数投资者都经历过从"天堂"到"地狱"的过程，这个过程也是投资的乐趣所在，可是乐趣过后我们的口袋是否也变鼓了呢？投资盈利要做止盈是许多投资者都知道的事情，但是止盈之后呢？无处安放的资金如果又重新回到原来的投资环境中，这个止盈就白做了。

一般来说，止盈不管设置多少，都需要评估一件事：这笔资金是不是足够大，大到影响你的生活。如果是，那就要趁早锁住利润，配置债券或者保险进行长期锁利；如果资金量不大，个位数的回报对你的生活没有任何帮助，那你就考虑把止盈出来的资金，以定投的方式投入到市盈率比较低估的市场中，等待下一次的止盈（本书中大部分的分析说明都是对这一块内容的深度剖析）。

箭头 C 代表"孳息>生活费→财务自由"，孳息就是什么事都不做也会有稳定的收入，如定存利息、国债利息、保险分红、理财产品收益，甚至房租收入，等等。本书主要谈基金投资，但既然讲到短期、中期、长期配置，我还得叮咛一句，有大额资金的人士（每年能轻松缴 100 万元保险费，能缴 5 年的才算大额资金）可以好好考虑配置长期的保险，这类保险会将"终身复利3.5%"（数据时间为 2020 年 3 月）作为条款写进合同，等 10 年、20 年后回头看，当下的这份合同等同于保险公司给你发工资，并且发一辈子，是稳赚不赔的。

1.3 基金投资的地位为什么在《资管新规》出台后大幅提升

早期理财产品可以说是大大小小的银行过去吸揽存款非常重要的金融产品，也可以说是普通大众很容易理解的金融产品之一。由于过去的保本保息承诺，投资者只要问明白期限与利率即可，根本不用承担风险，利息高于定存还能保本保息，规模自然越来越大。

银行将理财产品资金拿到手首先需要投资项目以获取收益，然后给投资者利息分红；由于理财产品的规模越来越大，相对而言市场上好的标的物就越来越少，投资风险就越来越高，从而由《关于规范金融机构资产管理业务的指导意见》（以下简称《资管新规》）推动打破的保本保息刚兑后的理财产品，产品风险跟低风险类型的公募基金相差无几，这就导致了 2019 年之后越来越多到期的理财产品资金逐步更换配置到债券型基金、"固收+"基金，甚至偏债型基金，越来越多传统理财人士开始接受公募基金的投资。

1.3.1 为什么要出台《资管新规》

我们需要了解货币是如何运转的，下面举一个生活中的案例帮助大家快速了解货币、债务与流动性的关系，如图 1-3 所示。

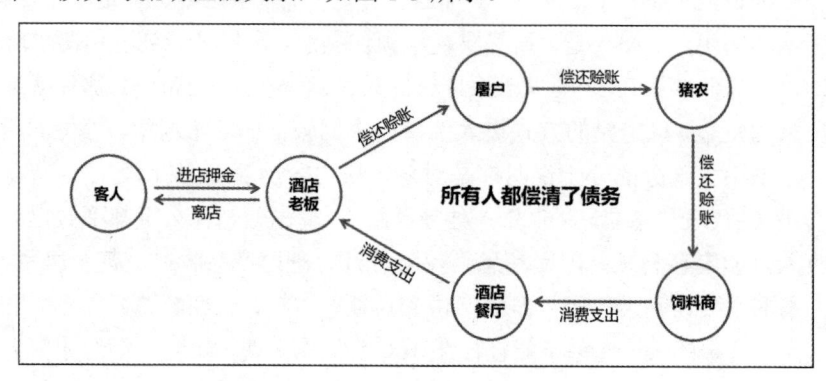

图 1-3 货币、债务与流动性的关系

有位客人到酒店询问住宿事宜，因担心房间品质不好，所以提出要求，先看看房间品质再决定是否入住。这时，酒店老板提出：先付 1000 元押金，让服务员带着去看房间，如果满意就直接入住，这 1000 元押金直接转成住宿费用即可。客人想想也不吃亏就答应了，随即付了 1000 元押金，然后跟着服务员去看房。

这时候，酒店老板把这 1000 元马上还给了屠户，屠户把这 1000 元还给了猪农，猪农把这 1000 元还给了饲料商，饲料商带着家人去酒店餐厅消费了 1000 元，餐厅的主人拿到这 1000 元直接付给了酒店老板当作下月房租。于是，这 1000 元又回到了酒店老板手上。

最后，客人觉得酒店不合适，所以拿回这 1000 元走了。虽然这 1000 元最后回到了客人手上，但它流动了一大圈，解决了所有人的债务问题。这个案例充分说明了货币的流动是解决债务的关键。

银行和企业之间的真实场景，往往也是如此。

图 1-4 中正常情况是理想情况下，国家将刺激经济的货币通过中央银行下拨到银行 A，由银行 A 放款给企业 B，企业 B 发薪水给个人 C，个人 C 通过消费把钱支付给了开户在银行 D 的企业。通过资金的流动对债务进行降压，当市场上货币供给过剩时（或者经济过热、通货膨胀），中央银行就会收回部分资金，紧缩流动性。

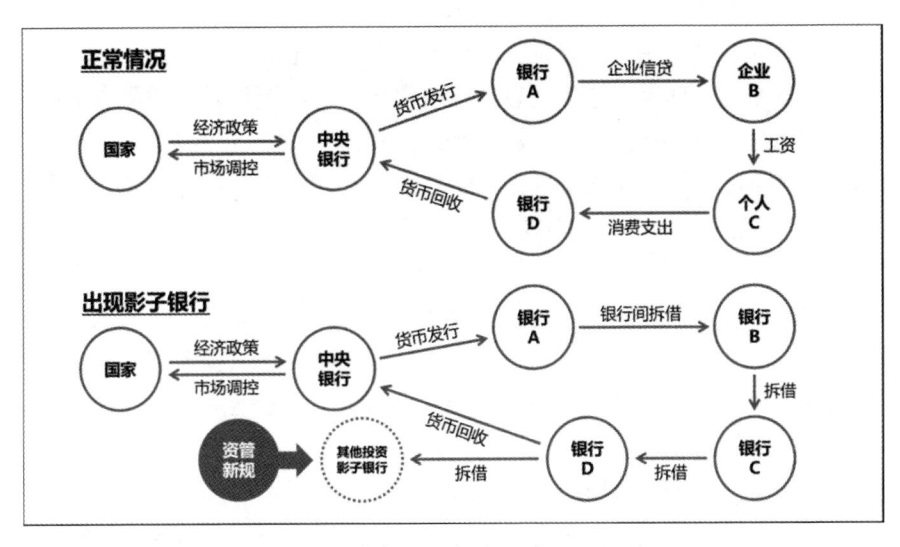

图 1-4 银行、企业之间的货币流动

图 1-4 中出现影子银行则是真实情况，国家将刺激经济的货币通过中央银行下拨到银行 A，银行 A 环顾实体经济状态并不理想，担心放款变坏账，不敢将资金轻易放给实体产业，所以将一部分资金加收一些利息拆借给了另一家中型银行 B；银行 B 评估了自己客户的实体产业情况也不太理想，所以把钱再度加收一些利息拆借给了小型银行 C；银行 C 的资源有限，更不可能放款给实体产业，所以就再加收一点利息拆借给了银行 D。银行 D 实在找不到下家银行可以再加收利息了，只好通过自己手上有限的实体资源进行资金投放。

由于实体经济状态不理想，加之银行间拆借的动作，导致许多资金滞留在银行体系中，可以说这些钱［包含中国人民银行（以下简称央行）下拨的资金、拆借形成的利息泡沫］是"飘"在空中的，实体经济得不到资金，导致长期以来融资难、融资贵的情况难以解决。

由于银行 A 的资金成本低，优质公司客户都愿意找银行 A 贷款，这就导致银行 D 的高利息资金只能放款给较劣质公司客户，这类公司的坏账率就会很高；一旦出现过多的坏账，银行就会出现经营危机，一家银行出现兑付危机就会影响上一家银行，造成连锁反应，从而酿成金融危机。这也是政府机构对金融监管采取强监管、快速介入接管经营不善银行的意义所在，比如包商银行于 2019 年 6 月被政府接管。

国家通过央行向银行释放资金流动性的主要目的是减轻实体经济的债务压力，保证经济可持续健康发展。《资管新规》就是为了遏止金融资本脱实向虚，让金融回归帮扶实体经济发展。

《资管新规》对普通大众来说，重要的影响有以下四个。

① 不能兜底。理财产品不受存款保险保护，它的属性是投资类金融产品，投资者应损益自负，不能由银行或保险公司兜底。

② 投资穿透。投资穿透指的是每笔资金都必须说明投向什么地方，不能拆东墙补西墙。以后在经济下行阶段，理财产品的投资中若出现坏账，收益不如预期的情况将会允许发生。

③ 净值化。整个理财产品的底层投资中有许多产品类型，包含现金、央行票据、债券、股票、ETF等，这些投资每天都有波动，所以国家规定理财产品必须每日把最新的净值更新公示，这也是基于前两项措施必然的结果，在某种程度上可以理解成过去的理财产品是把每天可以看到净值的功能隐藏了，现在的净值化理财就是让人们每天可以看到净值波动。

④ 理财子公司设立。有实力的银行会成立理财子公司，目的是将有风险的资产从银行的主体中剥离，这提高了传统银行主体业务的安全性，也意味着没有能力成立理财子公司的中小型银行在未来的经营中风险相对较高。

1.3.2 《资管新规》对基金投资的影响

不管是公募基金还是净值型理财产品都会有招股说明书，下面先看两个产品案例。

🔍 **案例一**：理财产品（由银行理财子公司发行）

（1）产品概况（这里主要看的是风险级别，属于中等风险，R3等级），如图1-5所示。

图1-5 净值型理财产品案例

（2）投资范围。

本理财计划理财资金可直接或间接投资于以下金融资产和金融工具，包括但不限于：国债、金融债、央行票据、地方政府债、政府机构债、企业债、公司债、短期融资券、超短期融资券、中期票据、中小企业集合票据、次级债、二级资本债、可转债、可交换债、非公开定向债务融资工具（PPN）、资产支持票据、信贷资产支持证券及证券交易所挂牌交易的资产支持证券、固定收益类公开募集证券投资基金、各类银行存款、大额存单、同业存单、资金拆借、债券逆回购等标准化债权资产，以及标准化债权资产的资产管理计划或信托计划等。其中，现金或者到期日在一年以内的国债、央行票据和政策性金融债券为高流动性资产。信托贷款、应收账款、收益权转让（附回购）、承兑汇票、信用证、收益凭证、可续期贷款/永续债权投资资产、股权收益权转让（附回购）等各类非标准化债权资产，以及非标准化债权资产的资产管理计划或信托计划等；国债期货、利率互换等挂钩固定收益资产的衍生金融工具。如存在法律法规或监管机构以后允许投资的其他品种，基金管理人在履行适当程序后，可以将其纳入投资范围。

案例二：公募基金

（1）产品概况（这里主要看的是风险级别，属于中等风险，R3等级），如图1-6所示。

图1-6 公募基金产品案例

（2）投资范围。

本基金的投资范围为具有良好流动性的金融工具，包括国内依法发行上市的债券（国家债券、金融债券、公开发行的次级债券、企业债券、公司债券、地方政府债、央行票据、中期票据、短期融资券、超短期融资券、可分离交易债券的纯债部分）、资产支持证券、债券回购、银行定期存款、同业存单、国债期货等金融工具，以及法律法规或中国证券监督管理委员会（以下简称中国证监会）允许基金投资的其他金融工具（但须符合中国证监会的相关规定）。

本基金不直接从二级市场买入股票等证券，不参与一级市场的新股申购、增发新股、可转债、可交换债及可分离交易债券，也不投资二级市场的可转债、可交换债。如法律法规或监管机构以后允许基金投资其他品种，基金管理人在履行适当程序后，可以将其纳入投资范围。

本基金所指信用债券包括金融债券（不包括政策性金融债）、公开发行的次级债券、企业债券、公司债券、地方政府债、中期票据、短期融资券、超短期融资券、可分离交易债券的纯债部分等，除国债、央行票据和政策性金融债之外的、非国家信用的固定收益类金融工具。

以上都是以固收类为主的金融产品，案例一是由银行系的理财子公司发行的理财产品，案例二是由公募基金公司发行的基金，两者的风险级别都是 R3，都是属于中等风险的产品。我们从两个产品的招股说明书中关于投资范围的说明文字可以看出，内容几乎是相同的。

在《资管新规》出台之前，各家银行的理财产品都实行默契的刚兑（保本保息），所以给了广大投资者理财产品绝对安全的印象。《资管新规》出台之后打破刚兑，投资者开始接受风险自负，这会导致投资者重新定义资金存放的意义，与其要承受波动风险，还不如多追求点收益。《资管新规》带来的非常明显的现象就是，银行的存量理财资金理论上有逐步向公募基金（尤其是纯债基金或偏债型基金）移动的趋势。

2018 年 9 月，《商业银行理财业务监督管理办法》（以下简称《理财新规》）明确规定，银行内设部门型公募理财可通过投资公募基金间接投资股票；理财子公司成立之后，发行的公募理财产品可直接投资或者通过其他方式间接投资股票。这意味着大众理财产品的投资取向正在往公募基金靠拢。

虽然《资管新规》出台后的理财产品跟公募基金的投资范围有很多相同之处，但是由于银行的主体经营以追求稳健安全为主，所以银行系的理财产品投资特性比起大多数的公募基金净值的波动会更小、更稳健。反过来说，由于投资者都是看绩效投资的，公募基金有着较大的盈利压力，所以投资特性要比银行系产品波动更大，如果出现明显的行情时，绩效自然能大幅跑赢理财产品。两者并没有所谓的谁好谁坏，只是一个求稳、一个求快罢了。

1.3.3 炒股不如买基金

这个问题我们从数据上来看一下。自上证指数 2015 年 6 月从高点 5178 跌落，指数基本上都在 2700~3400 震荡，近年来"炒股不如买基金"的说法也逐渐被大家所接受。以 2020 年的绩效为例，在 2020 年前三季度中，公募基金普遍都有不错的成绩（见表 1-1），每种主流类型的基金绩效平均值都在 20%~38%，绩效靠前的 50 只基金绩效更是取得了 71.94%~95.68% 的好成绩（见表 1-2）。

表 1-1 2020 年前三季度各大指数与各权益类基金区间回报

指数	今年以来涨跌幅（%）	基金类型	今年以来收益率（%）
上证指数	5.51	偏股混合型基金	37.99
深证成指	23.74	普通混合型基金	38.08
沪深 300	11.98	指数型基金	20.11
创业板指	43.19	主动权益类基金	29.37
中小板指	30.75	权益类基金	27.41

数据来源：Wind 资讯

表 1-2 2020 年前三季度权益类基金绩效排名

序号	基金简称	前三季度业绩（%）	基金经理（现任）	基金管理人
1	广发高端制造 A	95.68	孙迪，郑澄然	广发基金
2	长城环保主题	94.40	廖瀚博	长城基金
3	农银汇理研究精选	94.33	赵诣	农银汇理基金
4	农银汇理工业 4.0	94.04	赵诣	农银汇理基金
5	长城久鼎	91.86	廖瀚博	长城基金
6	农银汇理新能源主题	89.29	赵诣	农银汇理基金
7	融通医疗保健行业 A	85.02	蒋秀蕾	融通基金
8	诺德价值优势	84.99	罗世锋	诺德基金
9	农银汇理海棠三年定开	82.74	赵诣	农银汇理基金
10	诺德周期策略	82.36	罗世锋	诺德基金
11	工银瑞信战略转型主题	82.09	杜洋	工银瑞信基金
12	招商医药健康产业	81.67	李佳存	招商基金
13	工银战略新兴产业 A	81.32	杜洋，夏雨	工银瑞信基金
14	工银战略新兴产业 C	80.78	杜洋，夏雨	工银瑞信基金
15	广发新经济 A	80.46	邱璟旻	广发基金
16	华商鑫安	80.28	梁皓	华商基金
17	信达澳银健康中国	79.13	曾国富，杨珂	信达澳银基金
18	工银瑞信中小盘成长	78.98	黄安乐	工银瑞信基金
19	融通健康产业 A	78.82	万民远	融通基金

续表

序号	基金简称	前三季度业绩（%）	基金经理（现任）	基金管理人
20	广发利鑫	78.33	李巍，段涛	广发基金
21	华商万众创新	78.10	梁皓	华商基金
22	前海开源医疗健康 A	77.98	曲扬，范洁	前海开源基金
23	前海开源医疗健康 C	77.88	曲扬，范洁	前海开源基金
24	招商行业精选	77.82	贾成东	招商基金
25	工银瑞信前沿医疗 A	76.80	赵蓓	工银瑞信基金
26	信诚至远 A	76.32	王睿，刘锐	中信保诚基金
27	广发医疗保健 A	76.12	吴兴武	广发基金
28	创金合信医疗保健行业 A	75.88	皮劲松	创金合信基金
29	信诚至远 C	75.87	王睿，刘锐	中信保诚基金
30	中银医疗保健 A	75.78	刘潇	中银基金
31	宝盈医疗健康沪港深	75.75	郝淼	宝盈基金
32	创金合信医疗保健行业 C	74.95	皮劲松	创金合信基金
33	工银瑞信医药健康 A	73.96	谭冬寒	工银瑞信基金
34	交银医药创新	73.94	楼慧源	交银施罗德基金
35	广发鑫葊	73.33	刘格菘，郑澄然	广发基金
36	工银瑞信高端制造行业	73.29	黄安乐	工银瑞信基金
37	嘉实医药健康 A	73.19	颜媛	嘉实基金
38	工银瑞信医药健康 C	73.18	谭冬寒	工银瑞信基金
39	广发新兴产业精选 A	73.18	李巍	广发基金
40	华泰柏瑞医疗健康	72.94	张弘	华泰柏瑞基金
41	天弘医疗健康 A	72.87	刘盟盟，郭相博	天弘基金
42	长信国防军工 A	72.73	宋海岸	长信基金
43	汇添富中证生物科技 A	72.44	过蓓蓓	汇添富基金
44	天弘医疗健康 C	72.36	刘盟盟，郭相博	天弘基金
45	中银创新医疗 A	72.21	刘潇	中银基金
46	嘉实医药健康 C	72.18	颜媛	嘉实基金
47	长盛医疗行业	71.99	周思聪	长盛基金
48	东方主题精选	71.97	蒋茜	东方基金
49	招商国证生物医药	71.95	侯昊	招商基金
50	汇添富中证生物科技 C	71.94	过蓓蓓	汇添富基金

数据来源：Wind 资讯

我们把时间拉长到近 3 年（2017 年 10 月 1 日—2020 年 10 月 1 日），自 2017 年 10 月 1 日以来，除了上证指数稍微跌了 3.91%，其他主要指数都涨了点，其中创业板以 37.91% 涨得最多，如表 1-3 所示。

表1-3　2017年10月1日—2020年10月1日各大指数与各权益类基金区间回报

指数	近3年涨跌幅（%）	基金类型	近3年收益率（%）
上证指数	-3.91	偏股混合型基金	60.49
深证成指	16.42	普通混合型基金	63.01
沪深300	19.57	指数型基金	24.19
创业板指	37.91	主动权益类基金	48.44
中小板指	14.68	权益类基金	44.34

数据来源：Wind资讯

2017年10月1日—2020年10月1日3年期间，每种主流类型的基金绩效平均值，除了指数型基金绩效在24.19%，所有偏权益类的绩效都在44%~63%，绩效靠前的50只基金绩效更是取得了135.30%~204.27%的不俗成绩，如表1-4所示。

表1-4　2017年10月1日—2020年10月1日权益类基金绩效排名

序号	基金简称	近3年业绩（%）	基金经理（现任）	基金管理人
1	富国新动力A	204.27	刘博	富国基金
2	广发医疗保健A	193.20	吴兴武	广发基金
3	交银医药创新	192.09	楼慧源	交银施罗德基金
4	中欧医疗健康A	183.92	葛兰	中欧基金
5	海富通内需热点	175.87	黄峰	海富通基金
6	融通健康产业A	172.42	万民远	融通基金
7	上投摩根医疗健康	171.28	方钰涵	上投摩根基金
8	前海开源中国稀缺资产A	170.54	曲扬	前海开源基金
9	博时医疗保健行业A	167.67	葛晨	博时基金
10	招商医药健康产业	165.77	李佳存	招商基金
11	农银汇理医疗保健主题	165.54	赵伟	农银汇理基金
12	国泰融安多策略	162.36	林小聪	国泰基金
13	前海开源沪港深优势精选	160.09	曲扬，范洁	前海开源基金
14	工银瑞信前沿医疗A	159.05	赵蓓	工银瑞信基金
15	中邮新思路	157.91	国晓雯	中邮基金
16	万家行业优选	157.05	黄兴亮	万家基金
17	景顺长城新兴成长	156.59	刘彦春	景顺长城基金
18	中欧消费主题A	155.01	郭睿	中欧基金
19	易方达瑞程A	154.96	林森	易方达基金
20	易方达新收益A	154.17	张清华	易方达基金
21	华泰柏瑞生物医药A	153.95	张弘	华泰柏瑞基金

续表

序号	基金简称	近3年业绩（%）	基金经理（现任）	基金管理人
22	景顺长城鼎益	153.05	刘彦春	景顺长城基金
23	富国医疗保健行业A	152.57	孙笑悦	富国基金
24	汇安丰泽A	151.42	戴杰	汇安基金
25	宝盈鸿利收益A	151.04	李进	宝盈基金
26	安信新回报A	150.27	陈鹏，谭珏娜	安信基金
27	大摩健康产业	148.51	王大鹏	摩根士丹利华鑫基金
28	易方达医疗保健	148.24	杨桢霄	易方达基金
29	富国消费主题	148.17	王园园，刘莉莉	富国基金
30	金鹰信息产业A	147.49	樊勇	金鹰基金
31	汇添富消费行业	144.68	胡昕炜	汇添富基金
32	招商行业精选	144.43	贾成东	招商基金
33	中邮未来新蓝筹	144.28	杨欢	中邮基金
34	创金合信医疗保健行业A	144.15	皮劲松	创金合信基金
35	华泰柏瑞激励动力A	143.34	沈雪峰	华泰柏瑞基金
36	兴全商业模式优选	143.04	乔迁	兴证全球基金
37	华安生态优先	142.75	陈媛	华安基金
38	交银经济新动力	142.61	郭斐	交银施罗德基金
39	前海联合泓鑫A	142.50	何杰	新疆前海联合基金
40	创金合信医疗保健行业C	141.53	皮劲松	创金合信基金
41	融通医疗保健行业A	140.63	蒋秀蕾	融通基金
42	宝盈先进制造A	139.83	李进	宝盈基金
43	易方达环保主题	139.60	祁禾	易方达基金
44	融通行业景气A	139.55	邹曦	融通基金
45	嘉实新兴产业	138.33	归凯	嘉实基金
46	工银瑞信战略转型主题	137.61	杜洋	工银瑞信基金
47	工银瑞信文体产业A	136.04	袁芳	工银瑞信基金
48	宝盈医疗健康沪港深	136.03	郝淼	宝盈基金
49	广发利鑫	135.73	李巍，段涛	广发基金
50	华安沪港深外延增长	135.30	崔莹	华安基金

数据来源：Wind资讯

我们把时间再拉长到近5年，自2015年10月1日以来，上证指数5.41%涨得最少，其他主要指数都涨了不少，其中沪深300以43.22%涨得最多，如表1-5所示。

表1-5　2015年10月1日—2020年10月1日各大指数与各权益类基金区间回报

指数	近5年涨跌幅（%）	基金类型	近5年收益率（%）
上证指数	5.41	偏股混合型基金	95.65
深证成指	29.23	普通混合型基金	105.42
沪深300	43.22	指数型基金	53.55
创业板指	23.63	主动权益类基金	83.34
中小板指	27.91	权益类基金	76.77

数据来源：Wind资讯

2015年10月1日—2020年10月1日5年期间，每种主流类型的基金绩效平均值，除了指数型基金绩效在53.55%，所有偏权益类的绩效都在70%以上，绩效靠前的50只基金绩效更是取得了令人惊艳的成绩188.67%～285.24%，如表1-6所示。

表1-6　2015年10月1日—2020年10月1日权益类基金绩效排名

序号	基金简称	近5年业绩（%）	基金经理（现任）	基金管理人
1	银华富裕主题	285.24	焦巍	银华基金
2	景顺长城鼎益	274.49	刘彦春	景顺长城基金
3	华安生态优先	272.79	陈媛	华安基金
4	易方达中小盘	266.55	张坤	易方达基金
5	万家行业优选	263.14	黄兴亮	万家基金
6	易方达消费行业	261.97	萧楠	易方达基金
7	富国新动力A	261.91	刘博	富国基金
8	景顺长城新兴成长	261.86	刘彦春	景顺长城基金
9	信达澳银新能源产业	258.43	冯明远	信达澳银基金
10	汇添富消费行业	254.16	胡昕炜	汇添富基金
11	富国新动力C	253.17	刘博	富国基金
12	华安安信消费服务	241.94	王斌	华安基金
13	工银瑞信战略转型主题	241.85	杜洋	工银瑞信基金
14	长城中小盘成长	238.60	何以广	长城基金
15	嘉实新兴产业	233.52	归凯	嘉实基金
16	华安国企改革	232.30	张亮	华安基金
17	交银定期支付双息平衡	231.49	杨浩	交银施罗德基金
18	宝盈鸿利收益A	230.88	李进	宝盈基金
19	南方新兴消费A	229.41	茅炜，郑诗韵	南方基金
20	东方红睿元三年定期	227.20	韩冬	东证资管
21	富国文体健康A	217.91	林庆	富国基金

续表

序号	基金简称	近5年业绩（%）	基金经理（现任）	基金管理人
22	交银先进制造	217.49	刘鹏	交银施罗德基金
23	新华泛资源优势	215.83	栾超	新华基金
24	南方新优享A	215.80	章晖	南方基金
25	民生加银景气行业A	215.69	王亮	民生加银基金
26	交银新成长	212.21	王崇	交银施罗德基金
27	交银阿尔法	209.14	何帅	交银施罗德基金
28	华安媒体互联网	204.66	胡宜斌	华安基金
29	招商行业精选	204.30	贾成东	招商基金
30	前海开源国家比较优势	203.55	曲扬	前海开源基金
31	国泰互联网+	203.17	彭凌志	国泰基金
32	大成高新技术产业A	202.44	刘旭	大成基金
33	招商医药健康产业	202.22	李佳存	招商基金
34	国泰新经济	200.69	彭凌志	国泰基金
35	长城医疗保健	199.75	谭小兵	长城基金
36	中海医疗保健	199.08	刘俊	中海基金
37	南方创新经济	199.00	章晖	南方基金
38	交银趋势优先	198.08	杨金金	交银施罗德基金
39	易方达新收益A	197.22	张清华	易方达基金
40	兴全商业模式优选	197.09	乔迁	兴证全球基金
41	银华中小盘精选	196.40	李晓星，张萍，杜宇	银华基金
42	诺德周期策略	194.46	罗世锋	诺德基金
43	易方达新收益C	193.80	张清华	易方达基金
44	农银汇理医疗保健主题	193.56	赵伟	农银汇理基金
45	汇添富成长焦点	191.70	雷鸣	汇添富基金
46	汇添富蓝筹稳健	190.93	雷鸣	汇添富基金
47	宝盈先进制造A	190.83	李进	宝盈基金
48	民生加银内需增长	189.89	柳世庆	民生加银基金
49	天弘医疗健康A	189.38	刘盟盟，郭相博	天弘基金
50	融通健康产业A	188.67	万民远	融通基金

数据来源：Wind资讯

可见，不管是从近3个季度、近3年、近5年，甚至任何时间段，只要把时间拉长，投资基金的回报率都很不错。当然，并不是所有基金的绩效都很好，也有绩效很不好的基金，在后续章节中我们会跟大家分享如何选取好的基金、如何正确保持追踪诊断；掌握这套逻辑的目的并不是实现一夜暴富，而是把自己的资金尽量交给优秀的经理人团队，给足优秀团队时间，自然会有很不错的回报。

1.4 为什么主动型基金是现阶段（2020年）中国市场基金投资的首选

基金不外乎两大类操作模式：一类是主动操作型基金，另一类是被动操作型基金。需要主动收集资料、主动进行分析、主动进行判断，进行一系列主动操作的基金称为主动型基金。不需要主动收集资料，不需要进行分析判断，只需要盯着指数（大盘指数、产业指数、商品指数等），根据这些指数的权重进行被动操作配置标的物的基金称为被动型基金，最具代表性的就是指数型基金。

1.4.1 海外成熟市场为什么推崇指数型基金投资

这个我们就不得不提美国金融巨擘、先锋领航集团创始人、指数型基金之父约翰·博格尔（John Bogle）的故事。1974年，约翰·博格尔创立先锋领航集团，并在1976年创建了第一只指数型基金。当时指数型基金并不被其他金融同业所认同，遭到了同业的质疑与鄙视。当时主动管理基金巨头富达基金的主席爱德华·约翰逊（Edward Johnson）曾说："很难想象，广大投资者愿意接受市场平均水平的回报，这甚至与美国精神相悖。"

爱德华·约翰逊这段话的重点是"市场平均水平的回报"，这句话准确说明了不管在什么年代，指数型基金回报就是代表全体参与者的平均回报，也就是说投资者不需要掌握任何专业知识，只需要买入指数型基金就可以打败市场上50%的参与者。这时候分析投资者的身份就很重要了，如果大部分投资者都是机构，那就意味着只要人们买指数型基金，就可以打败50%的机构投资者。

先锋领航集团创建不久，1975年，当时个人投资者交易比例到达了70%，而机构只占了30%，然而市场发展趋势已经很清楚地表明机构投资者的占比在不断攀升。这个趋势只要不改变，就意味着只要人们投资指数型基金，在当时就可以打败大多数的个人及一部分机构投资者，长期下来的回报也会越来越好，同时只要越来越多的人认同这件事情，资金就会更多地流入指数型基金。

截至2019年，先锋领航集团已经成为全世界最大的指数型基金公司，同时是全世界第二大基金公司，管理规模达到5.6万亿美元，指数型基金与先锋领航集团爆炸式的增长不仅是指数型基金的胜利，更是先锋领航集团约翰·博格尔先

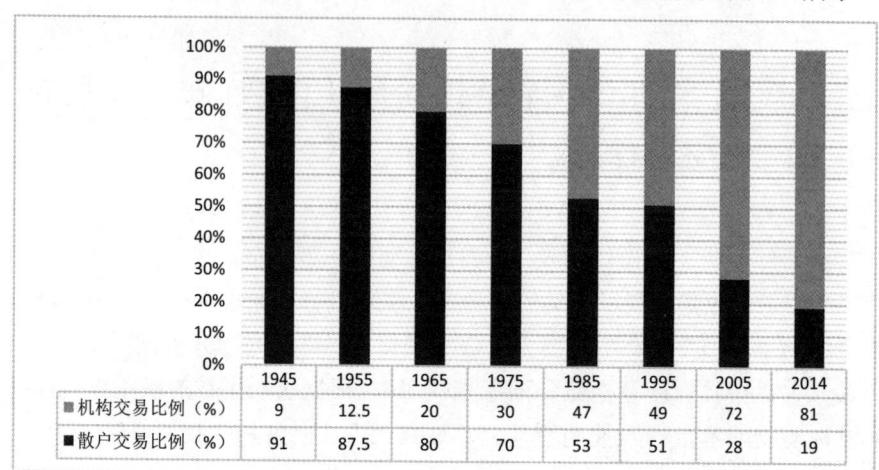

生的商业远见。机构与散户1945—2014年交易比例变化情况如图1-7所示。

	1945	1955	1965	1975	1985	1995	2005	2014
机构交易比例（%）	9	12.5	20	30	47	49	72	81
散户交易比例（%）	91	87.5	80	70	53	51	28	19

图1-7 机构与散户1945—2014年交易比例变化情况

（数据来源：华泰证券）

价格的波动来自"买与卖的博弈"，如果持股却不交易，就不会有价格。人们要关注市场上的交易比例结构，那是因为必须知道是哪些人"拿钱出来进行博弈"，也就是主要的资金贡献者。

最经典的案例莫过于巴菲特的"10年赌约"。股神巴菲特，他不止一次在公开场合说过这句话："个人投资者最佳的投资选择，就是买入一只成本费率低的指数型基金。"这就导致很多投资者及机构都在说，"巴菲特喊你买指数型基金"，但是当时巴菲特所指的基准指数是美国的标普500指数，他的观点也带着很鲜明的时代背景。现阶段（2020年）中国的资本市场与那时的标普500指数的市场结构截然不同。买指数型基金，真的是最适合的选择吗？我们稍后用数据来分析这件事情，大家或许能找到答案。

我们先来描述一下巴菲特知名的世纪赌局。在2007年股东大会的时候，巴菲特又讲了投资指数型基金这件事情。结果在当年12月，他办公室的电话响了，打电话的人是普罗蒂杰公司的合伙人。这位合伙人提出了一个想法，一个10年的赌约。赌注是100万美元，不管最后谁赢谁输，100万美元都捐出去做慈善。巴菲特一口就答应了。因为巴菲特当时提出了一个论点：在一个长期向上的市场中，主动操作型基金的绩效长期战胜一个指数型基金是不可能的。这位普罗蒂杰公司合伙人的意思是可以打败标普500指数，他们是将标普500指数作为对标标的的。

在一个向上的市场中，投资者闭着眼睛买指数型基金，只要降低成本就能赢了。我们必须去分析、了解这句话，到底什么环境背景会导致这个结果？而不是人云亦云，照抄肯定是不行的（注：赌约是公开的）。

我们来看下这个赌约的内容：从 2008 年 1 月到 2017 年 12 月 31 日 10 年期间，这位普罗蒂杰公司合伙人通过非常强大的专业知识去找 5 只对冲基金与标普 500 指数做 PK。最后的结果是什么？我们来看一下数据。表 1-7 中加粗的收益率为这次 PK 中表现最优的。2008 年下半年的时候发生了金融危机。金融危机那一年标普 500 指数亏了 37.0%，这一年表中所有的对冲基金都能够战胜标普 500 指数的绩效，所以第一年对冲基金大获全胜。但 2009 年之后，有 6 年的时间，标普 500 指数完全碾压了这些对冲基金。最终，10 年期间最强的对冲基金的收益率是多少呢？87.7%。而标普 500 指数的收益率是 125.8%。

表 1-7 巴菲特赌约结果

投资年度	对冲基金 A	对冲基金 B	对冲基金 C	对冲基金 D	对冲基金 E	标普 500 指数
2008 年	**-16.5%**	-22.3%	-21.3%	-29.3%	-30.1%	-37.0%
2009 年	11.3%	14.5%	21.4%	16.5%	16.8%	**26.6%**
2010 年	5.9%	6.8%	13.3%	4.9%	11.9%	**15.1%**
2011 年	-6.3%	-1.3%	**5.9%**	-6.3%	-2.8%	2.1%
2012 年	3.4%	9.6%	5.7%	6.2%	9.1%	**16.0%**
2013 年	10.5%	15.2%	8.8%	14.2%	14.4%	**32.3%**
2014 年	4.7%	4.0%	**18.9%**	0.7%	-2.1%	13.6%
2015 年	1.6%	2.5%	**5.4%**	1.4%	-5.0%	1.4%
2016 年	-3.2%	1.9%	-1.7%	2.5%	4.4%	**11.9%**
2017 年	12.2%	10.6%	15.6%	N/A	18.0%	**21.8%**
累计收益率	21.7%	42.3%	87.7%	2.8%	27.0%	**125.8%**
平均年化收益率	2.0%	3.6%	6.5%	0.3%	2.4%	**8.5%**

这个结论出来之后，巴菲特虽然很开心，但他并没有高调地去宣传这件事情，毕竟这结果是他预料中的，100 万美元也是要捐出去做慈善的。

我们都知道一个事实，资本市场是零和游戏，有人赚钱就代表有人亏钱。股票投资需要分析很多信息，个人投资者是没办法高效率处理这些信息的。机构投资者有资金优势、团队优势，可以运用大量金融分析技术、多种手段去高速处理信息，所以他们掌握信息的效率远远高于个人投资者，能够轻易赚取个人投资者的钱。

反之，机构赚机构的钱就很难了，比如说高盛去赚摩根的钱，胜算就一定高吗？答案是不一定。回顾巴菲特赌约的时代背景,机构持股比例早已超过了70%,机构要赚取超额利润已经越来越难了。当机构赚机构的钱很难的时候,费用成本会成为机构拉开收益差距的关键。只要投资者在机构买1年,机构就收1年的管理费。不管投资者赚钱还是亏钱,管理费都照收,持有越久,管理费收的越多。机构化市场中指数的费率优势如图1-8所示。

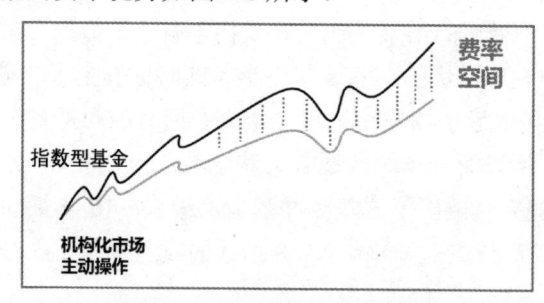

图1-8 机构化市场中指数的费率优势

总利润=总收益-总成本。巴菲特赌约胜利的背后显示出两件很重要的事。

第一是总收益。只要市场长期向上,指数型基金(代表100%持有股票)总收益并不差,再厉害的主动操作(代表可能部分是股票、部分是现金),投资者不可能每次高低点都抓准。

第二是总成本。主动操作型基金需要养大量的团队,有大量的支出,不管基金赚不赚钱都要收取大量的管理费。所以从长期来看,当投资者真正分配利益的时候,收益大概会小于指数型基金直接的收益。

因此,在海外成熟市场投资时,基本上选择指数型基金是完全正确的做法。

1.4.2　中国市场现阶段（2020年）为什么要投主动型基金

从图1-9、图1-10中可以看出,个人投资者的交易量远远大于机构投资者,但机构投资者的持股市值占比已经逐年递增达到了80%左右。这代表上市公司在分红的时候,机构分走8成,个人投资者只分走2成。然而,个人投资者却贡献了超过8成的买卖交易量,"价格是买卖博弈的结果"。基金的利润来自两个方面,一方面是股票分红,另一方面是买卖价差,买卖的主要力量是个人投资者,也就是市场的利润源之一。

图1-11是股票型基金和指数型基金的收益率走势对比,从中可以看出,股票型基金的收益率远远高于指数型基金(主动优于被动的逻辑详见3.1节的内容)。

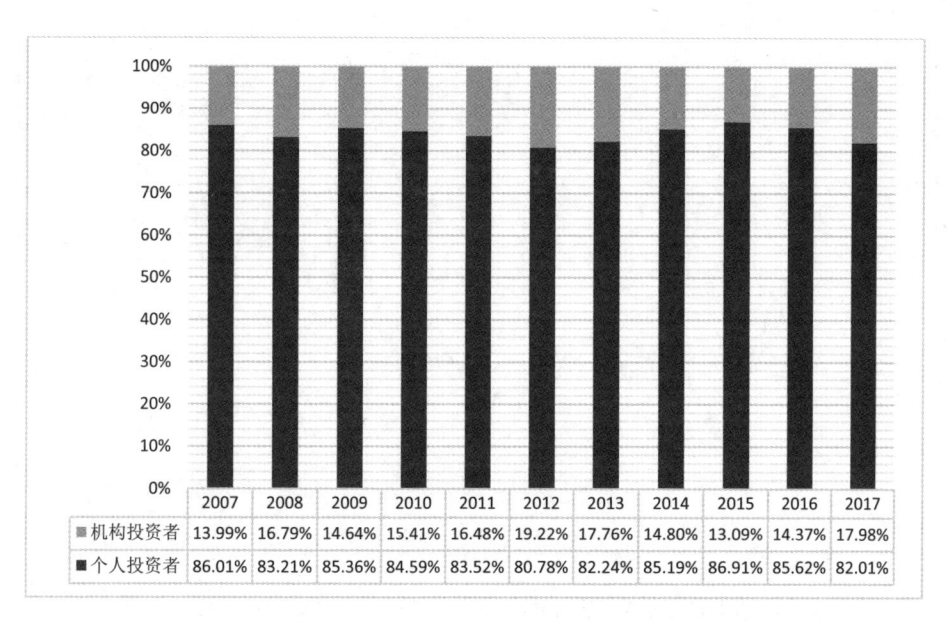

	2007	2008	2009	2010	2011	2012	2013	2014	2015	2016	2017
机构投资者	13.99%	16.79%	14.64%	15.41%	16.48%	19.22%	17.76%	14.80%	13.09%	14.37%	17.98%
个人投资者	86.01%	83.21%	85.36%	84.59%	83.52%	80.78%	82.24%	85.19%	86.91%	85.62%	82.01%

图 1-9　2007—2017 年个人与机构投资者交易量占比情况

（数据来源：上海证券交易所统计年鉴）

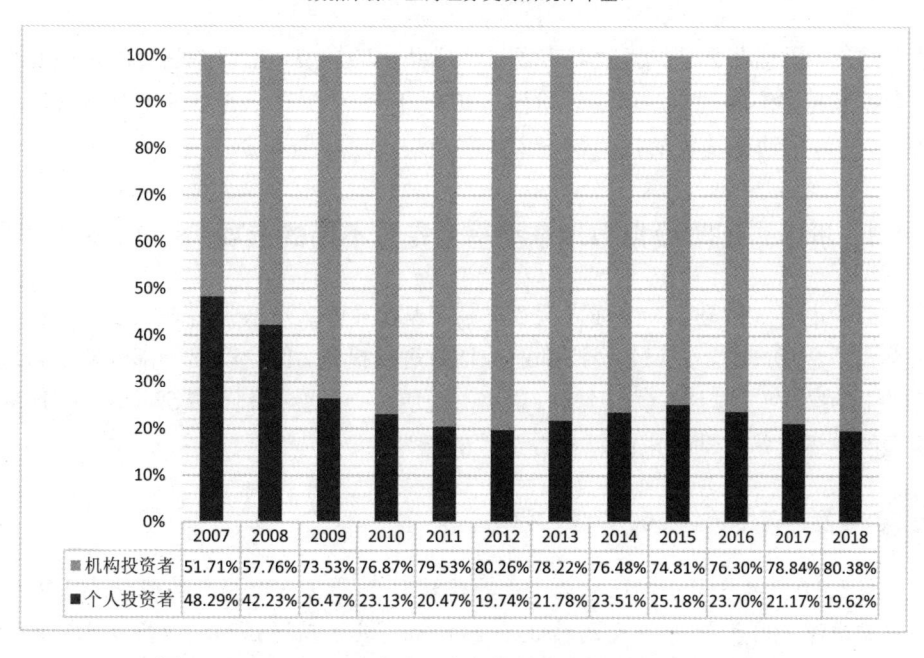

	2007	2008	2009	2010	2011	2012	2013	2014	2015	2016	2017	2018
机构投资者	51.71%	57.76%	73.53%	76.87%	79.53%	80.26%	78.22%	76.48%	74.81%	76.30%	78.84%	80.38%
个人投资者	48.29%	42.23%	26.47%	23.13%	20.47%	19.74%	21.78%	23.51%	25.18%	23.70%	21.17%	19.62%

图 1-10　2007—2018 年个人与机构投资者持股市值占比情况

（数据来源：上海证券交易所统计年鉴）

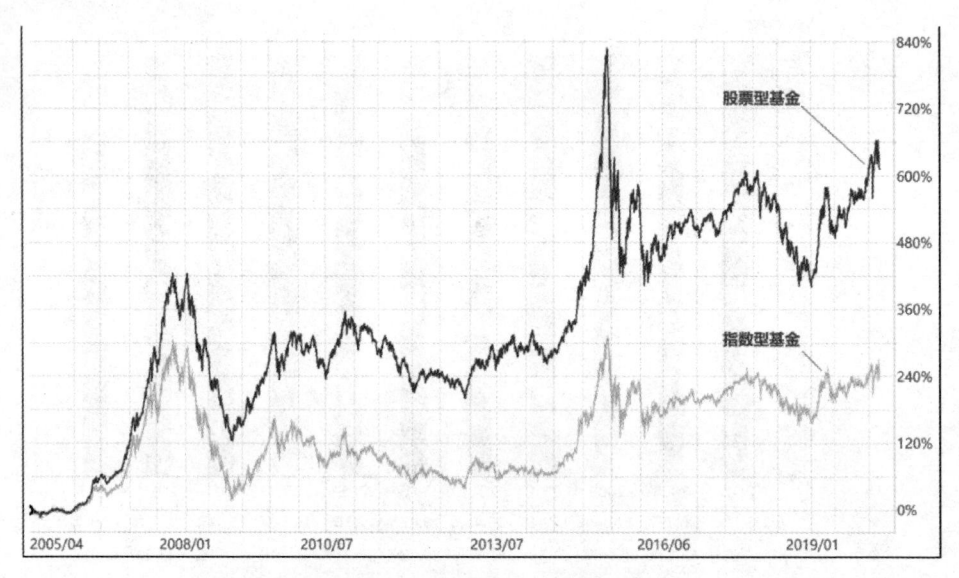

图 1-11　股票型基金和指数型基金的收益率走势对比，
统计区间 2005 年 3 月—2020 年 3 月

（数据来源：Wind 资讯）

结论：虽然非常认同"随着市场日趋成熟化的发展，指数型基金的发展趋势也会越来越好"的观点，但是现阶段（2020 年），至少在未来 5~10 年（2020—2030 年），主动型基金的投资价值大概率会超过被动型基金。

1.4.3　折中：现阶段指数增强型基金是个不错的选项

市场上有一种基金，被称为指数增强型基金。什么是增强型？增强型指的是在整个基金资产中，大部分资产都追踪指数进行投资，但会留出一部分资产来进行"主动操作"的投资（根据招股说明书说明，一般会控制在 7.5% 以内），所以增强的意思就是主动追求超越指数绩效的行为。

案例：万家沪深 300 指数增强 A

截至 2020 年 3 月 10 日，从近 1 年的绩效来看，沪深 300 指数的绩效是 9.46%，而万家沪深 300 指数增强 A 的绩效是 24.68%，其主动增强的绩效算是比较成功的，如图 1-12 所示。指数增强型基金数量并不多，只需要在年度排名靠前的基金中筛选，基本上就可以挑选到好的基金。

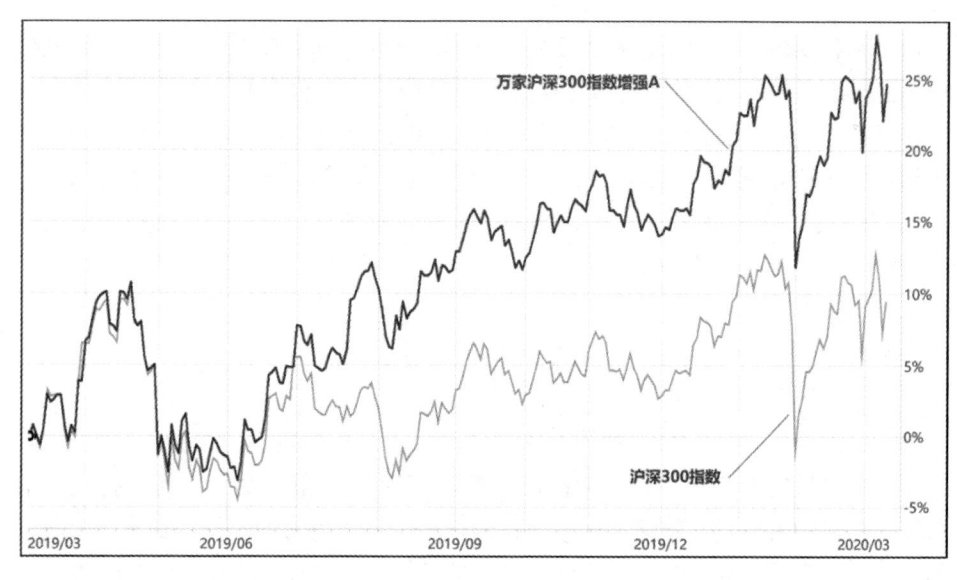

图 1-12　万家沪深 300 指数增强 A 与沪深 300 指数的走势对比

（数据来源：Wind 资讯）

有人说买指数型基金就是买国运,这样的说法并无不妥,但是如果在此基础上加上增强的方式,收益还可以更好,前提条件是基金公司的团队绩效足够优秀。如果投资者不想在基金投资上太折腾,又觉得单笔投资指数型基金回报太慢,那么指数增强型基金就是折中后的较好选项。

1.5　为什么投资基金前必须填写风险评估问卷

无论从哪个平台投资基金,根据国家规定,投资者都必须填写风险评估问卷,有效期限是 1 年,这是避免投资者购买了超过自己风险承受能力投资品的一种警示手段。我从事理财工作多年,总是不厌其烦地引导客户填写问卷内容,由于问卷大约 10 题,我遇见过不少投资者因为不太在乎问卷内容而草率回答,最后投资情况不如预期的时候而愤愤不平的投诉。这个问卷的意义更多是"自省",是自己对话自己的手段,跟他人无关。

1.5.1　为什么不能忽视风险评估问卷的严肃性

接下来,我们详述风险评估问卷的严肃性。如果你有 100 万元,投资亏了 5

万元,会不会感到不舒服,甚至害怕、恐惧?一般来说主要看百分比,你会觉得5个百分点没什么。但是为什么你会感觉不舒服?因为你会想5万元可以买多少千克白菜、能买几部手机。当把亏损的钱变成真实的物件时,你就开始有感觉了。1元赚一倍变成2元,这没多少钱,但这是赚了1倍呢。100元赚5%的利润就有5元。投资的世界是看百分比的,但是影响投资者赚钱、亏钱心理感受的却是绝对金额。你是否相信有些身家几百万元、几千万元的人,一旦看见亏了500元,他就受不了啦?

如果你是这样的性格,那么可能是两种情况:

第一种情况是你真的不适合面对有波动的产品;

第二种情况是你没有得到让你信服的理由,去相信投资前景会变得更好。

做过投资的人都填写过风险评估问卷。多年以前,我作为理财经理把这张问卷拿给客户的时候,会出现下列情况:客户在一开始填写的时候很认真,后面就不行了。问卷调查本来就是一个比较专业的领域,大部分人填写问卷的时候只有前三题会认真对待,后面的题会因为缺乏耐心而忽视,所以很难仔细阅读并填写。

可是,填写风险评估问卷对每个投资者来说都是一件很严肃的事。因为在填写这张问卷的过程中,投资者可以认认真真地把自己的财富性格检查一遍,而这件事人们平时是不会做的。每家银行(金融机构)的风险评估问卷大同小异,这里借用某商业银行的问卷进行说明,如图1-13所示。风险评估问卷的目的主要是希望通过对投资者的财务状况、投资经验、投资风格、风险偏好和风险承受能力等进行分析,来了解投资者和所规划理财产品的适配性。错填的结果很可能会造成投资者的理财规划并不符合自身的实际情况。

```
        **银行个人理财客户风险评估问卷

客户姓名:_____              联系方式:_____
证件类别:_____              证件号码:_____

重要提示:
1. 首次购买本行任何理财产品前,请填写本问卷,并每年进行重新评估,问卷有效期1年。当发
   生可能影响您自身风险承受能力的情形时,请您在再次购买我行理财产品时主动要求重新进行
   评估。
2. 本问卷旨在了解您的财务状况、投资经验、投资风格、风险偏好和风险承受能力等,借此协助
   您选择合适的理财产品类别,以达到您的投资目标。
3. 投资理财产品需要承担各类风险,如本金兑付风险、市场风险、流动性风险、汇率风险、信用
   风险、利率风险、赋税风险、产品复杂度风险等,可能遭受本金损失。
4. 以下10个问题请选择唯一选项,不可多选。本风险评估问卷的准确性视您所填写的答案而定,请
   您客观仔细填写,感谢您的配合!
```

图1-13 风险评估问卷范例

投资者要明白,这个问卷并不是给银行看的,而是给自己看的,所以一定要认真严肃地对待。

第一题是年龄,如图 1-14 所示。年龄越小,代表投资试错的机会越多。如果一个人今年 25 岁,手上只有 1 万元,全部拿去投资,他最多接受亏多少?显然,就算亏掉所有,也只是 1 万元,这在他的投资生涯总金额里只占很小的比例。但如果他今年 45 岁了才来投资,手上有 100 万元,万一遇到亏损,很可能损失的就是三四十万元,甚至更多。所以说年纪越小,投资机会越大。年轻人从头再来的机会是远多于中年人和老年人的。

```
一、财务状况
1. 您的年龄是?
  □ A. 18 岁以下      □ B. 18—30 岁(含)
  □ C. 31—50 岁(含)  □ D. 51—30 岁(含)
  □ E. 高于 60 岁
```

图 1-14 风险评估问卷之年龄

第二题是家庭收入,如图 1-15 所示。很多人在这个地方会刻意回避,尤其是夫妻两人同时在场的时候,男方基本上都会如实打钩,女方有时会出于对资产的隐私保护故意选择偏低的选项。某些资料表明,投资者家庭年收入越高,抗风险能力越强,但是存量资金风险也越大。

```
2. 您的家庭年收入为(折合人民币)?
  □ A. 5 万元以下      □ B. 5 万—20 万元
  □ C. 20 万—50 万元    □ D. 50 万—100 万元
  □ E. 100 万元以上
```

图 1-15 风险评估问卷之家庭收入

第三题是投资比例,如图 1-16 所示。可用于投资的金额在家庭收入中的占比越高,说明抗风险能力越强(可以理解成有足够的储备)。

```
3. 一般情况下,在您每年的家庭收入中,可用于金融投资(储蓄存款除外)的比例为?
  □ A. 小于 10%      □ B. 10%~25%
  □ C. 25%~50%      □ D. 大于 50%
```

图 1-16 风险评估问卷之投资比例

第四题是投资经验，如图 1-17 所示。询问投资者有投资哪些产品的经验，目的是了解投资者已有金融知识的广度。到目前为止，这些题型都是在引导投资者检查自己，一定要认真填写。

```
二、投资经验（任一项选A的客户均视为无投资经验客户）
4. 以下哪项最能说明您的投资经验？
□ A. 除存款、国债外，我不投资其他金融产品，没有投资股票、基金、外汇、金融衍生产品等风险
     投资品的经验
□ B. 大部分投资于存款、国债等，较少投资于股票、基金等风险产品
□ C. 资产均衡地分布于存款、国债、银行理财产品、信托产品、股票、基金等
□ D. 大部分投资于股票、基金、外汇等高风险产品，较少投资于存款、国债
```

图 1-17　风险评估问卷之投资经验之一

第五题也是投资经验，如图 1-18 所示。目的是了解投资者对高风险投资涉猎的深度，时间越长，代表对风险的理解越深刻。

```
5. 您有多少年投资股票、基金、外汇、金融衍生产品等风险投资品的经验？
□ A. 没有经验      □ B. 少于 2 年
□ C. 2—5 年       □ D. 5—8 年
□ E. 8 年以上
```

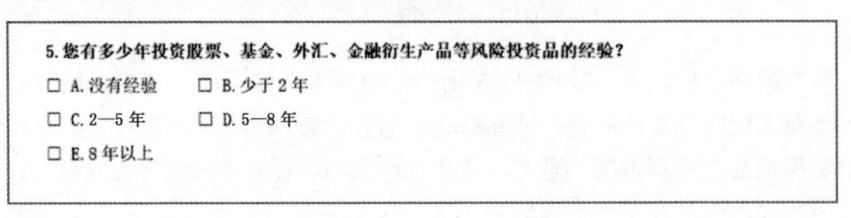

图 1-18　风险评估问卷之投资经验之二

第六题是投资态度，如图 1-19 所示。判断投资者适合哪一种投资风格，用来检查投资者自身的亏损应对心态。由于每个人的性格不同，面对亏损也会有不一样的表现。例如，虽然很能赚钱，却无法承受几百元的亏损，这类投资者需要选择偏保守一些的金融产品。

```
三、投资风格
6. 以下哪项描述最符合您的投资态度？
□ A. 厌恶风险，不希望本金损失，希望获得稳定回报
□ B. 保守投资，不希望本金损失，愿意承担一定幅度的收益波动
□ C. 寻求资金的较高收益和成长性，愿意为此承担有限本金损失
□ D. 希望赚取高回报，能接受较长期间的负面波动，包括本金损失
```

图 1-19　风险评估问卷之投资态度

第七题是投资资金占比，如图 1-20 所示。目的是了解投资者愿意让存量资金用于风险投资的程度，占比越高，收益可能越高，但风险也越大。

> 7. 如果您要参与投资理财，您打算购买理财产品（含基金，下同）的资金占个人净资产（计算净资产时，不包括自用住宅和私营企业等实业资产；但包括储蓄、现有投资组合、房地产投资、人寿保险、固定收入，减去债务如房屋贷款、其他贷款、信用卡账单等）的百分之几？
>
> □ A. 75%以上 　　　　□ B. 51%~75%
> □ C. 25%~50% 　　　　□ D. 25%以下

图 1-20　风险评估问卷之投资资金占比

第八题是投资期限，如图 1-21 所示。目的是检查投资者对投资行为的把控能力。我也曾经做过错误的投资决策。当时，我把下个月要用的钱投进了股票市场，因为很看好眼前的机会。后来，我发现在有资金周转压力下的投资，除了失败率很高，我的生活也被打乱了，很不划算。投资期限越短，对情绪的影响越大。当情绪受到影响时，人们往往会做出错误的决策，所以一定不要拿短期内要用的资金进行投资。

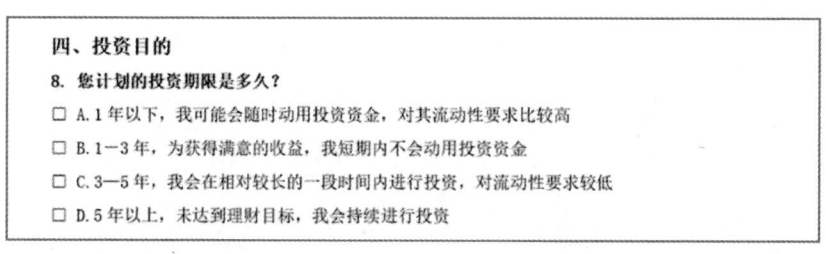

> 四、投资目的
> 8. 您计划的投资期限是多久？
> □ A. 1 年以下，我可能会随时动用投资资金，对其流动性要求比较高
> □ B. 1-3 年，为获得满意的收益，我短期内不会动用投资资金
> □ C. 3-5 年，我会在相对较长的一段时间内进行投资，对流动性要求较低
> □ D. 5 年以上，未达到理财目标，我会持续进行投资

图 1-21　风险评估问卷之投资期限

第九题是投资目标，如图 1-22 所示。投资者对投资的期望值越高，越会铤而走险。如果投资者一开始就有很高的投资欲望，反而无法控制自己的投资预期。本来已经做好了配置，分配好了保守投资和稳健投资份额，很可能因为投资者想翻倍，就把这类投资剔除，而重押一把是很危险的。而且，我认为这跟专业程度没关系，这时体现的是人性。我们不断学习，不是为了更专业，而是为了建立认知、了解自己，这是很重要的部分。

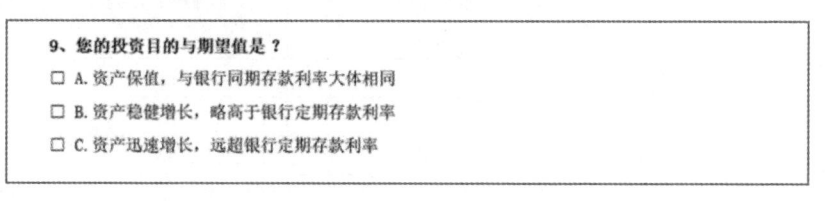

> 9. 您的投资目的与期望值是？
> □ A. 资产保值，与银行同期存款利率大体相同
> □ B. 资产稳健增长，略高于银行定期存款利率
> □ C. 资产迅速增长，远超银行定期存款利率

图 1-22　风险评估问卷之投资目标

第一题到第九题都在引导投资者了解自己，第十题是投资风险承受力，如图 1-23 所示。之后通过问卷调查就会得出投资者是五种类型中的哪种类型，以

及对应的产品风险等级（从低到高依次是 R1、R2、R3、R4、R5）和适合投资的产品类型有哪些，如图 1-24 所示。

```
五、风险承受能力
10.您投资的产品的价值出现何种程度的波动时，您会呈现明显的焦虑？
  □ A. 本金无损失，但收益未达预期
  □ B. 出现轻微本金损失
  □ C. 本金 10%以内的损失
  □ D. 本金 20%～50%的损失
  □ E. 本金 50%以上的损失
```

图 1-23　风险评估问卷之投资风险承受力

```
评估结果：您的最终得分为_____，属于 有/无 投资经验客户，风险承受能力
属于_____型。
```

投资者类型	对应产品风险程度	对应我行产品风险评级	适合的产品类型
激进型	PR5 级	黑色	极低、低、中等、较高及高风险产品
进取型	PR4 级	红色	极低、低、中等、较高风险产品
平衡型	PR3 级	橙色	极低、低、中等风险产品
稳健型	PR2 级	黄色	极低、低风险产品
谨慎型	PR1 级	绿色	极低风险产品

图 1-24　风险评估问卷之评估结果

评估结果对投资者的投资行为有指导意义，它能规范金融机构从业人员对投资者推荐的产品范围，以及避免投资者投资那些和自身风险等级不匹配的产品。金融产品风险等级排行表如表 1-8 所示。

表 1-8　风险等级排行表

投资者类型	等级排行	金融产品风险类型匹配上限
谨慎型	R1	低风险产品
稳健型	R2	中低风险产品
平衡型	R3	中等风险产品
进取型	R4	中高风险产品
激进型	R5	高风险产品

根据监管部门规定，R1～R5 是五种风险等级。
- R1 匹配谨慎型，是低风险理财产品，主要为国债、保险理财、大额存单、银行理财等低风险投资。

- R2 匹配稳健型，是中低风险理财产品，也是市场银行理财的主流产品，主要为国债、保险理财、大额存单、银行理财、货币型基金、信托等。
- R3 匹配平衡型，是中等风险理财产品，在 R2 等级之上增加了企业债券，还能够投资一定比例的股票、商品、外汇等，投资高波动产品的资金比例要低于 30%。本金可能受到一定的折损，不保本。
- R4 匹配进取型，是中高风险理财产品，投资高波动产品的资金比例能够超过 30%。
- R5 匹配激进型，是高风险理财产品，它没有任何的投资限制，甚至可以采用杠杆、分级、衍生品进行投资，收益不确定性很高。

风险评估问卷最终需要投资者本人确认后才算完成，才可以进行投资。投资者一定要先了解自己的风险承受能力及投资目的，取得一个平衡的配置，过程中就不会太紧张，结局也会挺美好。

1.5.2　从风险的角度理解产品的功能

前面的风险评估结果并不是说投资者只能按照风险评估问卷的结果来购买产品，这得衡量投资者真实资产的情况，我们一般会建议投资者将自己的资产分层管理。

所谓的资产管理，就是管理两件事：

第一件是管理资金，也就是投资、融资这些事；

第二件是管理风险，用最小的成本去面对未来可能发生的风险。

图 1-25 是我们梳理了多个版本后整理出来的普通家庭理财金字塔，选择这个金字塔是因为它比较好表述，并不意味着所有人的理财金字塔都长得这么完整，比如不是所有人都会去经营实业和收藏艺术品。

这个金字塔主要分为三个层级。

第一个是保本刚需层。这里的钱不能动用，属于每个月的固定支出，包含房租、水电燃气和房贷按揭等，这层非常重要的是流动性和风险防范。

第二个是保值增值层，也就是大部分人说的投资，是要承受点波动风险的。它要求收益稳定、风险可控。作为长期投资，储备子女教育、养老和未来生活所需的资金，稳健增长是比较保守、安全的一种策略。要想实现目标，保险肯定是要配置的，它保证投资者在特定时间有一笔确定的钱。但如果只靠保险来储备阶段性用钱，往往会很吃力，所以建议投资者在用保险做阶段目标规划时，加入基金投资或用定投方式来累积资本（我们后面会讲到定投的正确方法）。准备阶段

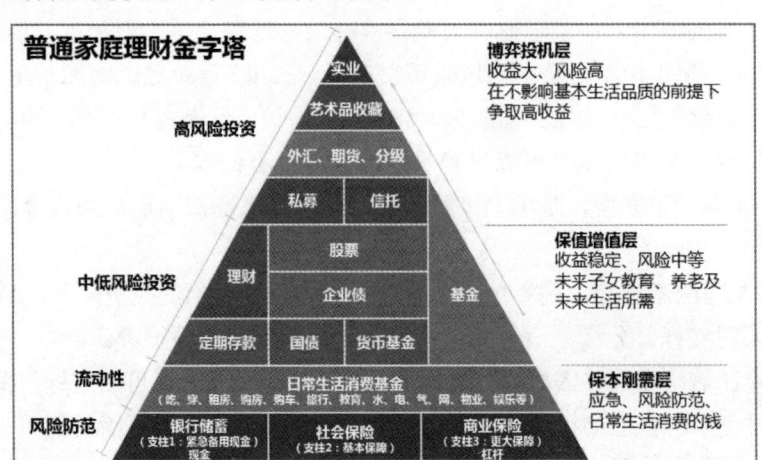

性用钱，保险+定投是一个比较好的方式。

图 1-25　普通家庭理财金字塔

第三个是博弈投机层，如私募、信托、实业。信托目前在国内很多时候还是可以实现刚兑的，实际上信托投资的金融产品本身已经不能刚性兑付了，只是在想办法维持刚兑局面而已；而且银行不敢做的投资才会发信托，而银行不敢做的一定是风险相对高的，毕竟连银行都可能出现坏账，更何况风险控制级别不如银行的金融机构。另外，为何实业的风险最高？因为它必须先有大投入才能逐步产生收益。如果你想开一家实体工厂，一定要投入很多钱购置设备或备货之后，才能开门做生意，等待客户上门，所以实体经营风险确实很大。

1.5.3　从资产布局理解产品的适配性

"资产配置"四个字我们都不陌生，但它给人的印象很高大上，对普通投资者来说很难快速理解它的内涵和用途。可以这样理解：资产配置就是让我们的每一分钱通过购买适合的金融产品，实现长期稳健增值的目的。所以，资产配置需要时间去发酵，并不是一夜暴富的手段。

我们可以把个人（或者家庭）的资产比作一个水桶，每个人都有一个资产桶，资产多，水桶就大；资产少，水桶就小。水桶里的水就是我们累积的财富，有收入的时候，钱就会源源不断地进入水桶，水位会相应上升；花钱的时候，水位就会下降。资产配置如图 1-26 所示。

正常情况下，我们都会留出一笔不敢花的钱，比如我们闽南人所谓的"棺材本"（作者祖籍福建省泉州市惠安县）。不管做什么投资或花费，这笔钱都不会动用，是用来应急的，它更多的是带来安全感，所以一定要保本，在水桶中对应的是 B 区域的钱，是资产中绝对不会变动的部分。水桶中 A 区域的钱，我们可以拿来做投资，这部分有赚有赔，属于变动部分，是可以承担风险的钱。

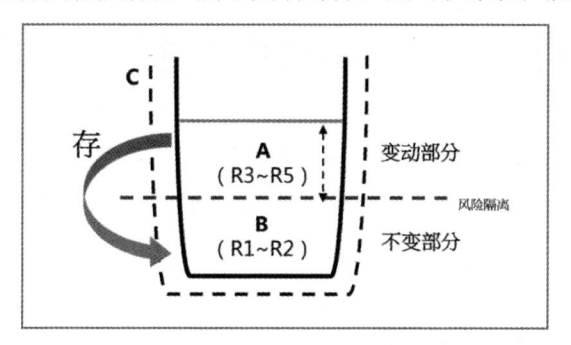

图 1-26 资产配置

我一直强烈建议，越是了解风险的人，越应该适时守住利润，比如我们冒风险从股市中赚到的钱，把它存下来，那么存下来的这笔钱还要冒风险吗？开开心心赚到的钱，自然要把它安安稳稳地放在口袋里面，所以水桶中 B 区域不变部分的资金，对应的风险就是 R1 和 R2。到这里还没有结束，水桶中 A 区域是冒风险的部分，只是风险的大小不同，所以这部分资产分别适配 R3、R4 和 R5 等级的产品。

一般来说，炒股对应 R5。如果你对股票投资有把握，R5 等同自己承担了，剩下 R1～R4 的部分，你还是需要做配置，千万不要只盯着一个投资机会而错过合理的配置。资产配置就是为水桶中的每个部分都配置合适的产品，这是对待资金较好的布局方式。

前面提到，年收入高的家庭抗风险能力更强，同时存量风险也大，不变动的部分有很多钱，是身边所有人都知道的。这时候，有三拨人盯着你的钱：第一拨是竞争对手，肯定恨不得你破产；第二拨是亲朋好友，整天想着向你借钱；第三拨自然就是税务局了。

因此，我们要让这部分钱有较高的隐秘性，最好的方法是把它从右边口袋藏到左边口袋——也就是把你的钱从银行的账上挪到保险的账上，做好资金的转移动作，也是一种资产配置。这么做不仅把底部的钱藏起来了，还在整个财富水桶的外面套了一层更大的桶（见图 1-26 中虚线 C），即使里面的水桶破了（遇上风险），还有一层水桶接着，不至于让财富全部流失。这层防护罩就是保险，它还有利息，在 2020 年第 1 季度 3.5%的终身复利还能写进条款。

这里要强调的是，我们的财富水桶里有 R1～R5 的适配产品，才是完整的资产配置。钱要进行分类管理、风险隔离，我们不仅要了解自己的水桶，还要想明白哪个地方是缺配的，把它补起来才是合理的资产配置。

1.6 如何选择适合自己的交易渠道

随着互联网科技的生活化场景服务提升及金融牌照的释放，人们可以接触并且购买基金的渠道也在增多。每种渠道都有其优劣势，人们根据自己的需求选择即可。渠道没有所谓的好坏，只要适合、喜欢、习惯就可以了。

1.6.1 基金销售的商业模式

服务是有价的，代客投资行为或咨询服务都不是公益，都是由商业利益驱动的。基金公司的投资行为、基金超市的平台行为、咨询顾问的推荐行为，这些行为背后的商业利益都会影响投资者的立场，投资者对每一部分的费用用途进行分析，必须要有自己的理解与判断才能更好地选择适合自己的购买渠道。费用计算包含"存量""流量""增量"三种方式，不管哪一种方式，都是由投资者来付钱的。

"存量"指的是维护的资金规模，直接相关的费用是管理费与托管费，并且是放多久、付多久的模式。管理费是基金公司的主要收入来源，托管费是托管机构计提的费用，比如银行。这两项费用赚取的利润取决于存量规模，规模越大，每年提取的管理费就越多。因此，基金公司很少会说"市场后市不乐观"，而是比较委婉的以"谨慎、审慎、长期看多"等字眼替代，毕竟投资者赎回基金的行为跟基金公司商业利润有直接矛盾。

"流量"指的是基金的申购和赎回，有申购、赎回的动作就会产生相应的手续费，这部分费用几乎都是给销售机构的服务费用，交易越频繁对销售机构而言手续费计提就越多。这也是许多机构不断鼓励投资者频繁申购、赎回的主要原因，有点类似于股票当日融资融券当冲，冲越多次营业额越高，规模手续费就越多。

"增量"指的是绝对利润增长，就是对投资的获利进行利益分成，类似私募基金经理人的超额利润分成。把投资者的利益跟机构利益捆绑，是一种顾问模式，目前已经有越来越多的机构甚至专业个人（资质是挂靠合作机构的通道）采取这种服务模式。增量模式不代表不收取存量与流量的费用，只要涉及相关服务，费用还是得收取。

1.6.2　基金销售的渠道

金融是国家的特许行业，不是任何机构都可以进行基金销售，投资者要投资基金必须确认该机构已经取得经营证券期货业务许可证。根据中国证监会公布的《公开募集基金销售机构名录》，截至 2019 年 12 月 31 日，共有 248 家机构可以销售基金，其中银行机构 98 家、证券机构 98 家、期货机构 3 家、保险机构 3 家、证券投资咨询机构 6 家、独立基金销售机构 40 家。另外，还需要取得央行颁发的"支付业务许可证"，在中国证券投资基金业协会首页的"会员公示"中可以查询。

对普通投资者来说，能接触到的主要有四类渠道：银行、券商、直销（基金公司自营）、独立机构（支付宝、理财通、天天基金、××财富、××基金等）。由于独立机构的资源、强弱项很分散，所以大多数独立机构都会采取合纵连横的方式交叉合作，比如天天基金网会推荐某个机构或团队的优秀基金组合，说××财富除了自营的基金组合还包含其他机构开发的基金组合；或者某些平台销售后会把流量导入对应的基金公司直销平台，由基金公司提供后续投资者服务。

渠道 1　基金平台超市

财富管理行业的崛起跟居民财富的增长是有直接关系的。早期金融产品的购买都要通过面对面的方式提供服务，但由于人力的服务范围有限，成本也很高昂，所以就商业逻辑而言，要把最贵的成本用在最有价值的客户身上，这就是早期金融顾问服务的对象都是有钱人的原因。

如今得益于互联网与智能手机的普及，更多的人可以更快速、更全面地接触投资。基金平台超市的崛起，满足了普通大众的理财需求，代表平台有东财旗下的天天基金网、蚂蚁金服旗下的蚂蚁财富、腾讯旗下的理财通、好买基金网、雪球财经旗下的蛋卷基金、盈米基金等，人们可选择的很多。这些平台还可以细分成两种模式：一种是网上开店模式，另一种是流量变现模式。

网上开店模式是创造一个金融超市的概念，应有尽有，将交易的场景搬到互联网上，通过极低手续费的优惠来吸引客户，薄利多销。早期并没有导引流量的概念，所以当时主要就是分流银行照顾不上的客户。

流量变现模式以高频接触的场景来建立信任从而实现盈利，如支付宝，主要利用人们在生活中的很多场景需要使用支付宝，基于人们对支付宝的习惯与信任，人们愿意将自己闲置的资金放在余额宝，然后开始尝试小额的基金投资，等到有了足够好的体验与信任，人们自然愿意用更多的资金购买支付宝上的产品。

- 优势：手续费便宜，大小基金公司产品实现全覆盖，基金信息全面，每个基金都有小论坛，可以看到很多民间高手的互动。
- 劣势：可以解决流程方面的问题，无法解决专业服务方面的问题。基金的挑选与诊断往往只能靠自己。

渠道 2　第三方财富管理机构

由于基金销售需要牌照，没有牌照的机构就要挂靠有牌照的机构。这类渠道除了公募基金，还有其他金融产品搭售（如保险、信托、私募基金等），可以理解为，这是更全面的资产配置理念。大多数第三方财富管理机构都需要强大的系统与产品作为支撑，所以成本并不低，背后集团的实力支持更不可少，它们会使用数据分析相关手段去发现客户更多的隐性需求，以区别于单纯的手续费价格战。线上交易、线下交易的商业模式多数是同时存在的。

- 优势：金融产品更加丰富，客户细微的需求容易得到满足；若有线下面对面交流，沟通效率更高，客户安全感更强；财富顾问可以按照客户的意愿进行更换。
- 劣势：销售人员的主要收入来自手续费，偶有不当销售传闻，客户须谨慎确认自身需求；产品来源广，风险控制能力远弱于传统的银行，需要了解其他非公募基金产品配售的底层资产；谨防飞单（不是集团正式引入的产品，而是销售人员私人以不合规方式销售的产品）。

渠道 3　直销平台

基金管理公司为平台的主要供应商，供应的基金都是自己公司品牌的基金，公司也可以直接销售自家的基金，这类直销平台大大降低了申购成本，持有人主要是普通个人投资者。据访谈（某基金公司），大多数沉淀客户都是曾经有过盈利体验然后转换成直销平台的回头客户，直销系统也免费供应给地方中小型银行作为系统支持。

- 优势：费率上的绝对优势；有些平台还会有积分商城，客户日常交易会获得活动积分，用于在商城兑换积分（薅第二次羊毛），也算是不错的附加价值。
- 劣势：基金的选择范围有限（在同一家基金公司做大的资产配置，投资风格在多只基金上可能有相同体现）；由于基金公司本身不会大力宣传直销通道，相对来说处在公众视野的边缘，普通大众接触到的概率较低；售后支持为远程客服的形式。

渠道 4　论坛"大 V"（理财工作室）

此类渠道均属于二级分销，是"大 V"个人通过对"粉丝"的影响力实现流量变现的方式之一,"大V"可以从自身的专业性出发帮到"粉丝","粉丝"也能找到"大V"推荐的单一基金或者基金组合。

从商业模式的结构上看,"大V"必须挂靠在有销售牌照的机构中,对申赎手续费进行利润拆分,算是近几年"粉丝经济"的崛起带来的红利,但是"粉丝"在这类渠道上购买的金额大多数都不会太大,很难形成规模收益,所以会辅助以线上线下课程培训的形式增加附加价值,或刊登金融相关的广告来增加收入。

- 优势:可以认识志同道合的群体,做得好的会有线下投资训练营;投资顾问形式的弱存在,在投资过程中,有问题可以有专人解答;能称为"大V"的人,在专业上都是一流的,有些"大V"甚至有能力做好基金组合(类似于FOF)。
- 劣势:金融格局偏小,大多数只能针对单个的小需求给出建议,不能给出较全面的理财解决方案;"大V"个人精力有限,团队成员的专业性有可能无法满足客户需求;见到"大V"本人的机会不大。

近期崛起的"互联网投顾模式",就是以客户投资增长与满意度来进行利润分成变现的模式,尽量让"大V"的商业利益跟客户一致,这样的服务模式还有待市场反馈与时间验证。

渠道5 证券公司

证券公司是非常有条件做好财富管理的,银行可以卖基金但是不能卖股票,而证券公司既可以卖基金也可以卖股票,只不过商业逻辑不同。在较成熟的海外市场上,证券公司把财富管理业务做好的更是比比皆是,甚至可以直接对接上市公司大股东,完成与大客户之间的股债质押等相关交易。

- 优势:手续费低——可以做到法定最低折扣(一折);信息多元——券商的报告非常全面,可以满足投资者对于信息获取的需求;资金多用途——一套资金多重用途,可做基金、股票交易、融资融券、ETF、期指期货等。
- 劣势:专注性不同——公募基金并非证券公司主业,证券公司信息更聚焦于中短线交易;利润逻辑不同——更专注于短线上的快速周转交易;需求广度——无法满足客户其他需求的广度,比如保险需求、贷款需求等。

渠道6 银行

目前,银行是公募基金最大的销售渠道,银行客户基础庞大,金融服务多样,存款、贷款、保险、基金、外汇、转账、企业授信、票据等应有尽有。客户对银行有着先天的信任感,所以在银行端经常可以看到金融产品的"大单成交",这在外部机构很少见。即便现在网上交易非常便捷,但是面对面服务的信任感是其他服务无法取代的。

对于银行来说，实体网点成本很高。在财富管理成熟的海外市场上，实体网点场景设计都是为了服务大客户，把高成本的服务用在最有贡献度的客户身上。随着移动互联网应用的普及，大量的长尾客户开始习惯在手机银行 App 上进行交易，一个客户的手机上面往往会有多个银行 App，客户的资金移动便利性大大提高。对银行理财顾问来说，留存客户资金越来越困难，银行理财顾问的专业服务能力将显得更有价值。

- 优势：产品线最齐全——可以满足的需求最多，附加价值最大，对客户而言的增值服务最多，银行是最接近"一站式服务"理念的机构。虽然银行会把客户按照资产规模进行分层，按贡献度分级，但是中国境内银行做的算是非常到位的。如果你在银行网点，不管你是什么身份，只要是银行业务范畴内的事情都会有专人为你答疑，在许多海外银行机构的服务可就是"看身价"了。

  信任感——银行网点的物理存在及理财顾问的面对面服务，都会带给客户更多的信任感，至少发生任何大事件的时候，网点还在那里。

  优质理财顾问——如果客户遇上专业能力强且恪尽职守的理财顾问，那要好好珍惜。一个优秀的理财顾问除了基金方面，银行范畴内的其他金融事务也懂得很多，有些资深理财顾问对房地产的研究甚至比房产中介还深入，绝对值得你去网点预约见面。

- 劣势：预期管理不到位——由于信任感的缘故，不少客户对于投资后的期望值往往偏高，经常会出现说明与理解不同步的情况，导致收益不如预期的投诉。

  指标压力造成高频服务——银行毕竟是营利性单位，是需要赚钱的，理财顾问自然会有服务业绩压力。虽然适当的压力会让理财顾问更关心客户其他需求，从而提高服务的全面性，但是过大的压力可能会导致高频服务、过度销售的情况。

  劣质的理财顾问——盈亏同源，如果客户本身专业知识缺乏，又遇上专业能力不佳的理财顾问，那就是灾难了。

  手续费相对高——在银行平台进行基金交易的手续费基本上是收足的，但会因为客户分层而有不同程度的折扣优惠。

所有的金融产品都不是凭空想象出来的，都是针对客户真实需求开发出来的。市场没有足够大的需求就不会有产品被开发出来，大多数的产品都是刚需。所以当理财顾问向你推荐金融产品的时候，你大可不必怒目相视，这是关心你的需求，并且是对你具备一定资质的肯定，你只需要耐心听完介绍，并评估自己的适配性即可，几分钟的时间，当作学习和了解也是很不错的。况且，一个优秀的理财顾问，会是你基金投资甚至财务规划需求方面的好帮手。

在海外成熟市场上有种说法：有三个朋友必须要交往——一个是律师，一个是医生，还有一个是理财顾问（在海外有些理财顾问本身也具备会计师、律师的资质）。

1.7 如何打造自己长期投资的健康心态

投资的前提是了解自己的风险承受能力处于哪个等级，风险划分的五个等级如表 1-9 所示。

表 1-9 风险划分的五个等级

	R1	R2	R3	R4	R5
风险程度	低	中低	中	中高	高
适宜人群	谨慎型	稳健型	平衡型	进取型	激进型

数据来源：搜狐网

我所理解的长期投资的健康心态的基础是"理解大局"，这样投资者的情绪才有可能不受短期事件的影响，投资者才有可能从容淡定地穿越牛市、熊市。

1.7.1 投资为什么要趁早

基金是协助我们实现中长期梦想的工具（基金盈利需要时间，所以说是中长期）。当年我还在外资银行的时候，有个简要公式直到现在我还记得很清楚——（100-年龄）%=当下可投资风险资产比例。假设我今年 40 岁，那么我的总资产里可以投资风险资产的比例是（100-40）% = 60%；假设我今年 20 岁，那么我的总资产里可以投资风险资产的比例是（100-20）% = 80%。

这个算法虽然简单粗暴，但是折射出来一个很客观的投资认知——越年轻越能承担风险，即便投资亏损了，也可以利用时间恢复投资元气。

我经常倡导刚毕业参加工作的人有一点点积蓄的时候就去投资基金，因为这时候投资的本金很少，能亏损的金额更少，比如 1 万元最差的操作也就亏 1 万元。但根据我多年观察，到目前为止还没发现能把本金亏完的公募基金（此处投资不包含衍生性金融产品），投资者在这个投资过程中可以学习到很多宝贵的知识和经验。我最怕听到的就是"等我存够了钱再去投资"，如果等你存够了 10 万元，在什么都不懂的情况下就去投资，亏三四万元都是很正常的。所以，投资要趁早。

在 20 多年的投资实践过程中，我总结了一个规律，这里我用一张示意图详细描述投资心路历程：刚开始投资的时候都会赚钱，这个阶段叫上手期；当你开始有信心的时候赚钱效应却会减弱，这个阶段叫钝化期；当你不死心的时候会开始亏钱，这个阶段叫挫折期；当你痛定思痛地反省、思考、学习的时候开始渐渐回本，这个阶段叫经验反哺期；当你有足够的耐心能从容面对市场波动的时候就会经常赚钱，这个阶段叫淡定期。投资认知建立周期示意图如图 1-27 所示。

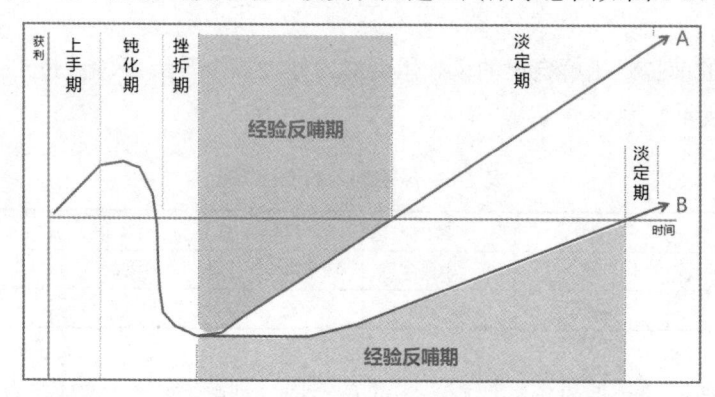

图 1-27　投资认知建立周期示意图

在图 1-27 中，大部分人刚开始投资的时候账面上都曾赚过钱，但进入经验反哺期的时候，回本周期的长短完全取决于"自我了解与投资认知"的建立速度，或者说学习能力的强弱。学习是一辈子的事情，而押多空是一下子的事情；投资是一辈子的事情，赌博却是一下子的事情。所以投资经历的时间不够久，没有赔过钱，再加上没有学习能力，是不可能把投资做好的，投资基金也是一样的道理。

几年前，曾经有人问过我一个问题：投资大师所具备的共性是什么？我的回答是长寿，你能喊出名号的大师，哪个不是白发苍苍。时至今日，我的答案依然没有改变，长寿折射到年轻人身上的另一层含义就是早点学习投资，累积经验教训，对投资不要畏难，并且不要放弃每次接触投资的机会，以及每次出现的危机。

1.7.2　收支曲线与梦想规划

我在给银行做培训的过程中经常会问学员：你们的梦想是什么？财富自由、财务自由、环游世界、住别墅、家人平安、父母健康、子女成才、现场看 NBA

等，就连世界和平这种答案都有，但所有的梦想基本上都需要金钱做支撑，那么我们就要讨论收入与支出在生命中的意义。个人的收支曲线如图1-28所示。

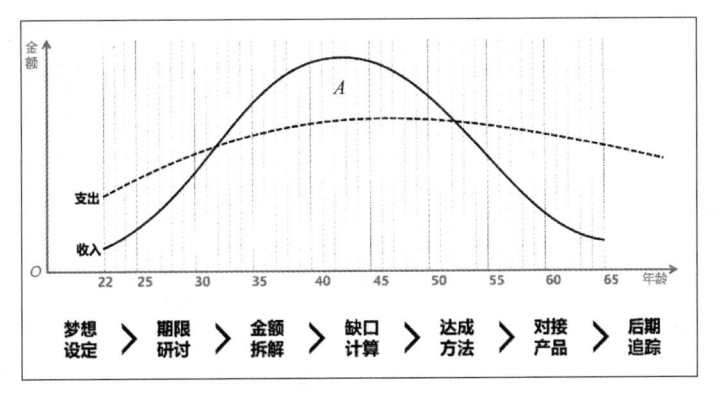

图1-28 个人的收支曲线

图1-28中的虚线是我们的支出曲线。我们从一出生就要花钱，只是这时候花的是父母的钱；随着年龄的增长，花的钱越来越多，直到退休之后，支出逐步下降（在身体健康且没有重大疾病的情况下），这时候花的可能是自己年轻时攒下的钱，也可能是子女给的赡养费。

图1-28中的实线是我们的收入曲线。我们在学生时期可能会有些简单的打工，但稳定的收入大多来自步入社会之后的正式工作。一般来说，我们读完大学是在22岁左右；随着年龄的增长与工作经历的积累，工资也会逐步上涨，正常情况下40~50岁收入会达到高峰（当然，并非所有职业都是如此，这里只是一般情况）；50岁之后，职场位置退居二线，一般情况下收入呈下降趋势；最后退休年龄一到，工资收入基本上也就中断了，收入来源主要是社会养老金、子女赡养费、专利版权费、投资收入（包含房租收入、保险年金收入、债券与定存利息收入等）等。

收入明显大过支出的区域是在我们进入社会和退休前的这段时间，图1-28中的面积A就是这段时间收入减去支出的结余。在这段时间，我们不仅要养活自己，还要养育小孩、赡养父母，如果夫妻双方都是独生子女，那赡养的支出压力就会很大。不仅如此，这期间还得设法帮自己准备退休金，降低子女未来成家后赡养我们的压力。靠工资的收入来应付这么多资金需求是非常困难的，所以要趁早投资，利用科学规律的投资创造稳定的业外收入。

基金投资是协助我们达成人生目标的工具。什么是人生目标？通常我会说有期限的目标才叫梦想，没有期限的目标只能称为幻想。目标的设定至关重要，切忌好高骛远。例如，我的年收入是20万元，现有存款20万元，我希望两年后我的存款超过 2000 万元，可以不用工作，这就太玄幻了，并非不可能，只是能实现的概率太低了。再例如，我的小孩今年 1 岁，5 年后我希望能有一笔 30 万元的专款供他 6 岁开始学才艺，所以目标就是 30 万元，达成这个目标的期限是 5 年。

可是，人生的梦想不会只有一个，是多个并行的过程，比如教育费用、旅游费用、房贷、退休金等都是并行的。如果只单纯依靠工资收入，大部分人没法面面俱到，往往都要过上妥协的生活。虽然每个人的财务情况不一样，但实现理财目标的步骤都是一样的：第一步，设定可行目标；第二步，确认完成的期限；第三步，确定能投多少钱；第四步，确定缺口有多大；第五步，制定投资策略；第六步，决定投资方式；第七步，坚持定期追踪。前四步是千人千面的需求探讨，你可根据自身情况（目标计划、现金流情况等）进行评估设定，但是第五步（年度再平衡）、第六步（公募基金）、第七步（诊断追踪）完全可以用本书教授的基金投资组合策略去完善，下面只对基金投资的策略进行说明。

1.7.3 你不理财，财不理你

"不要把你所有的鸡蛋都放在一个篮子里，但也不要把鸡蛋放在太多篮子里。"这是 1981 年诺贝尔经济学奖得主詹姆斯·托宾说过的话。全球资产配置之父加里·布林森也说过："从长远看，大约 90% 的投资收益都是来自成功的资产配置。"我们从公开数据也可以发现，91.5% 的获利来自正确的资产配置。各种因素对收益影响的占比情况如图 1-29 所示。

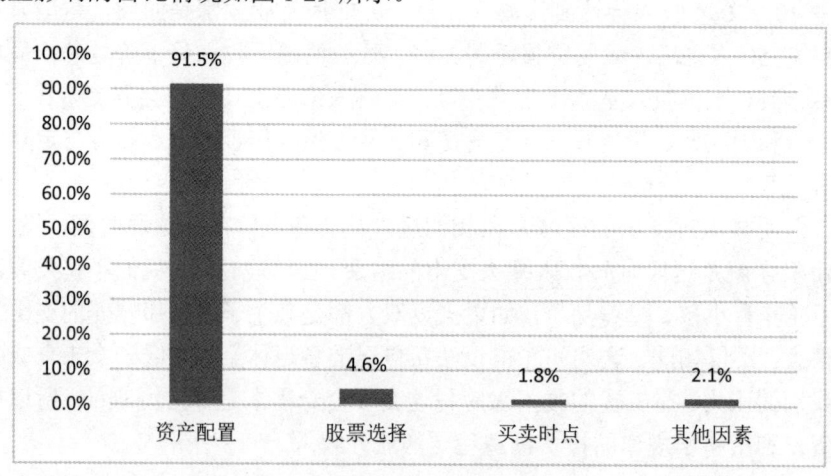

图 1-29　各种因素对收益影响的占比情况

（数据来源：中国投资咨询网）

所谓的资产配置是不是配置完成就不用管了呢?我们用两种简单的组合操作来说明。

第一种是配置完成就不动。假设选取沪深300指数代表股票,中证全债指数代表债券,通过股4债6的比例投资将资金配置在两只指数里,从2005年年初配置完成之后就不管了,15年后发现赚了170%,如图1-30所示。感觉很不错,1年还有超过10%的单利回报。

图1-30 股4债6配置与沪深300指数、中证全债指数的累计收益率走势对比,统计区间2005年1月—2020年1月

(数据来源:Wind 资讯)

图1-30中沪深300指数的累计收益率为320%,股4债6的累计收益率为170%,中证全债指数的累计收益率为99%。

第二种是配置完成后每年进行一次强制平衡的操作,也就是投资每满1年,账上的配置不管股债比例变成多少,都强制调整到最初的股4债6的配比,不需要考虑专业或任何行情,只做强制调整,如图1-31所示。结果15年后的收益率达到了312%,与前一种方式相比,收益率提升了近一倍。这就证明了一件事情:想要获取较高的回报,资产配置必须做好动态调整。

图1-31中沪深300指数的累计收益率为320%,股4债6年度再平衡的累计收益率为312%,中证全债指数的累计收益率为99%。

这两种操作策略的比较也很好地验证了"你不理财,财不理你"的民间俗语。这里的"理"是理会的意思。你不去理会你的资产,财富自然也不会光顾你。

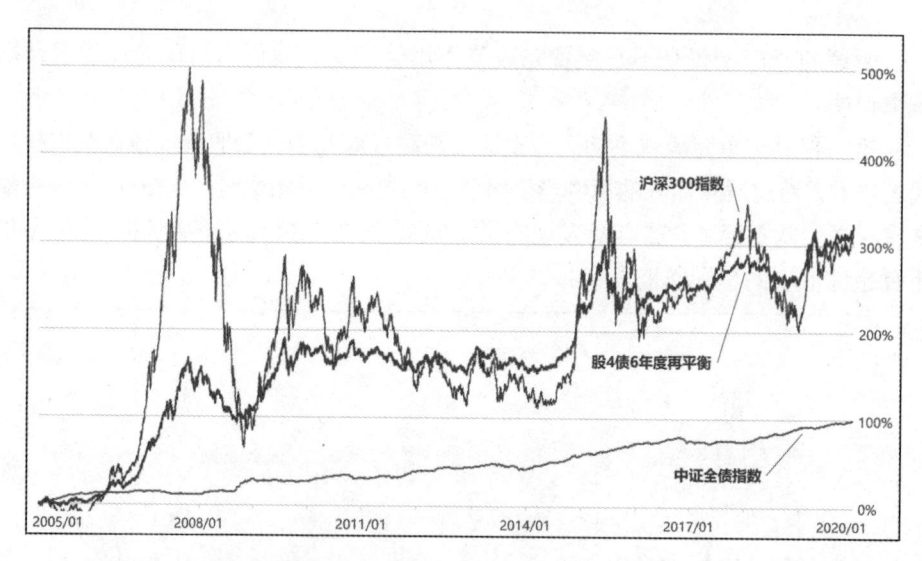

图 1-31　股 4 债 6 年度再平衡配置与沪深 300 指数、中证全债指数的累计收益率走势对比，统计区间 2005 年 1 月—2020 年 1 月

（数据来源：Wind 资讯）

1.7.4　如何应用大类资产配置穿越"牛熊"

如果你有过多年的投资经历，你就会发现投资行为中"人性是最大的变数"。当市场出现明显的赚钱效应时，大概前面的上涨行情已经积累了不少风险，赚钱效应明显就让投资者出现了"漠视风险"的状态，这会让投资者觉得自己可以承担更多风险，与其真实风险承担能力明显不匹配；当市场开始释放风险，出现重大回撤的时候，短期内往往就会失去赚钱效应。这时候，如果投资者手上还套着在市场高位时申购的基金，他们中就会有惊弓之鸟，出现"过分消极"的反应而错失低位补仓的机会，甚至卖在最低点。

资本市场行情交替轮回，就是大多数人"追高杀低"的真相。为了避免这类人的不当干预，投资者必须掌握"穿越牛市、熊市"的投资方式，并且不受外界干扰，坚持执行。

在用公募基金做资产配置组合的领域中有一个应用广泛的逻辑——有股有债、有大有小、有内有外、有长有短。我们可以用这样的方式来检验自己大类资产配置的完整性，然后持之以恒地操作。

1. 为什么要有股有债

股票型基金搭配债券型基金，组合配置的初衷在于控制投资过程中的波动风险。我们还是以上文中的沪深 300 指数与中证全债指数来代表投资中的股债部分来绘制不同配比走势图，分别以"股 8 债 2""股 5 债 5""股 2 债 8"的股债配置比例进行验证，如图 1-32、图 1-33、图 1-34 所示。我们可以清晰地发现，债券在配置中的比重越高，则组合波动越小，相应地，最终的收益空间也会越小。

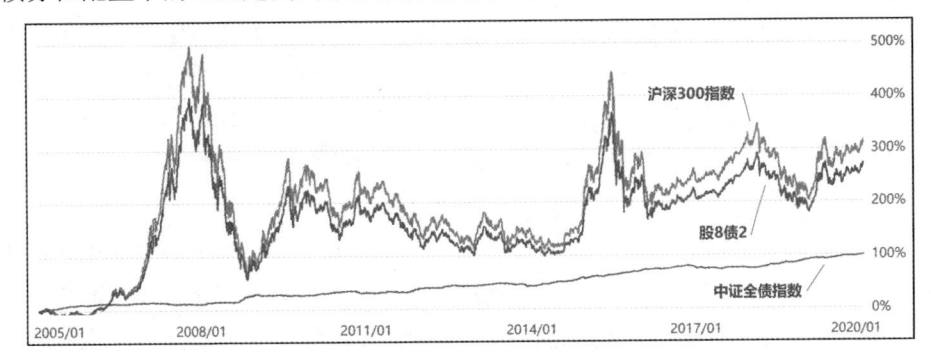

图 1-32　股 8 债 2

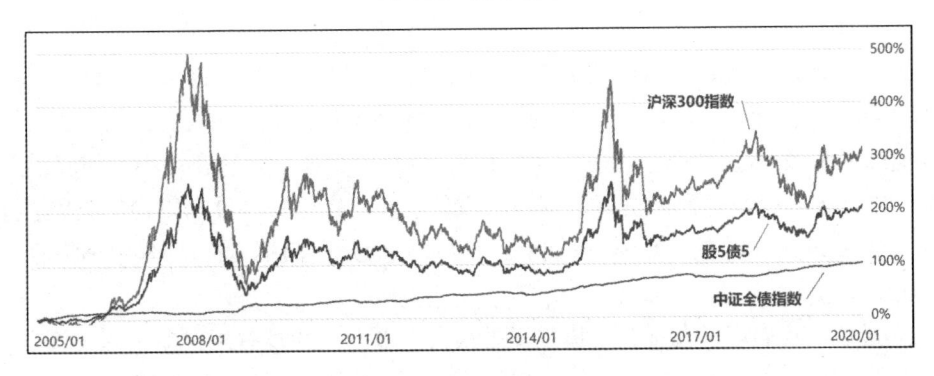

图 1-33　股 5 债 5

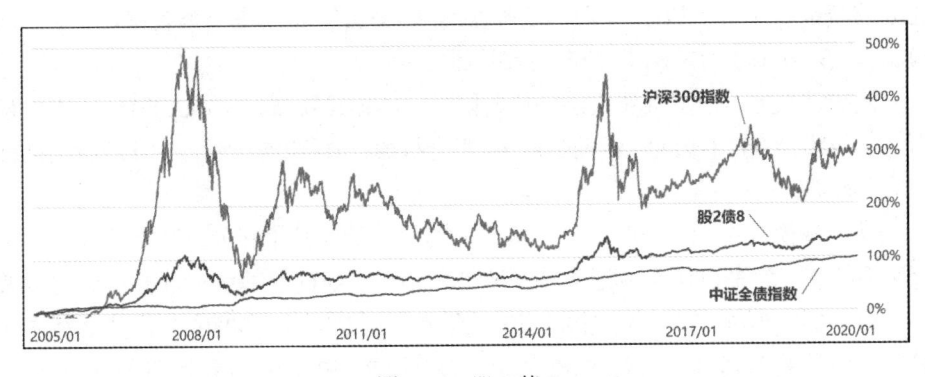

图 1-34　股 2 债 8

然而，投资并不是一味追求高收益，必须兼顾风险波动可控，确保投资中途的波动是自己能够承受的。基金投资中的股债配置就为投资者提供了非常便利的波动调节功能。

2．为什么要有大有小

股票市场上涨，经常是大型股票和小型股票轮流涨。如果你手上只有偏大型股的基金，建议你配置部分小型股的基金，以免抓大漏小；如果你手上只有偏中小型股的基金，那么建议你配置部分大型股的基金，以免因小失大。一般而言，我都会建议"大小配"，这样在股票轮动上涨的过程中才不会踏空。

如何判断基金投资的是大型股还是小型股呢？

首先，我们可以看基金持仓股票的代码，大型股大多是以600开头的，也就是以上证为主的股票。若是以000开头流通市值超过300亿元的股票，也算大型股。相对而言，以000开头流通市值小于300亿元的股票和以数字300开头的股票基本上属于小型股。

其次，如果是指数型基金（就是被动配置在指数上面的基金），一般可以结合基金所追踪的股数成份股构成来看。例如，天弘上证50指数A（基金代码：001548），投资标的就只聚焦在上证前50大流通市值的股票上面；又例如，长信中证500指数增强（基金代码：004945），持仓内容就只聚焦在中小型的股票上面。中证500指数是剔除沪深300指数成份股及总市值在300名以内的股票，将市值排名在前500的股票进行编制，可以理解成是中国A股市场里中小型股票的代表。

最后，我们可以看基金规模是不是很大。市场上并没有规定多大规模算大，一般而言，超过百亿元的基金规模都算大的了。受基金持仓双10%的限制，规模越大的基金越会考虑股票买卖时的流动性，越不会去布局中小型股票，这也是规模越大的基金往往求稳不求快的主要原因。

例如，易方达消费行业股票（基金代码：110022），截至写文的时间公告的最新基金规模是347.1亿元，该基金前10重仓持股如图1-35所示，重仓持股全部都是大型股票。

基金规模较小的，一般而言，基金规模几亿元到几十亿元，这类基金可投资金额并不多，但是市场上流通的小型股非常多，小规模的基金可选择投资的股票还是很多的。例如，海富通先进制造股票A（基金代码：008085），截至写文的时间公告的最新基金规模是5.04亿元，该基金前10重仓持股如图1-36所示，持仓大多都是中小型股票。

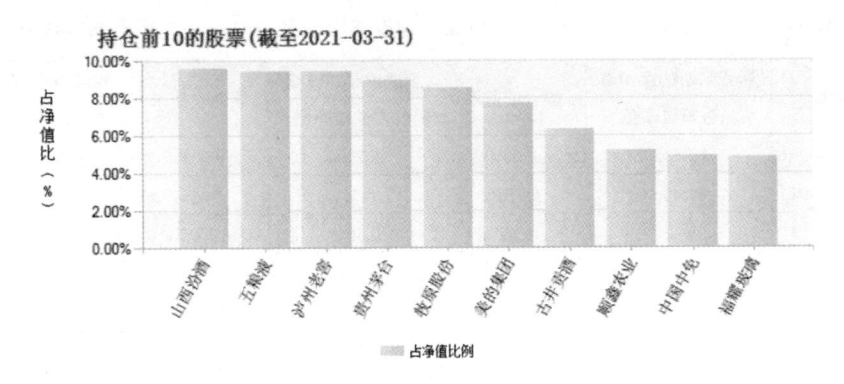

图 1-35　易方达消费行业股票前 10 重仓持股

（数据来源：天天基金网）

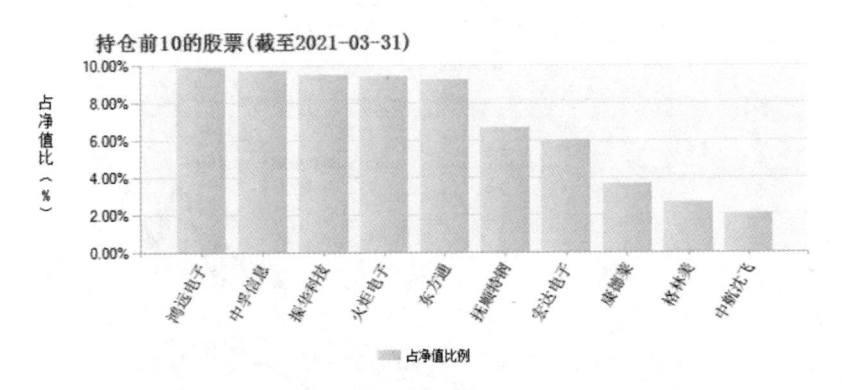

图 1-36　海富通先进制造股票 A 前 10 重仓持股

（数据来源：天天基金网）

3．为什么要有内有外

有内有外指的是投资国内市场的基金搭配投资海外市场的基金，组合配置的初衷在于共享全球资金的流动价值。目前，海外市场主要以美国、欧洲为主。这里我们强调"权益类基金"配置，因为债券型基金后面我们会提到，目前我国的债券市场标的收益率高、违约率低，远远优于海外市场的债券标的。我们看一下真实的数据，将大成沪深 300 指数 A、国泰纳斯达史 100 指数以各 50%的比例进行组合配置，从表 1-10、图 1-37 中可以看出组合后的波动振幅及整体回报收益都很不错。

表 1-10　50%大成沪深 300 指数 A+50%国泰纳斯达克 100 指数的组合回报收益

日期	国泰纳斯达克 100 指数单位净值	累计收益率	大成沪深 300 指数 A 单位净值	累计收益率	50%+50%组合累计收益率
2010-04-29	0.8308	0.00%	0.7394	0.00%	0.00%
2011-01-04	0.9446	13.70%	0.769	4.00%	8.85%
2012-01-04	0.9215	10.92%	0.5658	−23.48%	−6.28%
2013-01-04	1.063	27.95%	0.6257	−15.38%	6.29%
2014-01-02	1.3347	60.65%	0.589	−20.34%	20.16%
2015-01-05	1.5508	86.66%	0.9086	22.88%	54.77%
2016-01-04	1.8094	117.79%	0.8906	20.45%	69.12%
2017-01-03	2.1051	153.38%	0.8714	17.85%	85.62%
2018-01-02	2.6142	214.66%	1.0433	41.10%	127.88%
2019-12-31	3.7155	347.22%	1.0561	42.83%	195.03%

数据来源：Wind 资讯

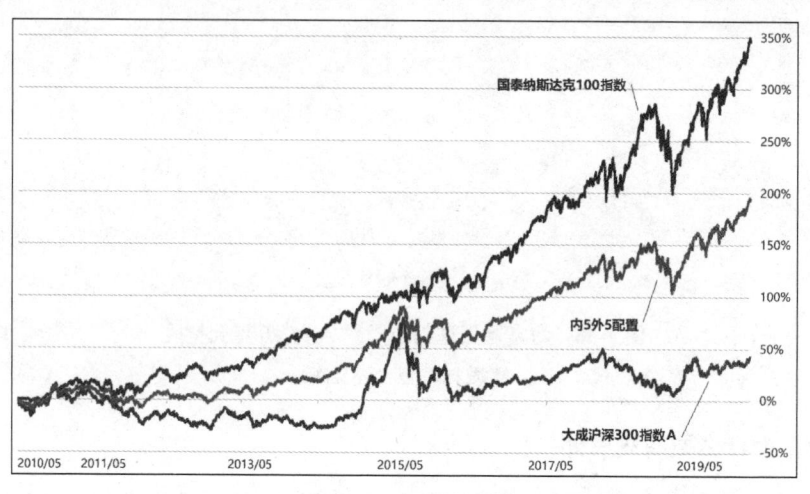

图 1-37　内 5 外 5 配置与大成沪深 300 指数 A、国泰纳斯达克 100 指数的累计收益率走势对比，统计区间 2010 年 4 月—2020 年 5 月

（数据来源：Wind 资讯）

10 年间组合的累计收益率达到了 195.03%，年化收益率是 20.14%，最大回撤是-22.31%，最大回撤周期是 2015 年 6 月 11—16 日，最大单一涨幅是 4.0%，风险属性是 R5。

4. 为什么要有长有短

由于资金使用需求的期限不同，长期的资金可以用时间去淡化短期投资的风险以追求更高收益，短期的资金更侧重流动性，长短期的资金布局主要关注投资者本身的需求。

例如，我预留了1年的生活费，但是我并不希望整笔资金都放在现金里，我可以将6个月内要用的钱放到现金中，6个月至1年要用的钱可以放到短债或传统的银行理财产品中，1～3年要用到的中期资金可以布局在能够承担部分风险的偏股型或平衡型基金、2～3年封闭式基金中，3年以上的资金可以布局在偏债型（"固收+"基金）或债券型基金中。

1.7.5　什么样的投资策略适合自己

投资策略五花八门，这里我们预设一个场景："假设读者们平时工作繁忙，对于投资又有强烈需求，但只能偶尔关心一下理财情况"，我们针对这个场景来制定投资策略。

"有股有债+有大有小+有内有外+有长有短"的组合模式只是静态配置概要，投资市场瞬息万变，以不变应万变基本是不可能的。我们尝试用非常简单的逻辑——"涨的时候强制止盈，亏的时候强制加仓"，以"被动形式的调整策略，用强制手段执行"，其中年度再平衡策略是目前较适合大多数投资者的高效策略。投资者不需要拥有多么专业的知识，只需要在固定时间做固定的动作，时间一拉长，收益是很明显的。

我们通过几种股债配置的类型用数据验证并进行说明。数据采集期间2005年01月06日—2019年12月31日，共15年，每年再平衡1次。股票以沪深300指数代替，债券以中证全债指数代替，我们选取股债比为3∶7、5∶5、7∶3三种模式进行分析（9∶1和1∶9两种配置比例最终与一般的股票型基金、债券型基金绩效相同，所以这里不做赘述）。

何谓"涨的时候强制止盈，亏的时候强制加仓"？股票和债券的波动是不一致的，如果股票市场涨得较多，那么平衡的时间点一到就强制把涨的一部分调整至债券；反之，如果股票市场跌得较多，就把债券的一部分资金调整至股票，如图1-38所示。这样长期下来可以提高收益，同时降低波动，这个策略之所以有效，关键有二：一是由于股市的波动性大，相对债市而言，会出现阶段性超涨或超跌的现象；二是由于债券市场的长期稳定增值性，让股票超涨的部分利润可以留住，超跌的时候可以由债券部分加仓。

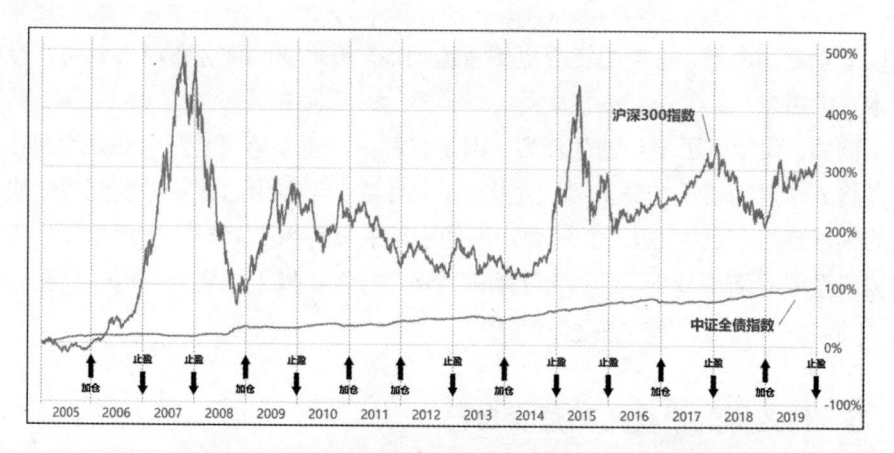

图 1-38 股债投资搭配的年度再平衡策略回测示意

验证 1 组合类型：30%配置股票型基金，70%配置债券型基金

图 1-39 中分别是沪深 300 指数的累计收益率曲线、中证全债指数的累计收益率曲线、股 3 债 7 不做年度再平衡组合的累计收益率曲线、股 3 债 7 年度再平衡组合的累计收益率曲线。我们选择将 1 月 6 日作为年度再平衡的执行日，从图中可以很清楚地看到不做年度再平衡的组合确实有效降低了波动性，却牺牲了收益，而做了年度再平衡的组合不仅降低了波动性，还非常明显地兼顾了收益性。

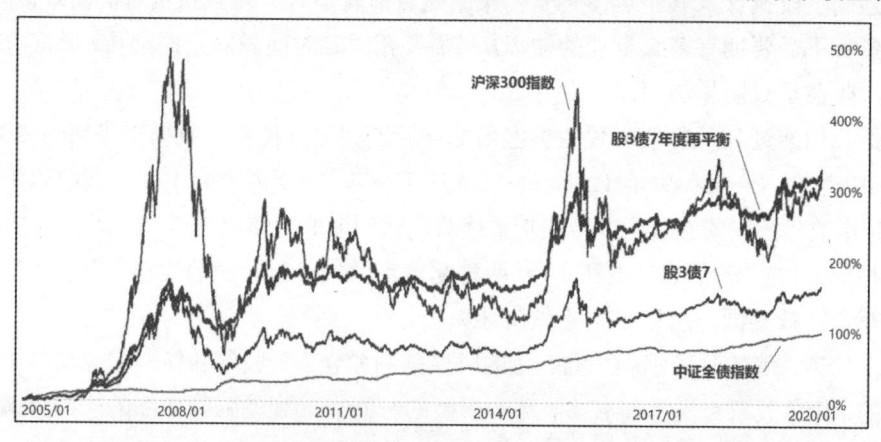

图 1-39　30%配置沪深 300 指数、70%配置中证全债指数的累计收益率回测走势，数据区间 2005 年 1 月—2020 年 1 月

（数据来源：Wind 资讯）

截至 2020 年 1 月 3 日，沪深 300 指数的累计收益率为 321.59%，中证全债指数的累计收益率为 99.82%，股 3 债 7 配置的累计收益率为 166.35%，而股 3 债 7 实施年度再平衡策略的累计收益率为 330.69%，如表 1-11 所示。股 3 债 7 实施

年度再平衡策略的年化收益率为 22.05%，最大回撤为-27.05%，回撤区间在 2007 年 10 月 17—22 日，最大单一涨幅为 3.41%，风险属性是 R3～R4。

表 1-11　30%配置沪深 300 指数、70%配置中证全债指数的基金组合回报收益

日期	沪深 300 指数累计收益率	中证全债指数累计收益率	股 3 债 7 配置累计收益率	股 3 债 7 年度再平衡累计收益率
2005-01-06	0.00%	0.00%	0.00%	0.00%
2006-01-04	-4.25%	11.63%	6.86%	6.13%
2007-01-04	110.25%	14.51%	43.23%	57.36%
2008-01-02	447.73%	11.67%	142.48%	154.67%
2009-01-05	91.52%	29.37%	48.01%	111.66%
2010-01-04	259.57%	27.79%	97.32%	186.17%
2011-01-04	224.43%	31.86%	89.63%	178.25%
2012-01-04	133.81%	39.49%	67.79%	158.40%
2013-01-04	156.76%	44.30%	78.04%	173.88%
2014-01-02	136.17%	42.76%	70.79%	163.74%
2015-01-05	270.39%	58.22%	121.87%	235.97%
2016-01-04	252.85%	72.00%	126.25%	256.94%
2017-01-03	239.94%	75.56%	124.88%	254.77%
2018-01-02	315.74%	75.07%	147.27%	283.25%
2019-01-02	202.04%	90.87%	124.22%	263.00%
2020-01-03	321.59%	99.82%	166.35%	330.69%

数据来源：Wind 资讯

我们来看一下从不同的月份开始实施再平衡策略最终的收益情况，表 1-12 是从 2005 年 1 月、2 月……12 月分别开始实施股 3 债 7 年度再平衡策略的累计收益率。

表 1-12　股 3 债 7 年度再平衡策略在不同月份起止日期的累计收益情况

起止日期	沪深 300 指数累计收益率	中证全债指数累计收益率	股 3 债 7 配置累计收益率	股 3 债 7 年度再平衡累计收益率
2005-01-06—2019-12-31	316.67%	99.84%	164.89%	328.35%
2005-02-01—2019-12-31	328.53%	97.98%	167.15%	232.23%
2005-03-01—2019-12-31	295.45%	96.17%	155.96%	207.98%
2005-04-01—2019-12-31	318.81%	92.71%	160.54%	186.01%
2005-05-09—2019-12-31	350.58%	90.53%	168.54%	205.38%
2005-06-01—2019-12-31	389.13%	88.27%	178.52%	218.67%
2005-07-01—2019-12-31	376.63%	85.15%	172.59%	213.38%

续表

起止日期	沪深300指数累计收益率	中证全债指数累计收益率	股3债7配置累计收益率	股3债7年度再平衡累计收益率
2005-08-01—2019-12-31	359.46%	81.88%	165.15%	214.69%
2005-09-01—2019-12-31	333.70%	81.56%	157.21%	229.35%
2005-10-10—2019-12-31	351.50%	79.64%	161.20%	223.96%
2005-11-01—2019-12-31	369.32%	79.46%	166.42%	276.26%
2005-12-01—2019-12-31	369.22%	80.58%	167.17%	231.04%

数据来源：Wind资讯

从表 1-12 中可以明显看出，无论从哪个月份开始做年度再平衡，其收益率都明显高于不做年度再平衡的收益率。其中，除了从 2005 年 1 月开始操作的这个节点收益率比较特殊（2005 年 1 月点位比较低，有更多的时间形成涨幅），其余的收益率相差不大。

这个验证表明只要时间够长，年度再平衡策略的收益都是差不多的，所以选择好的策略比选择时机点更重要，做年度再平衡比不做年度再平衡的收益更多。

验证 2 组合类型：50%配置股票型基金，50%配置债券型基金

图 1-40 中的曲线分别代表沪深 300 指数的累计收益率、中证全债指数的累计收益率、股 5 债 5 不做年度再平衡组合的累计收益率、股 5 债 5 年度再平衡组合的累计收益率。年度再平衡的执行日同样是 1 月 6 日，我们从图中可以很清楚地看到股 5 债 5 的长期配置组合确实降低了波动性，但是由于没有实施年度再平衡，牺牲了不少收益；而年度再平衡策略不仅降低了波动性，还兼顾了收益性。

图 1-40　50%配置沪深 300 指数、50%配置中证全债指数的累计收益率回测走势，数据区间 2005 年 1 月—2020 年 1 月

（数据来源：Wind 资讯）

截至 2020 年 1 月 3 日，沪深 300 指数的累计收益率为 321.59%，中证全债指数的累计收益率为 99.82%，股 5 债 5 配置的累计收益率为 210.71%，而股 5 债 5 实施年度再平衡策略的累计收益率为 316.53%，如表 1-13 所示。股 5 债 5 实施年度再平衡策略的年化收益率为 21.10%，最大回撤为-27.05%，回撤区间在 2007 年 10 月 17—22 日，最大单一涨幅为 3.68%，由于股票的权重增加，组合的风险属性上升为 R4～R5。

表 1-13　50%配置沪深 300 指数、50%配置中证全债指数的基金组合回报收益

日期	沪深 300 指数累计收益率	中证全债指数累计收益率	股 5 债 5 配置累计收益率	股 5 债 5 年度再平衡累计收益率
2005-01-06	0.00%	0.00%	0.00%	0.00%
2006-01-04	-4.25%	11.63%	3.69%	2.65%
2007-01-04	110.25%	14.51%	43.23%	57.36%
2008-01-02	447.73%	11.67%	229.70%	146.30%
2009-01-05	91.52%	29.37%	60.44%	104.70%
2010-01-04	259.57%	27.79%	143.68%	176.77%
2011-01-04	224.43%	31.86%	128.14%	169.10%
2012-01-04	133.81%	39.49%	86.65%	149.91%
2013-01-04	156.76%	44.30%	100.53%	164.88%
2014-01-02	136.17%	42.76%	89.47%	155.07%
2015-01-05	270.39%	58.22%	164.30%	224.93%
2016-01-04	252.85%	72.00%	162.42%	245.21%
2017-01-03	239.94%	75.56%	157.75%	243.11%
2018-01-02	315.74%	75.07%	195.40%	270.65%
2019-01-02	202.04%	90.87%	146.46%	251.08%
2020-01-03	321.59%	99.82%	210.71%	316.53%

数据来源：Wind 资讯

验证 3　组合类型：70%配置股票型基金，30%配置债券型基金

接下来，我们看看股 7 债 3 年度再平衡组合的情况，年度再平衡的执行日还是 1 月 6 日，从图 1-41 中我们可以很清楚地看到年度再平衡策略依然很好地降低了波动性、兼顾了收益性。

截至 2020 年 1 月 3 日，沪深 300 指数的累计收益率为 321.59%，中证全债指数的累计收益率为 99.82%，股 7 债 3 配置的累计收益率为 255.06%，而股 7 债 3 实施年度再平衡策略的累计收益率为 302.38%，如表 1-14 所示。股 7 债 3 实施年度再平衡策略的年化收益率为 20.16%，最大回撤为-27.05%，回撤区间在 2007

年 10 月 17—22 日，最大单一涨幅为 5.36%，由于股票的权重进一步增大，风险属性为 R4～R5。

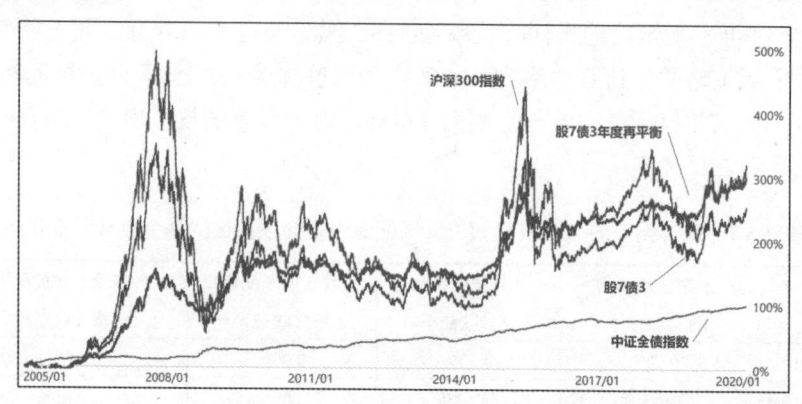

图 1-41　70%配置沪深 300 指数、30%配置中证全债指数的累计收益率回测走势，数据区间 2005 年 1 月—2020 年 1 月

（数据来源：Wind 资讯）

表 1-14　70%配置沪深 300 指数、30%配置中证全债指数的基金组合回报收益

日期	沪深 300 指数累计收益率	中证全债指数累计收益率	股 7 债 3 配置累计收益率	股 7 债 3 年度再平衡累计收益率
2005-01-06	0.00%	0.00%	0.00%	0.00%
2006-01-04	-4.25%	11.63%	0.52%	-0.84%
2007-01-04	110.25%	14.51%	81.53%	47.01%
2008-01-02	447.73%	11.67%	316.91%	137.93%
2009-01-05	91.52%	29.37%	72.87%	97.75%
2010-01-04	259.57%	27.79%	190.04%	167.36%
2011-01-04	224.43%	31.86%	166.66%	159.96%
2012-01-04	133.81%	39.49%	105.52%	141.42%
2013-01-04	156.76%	44.30%	123.02%	155.88%
2014-01-02	136.17%	42.76%	108.15%	146.41%
2015-01-05	270.39%	58.22%	206.74%	213.89%
2016-01-04	252.85%	72.00%	198.59%	233.47%
2017-01-03	239.94%	75.56%	190.63%	231.45%
2018-01-02	315.74%	75.07%	243.54%	258.06%
2019-01-02	202.04%	90.87%	168.69%	239.15%
2020-01-03	321.59%	99.82%	255.06%	302.38%

数据来源：Wind 资讯

值得一提的是，沪深 300 指数在 2007 年 10 月 17—22 日创下最大回撤记录 -72.30%，而股 3 债 7、股 5 债 5、股 7 债 3 实施年度再平衡策略在相同时间段的最大回撤都为-27.05%，远远低于沪深 300 指数。由此看来，选择合理的操作策略是能战胜大盘的。

根据年度再平衡的重要性，我们得出三个重要的操作结论。

第一个结论：不管你选择什么投资组合，有年度再平衡的操作行为，绩效一定比没有年度再平衡的操作行为要好得多，天下不存在投资后就不用理会的投资。

第二个结论：只要时间够长，选择不同的年度再平衡执行日，绩效差距不会太大，所以正确的操作策略比短暂的择时更重要。

第三个结论：对于普通投资者来说，穿越牛市、熊市相对安全的方式是"股 3 债 7"配置，这种配置形态的波动较小，但收益并不低，性价比较高。

1.7.6　持有多少只基金合适

在投资中，很多人问过我这个问题：手中到底持有多少只基金比较合适？这个问题很难用"数据"去回答多少数量是最好的。毕竟影响投资行为的除了标的的相关评估，还有持有数量、个人现金流状态、个人存量资金、投入的时间精力等因素。这里我们从在持有基金的过程中要注意哪些事项的角度来说明，最终适合你的基金持有数量还是要由你衡量自身条件来决定。

1. 手中持有大量基金的常见危害

（1）宝贵的"子弹"被过度打散。

人们手上的基金多，子弹就自然打得比较分散。如果你的投资本金是 100 000 元，手上拿着 10 只基金，那平均到一只基金上的钱就是 10 000 元。我相信能拿这么多基金的，基本上是各种主题风格的基金都会配置一点，特别是如今各大平台积极推广的指数型基金。但是，根据 A 股的主题轮动效应，不同主题的收益很可能会发生对冲，导致整体收益降低。这样一来，原本充足的子弹，因为轮动的特性，很可能导致过半的资金是被荒废的。

（2）管理难度大。

当人们持有多只基金时，由于基金的投资风格不同，对应的操作策略也会有差别。如果是按照投资前制定的策略执行的话，结果可能会相对理想；但如果是随机应变式的操作，每天需要看盘做反应，管理难度是极大的，时间久了容易顾此失彼，最后导致自己心力交瘁。

（3）不易培养良好的基金投资心态。

将基金的数量和种类控制在一定范围内，无论是做定期投资还是单笔投资，基本能很好地掌控。在投资基金的时候，人们可以反向观察自己的投资心态和判断，在亏损的时候、盈利的时候，以及对时机、仓位的把控，都是如何发生的，还可以进一步观察自己真实的风险承受能力。这个就是试错和反思的过程。但持有基金过多，不仅不好掌控还不容易总结投资经验，更不容易培养良好的投资心态。

（4）不易构建自己的理财规划。

市场上从来不缺为了赚钱而买基金的人，但只有少数人真正理解了"赚钱只是过程，花钱才是目的"的真谛。前文说过，投资理财是为了实现有期限的梦想，简要来说理财规划包含了——什么时间？要做什么事（刚需的事）？需要支出多少钱？这笔钱靠眼前的现金流还有多少缺口？资金缺口用什么理财方式弥补？具体的执行策略是什么？——这六大问题。如果出现了配置大量基金的情况，很可能是投资者没有把投资理财行动之前需要思考的问题想清楚，以致基金买了之后，也无暇思考这些重要的问题了。

2. 只有可控才能分散风险，不可控的标的全是风险

很多人以为持有的基金越多，风险就越分散，其实不然。例如，你在一条大船上，不管你是在船头还是在船尾，都避免不了大环境的影响。有时大风浪拍过来，你都不知道要先救哪一只基金。

因此，我会建议同一个市场最多不要超过两只基金。比如 A 股市场，我会直接建议投资者选择一只"指数增强型"基金，另一只选择自己比较看好的或熟悉的产业基金（科技板块、医疗板块、消费板块等）。在股票热点主题轮动的过程中，总会轮到几次手上的基金，整体收益都不会太差。

这里讲述一个我经历的真实案例。多年前，我在广州某银行担任基金诊断顾问时，遇到过一位客户手上持有 42 只基金，最大的一笔投资有 8 万元。当时适逢股市大回撤，可以想象到对账单有多惨烈。

当时，这位客户对于亏钱这件事情是能接受的，只是并不清楚自己买了些什么，更不知道如何处理这个复杂的局面。该客户认为分散投资就是分散风险，所以无论向他推荐什么基金，他都会买一点（绝对的"好好客户"）。

我清晰记得我的回复是："只有可控才能分散风险，不可控的标的全是风险。"我跟这位客户交流后发现，他对市场的理解和对投资的认知还是相对不错的，我对他的基金进行诊断分析，并和他取得共识赎回了 32 只基金，最终只保留了 10

只基金（我个人觉得还是太多，但是该客户觉得 10 只基金是可控的）。

再来回顾说明下，指数就是所有参与者的平均值。人们买的偏股型基金越多，只能代表投资比较接近指数，意义不大。因此，我们从一开始想的就要是"打败平均值"，配置"指数增强型"基金+"产业趋势"基金，这样的组合已经能够打败大部分的投资者，甚至打败很多基金经理人。

3. 本大利小，利不小；本小利大，利不大

投资界有个俗语：本大利小，利不小；本小利大，利不大。赚大钱的关键在于本钱的多少，资产配置的价值在于稳健增长，也就是先降低风险，再追求合理的报酬。在资金足够多的情况下，每年追求 8%～10%的回报率已经很不错了。

现实地说，如果你手上没有 50 万元以上的资金，复杂的资产配置对你来说意义并不大（备注说明：复杂资产配置是指运用大量不同类型的金融产品，比如股票、基金、债券、可转债、黄金、外汇、保险、信托、大额存单等进行资产组合、风险对冲，追求长期资产稳健增值，以打败通货膨胀为目的）。

如果你只有 20 万元本金，1 年赚 10%，短期内财富增长效果并不明显，还不如选择看好的市场或产业，配置两三只优质基金，追求相对的利益最大化（波动风险也大，如果自己能承受的话）。制定好止盈策略，定期关注持有的基金，优秀就留着，不佳就替换，在这个过程中可以积累投资经验，逐步驾驭基金投资，等到资金超过 50 万元、100 万元、200 万元时，再考虑更复杂的资产配置。

关于基金数量，我们推荐采用"有内有外 + 有股有债 + 有长有短"这个策略。

国内就是配置"指数增强型"基金和"产业趋势"基金；国外就是配置 QDII 基金，我建议优先配置美股指数，欧股或港股次之。商品类（如原油、贵金属、黄金、农产品等）很多都含有期权成分，不建议普通大众接触。债市只投资中国的债券型基金，海外债市波动远大于国内且票息大多比不上国内，现阶段（2020—2030 年）不需要考虑海外债券市场。长短期就看个人需求，如果长期不动用的资金，可以考虑 2 年或 3 年封闭式基金；短期资金建议短债基金或货币型基金（风险很低）。因此，我认为在中国境内持有基金数量在 6 只左右就足够了，耐心持有并定期诊断，适时调整，盈利真不难。

第 2 章

基金基础知识

公募基金，也就是共同基金（Mutual Fund），针对不特定对象（不特定对象是指任何人都可以买）公开募集资金进行投资，通过合同规范投资范围，是风险共同承担、利益共同分配的一种投资形式。

2.1 基金的基本构成

从流动特性来分类，基金以两种流动形式存在，第一种形式是开放式基金，第二种形式是封闭式基金。开放式基金简单来说就是随时可以申购、赎回，优点是投资者申购、赎回灵活性较大，缺点是为了保持流动性，基金管理人必须牺牲部分长期稳定投资规划储备现金供投资者赎回。封闭式基金简单来说就是只能在指定时间申购、赎回，优点是基金可以做好长期稳定的投资规划，缺点是投资者申购、赎回灵活性较小。

从管理特性来分类，基金以两种管理形式存在，第一种形式是主动操作型的基金，第二种形式是被动操作型的基金。主动操作型的基金简单来说就是基金经理人按照自己的投资经验或方法对招股说明书上规范的标的物进行主动筛选、主动买卖的一种管理方式。目前，中国市场上的基金大多数都是主动操作型的基金。被动操作型的基金简单来说就是基金经理人根据上市流通市值的权重进行等比例跟投，当市值权重有变化时，资金配置的权重也跟着调整变化，跟踪调整的被动操作模式完全排除基金经理人个人的主动干预，大家所理解的被动管理基金就是指数型基金。

由于我国目前的金融环境尚不允许海外基金自由进出、自由买卖，这会让大部分投资者误以为"被动型基金就是指数型基金"，这是狭义的观念。海外基金很多都是全球型基金，这些基金中很多都是"被动型投资"，每个国家的金融市场等同于一个投资标的，这类基金会根据每个国家的流通市值占比对资金进行分配。

我国 A 股市场的流通市值占全球资本市场的流通市值的 13%左右。正常来说，海外全球型的股票基金要等比例配置到 13%左右，可是根据 2019 年 12 月底的数据，我国 A 股市场只占到海外基金的 4%左右，这其中的差距主要是国内政策对于海外投资者的投资额度监管非常严格，也可以理解为我们限制了海外机构大量购买 A 股市场股票。

根据 2020 年 9 月 5 日海外投资银行摩根士丹利公布的预估数据，随着我国金融改革的推进，海外机构未来 10 年会有接近 3 万亿美元（约 20 万亿元人民币）配置中国市场，这也是 MSCI（MORGAN STANLEY CAPITAL INTERNATIONAL INC，中文名称摩根士丹利国际金融公司，或译为明晟国际公司，是总部位于纽约的金融投资机构，旗下编制的全球指数是全球投资基金经理人采用较多的基准指数，该公司也是全世界影响力较大的指数编制公司）不断调高我国 A 股投资权重的关键。

根据 MSCI 官方公布的信息，截至 2017 年年底，以 MSCI 为基准的客户囊括了全球 Top100 资产管理机构中的 99 家，全球 980 多只 ETF 基金跟踪 MSCI 指数，在所有的指数编制公司和提供商中排名第一，在北美及亚洲，超过 90%的机构国际股本资产是以 MSCI 指数为基准的。追踪 MSCI 指数的基金公司超过 5800 家，资金总额达到 4 万亿美元，这意味着该指数变动会引起万亿美元资金的流动。

简单来说，MSCI 会评估市场发展阶段、投资自由度、市场估值、政策开放程度、信息透明度等，对某些国家经济体或指数进行投资权重调整，价值低估的调高权重，价值高估的调低权重。而以 MSCI 为基准的金融投资机构会根据这些调整对持有标的进行相应的调整，这就意味着被纳入指数的区域或者股票会有大量被动配置的资金流入。随着中国金融市场的开放，MSCI 对于中国市场的重视与日俱增，调高中国市场在 MSCI 中的权重也意味着海外长期资本的流入将成为常态。

2.1.1 基金的生命周期

我国基金的监管机构是中国证监会，基金公司将希望募集的基金类型、投资方向、管理人员、发行份额等相关信息向中国证监会进行申请募集审核，遵守《中华人民共和国证券投资基金法》，根据《公开募集证券投资基金运作管理办法》相关规定从事基金投资业务。

募集分为申请、注册、发售、合同生效四个阶段，只有少数募集会有基金到期清算的情况发生。

1. 申请阶段

申请阶段主要提交审查合格的资质证明（合法机构与参与人员尽职调查），以及明确说明基金的投资品种、运作方法、风控规范等。但是，对于创新型基金，中国证监会将依据特征与风险，要求基金管理人提交必要说明材料进行说明，并在6个月内给出注册或不予注册的通知。材料提交申请之后不可随意更改，若遇到重大事件，基金管理人（基金公司）必须在重大事件发生5日内更改材料并将新材料提交中国证监会。

2. 注册阶段

有两种注册程序：对于常规基金产品，按简单程序注册，注册审查时间原则上不超过20个工作日；对于其他类型产品，按普通程序注册，注册审查时间不超过6个月。

常规基金产品包含股票型基金、混合型基金、债券型基金、指数型基金、货币型基金、发起式基金（基金公司内部资金自购超过1000万元且持有期限不短于3年）、合格境内机构投资者基金（QDII）、理财基金、交易型指数基金（单市场、跨市场、跨品种）及账户联接型基金，其他类型基金都归属于其他类。

3. 发售阶段

基金管理人（基金公司）收到核准文件6个月内必须进行发售募资，募集期限一般不超过3个月。在发行日前3天公布招募说明书、基金合同等相关文件，募集期间设定专户，任何人不得动支。

4. 合同生效阶段

开放式基金认购份额必须超过2亿份（一般初始净值是1.0元，所以是2亿元资金规模），认购人数必须超过200人；封闭式基金必须完成核准规模80%以上，认购人数必须超过200人。募集结束10日内必须找合格机构出具验资报告并提交中国证监会办理基金备案手续，中国证监会于3日内书面确认。

5．到期清算

有几种情况会被清算：①封闭式基金到期之后，未被核准续期的；②基金持有人大会共同决议终止基金；③原基金管理人与原基金托管人职责终止，后续无新基金管理人与新基金托管人接手；④基金合同规范期限到期。

思考：为什么说"好赚不好发，好发不好赚"？

这里要特别说明一种现象，基金界素有一种说法"好赚不好发，好发不好赚"，是指投资者认购基金的情绪与市场当下的交易氛围有很大关系，特别容易募集的时候往往是市场交易非常火热，并且已经看到基金有很大的盈利了，这时候就会出现大量所谓的"日光基"，或者单日认购金额超过数百亿元的爆款基金。

这时候的市场已经积累了相当的利润，要继续盈利的操作难度非常大；反之，基金认购冷清，大家都不敢买的时候，往往是市场释放风险之后的信心重建期，这时候认购的基金反而容易赚到钱。图 2-1 为开放式基金发行份额（非货币）与上证指数的关系，其中，曲线为上证指数，柱状图为开放式基金发行份额。

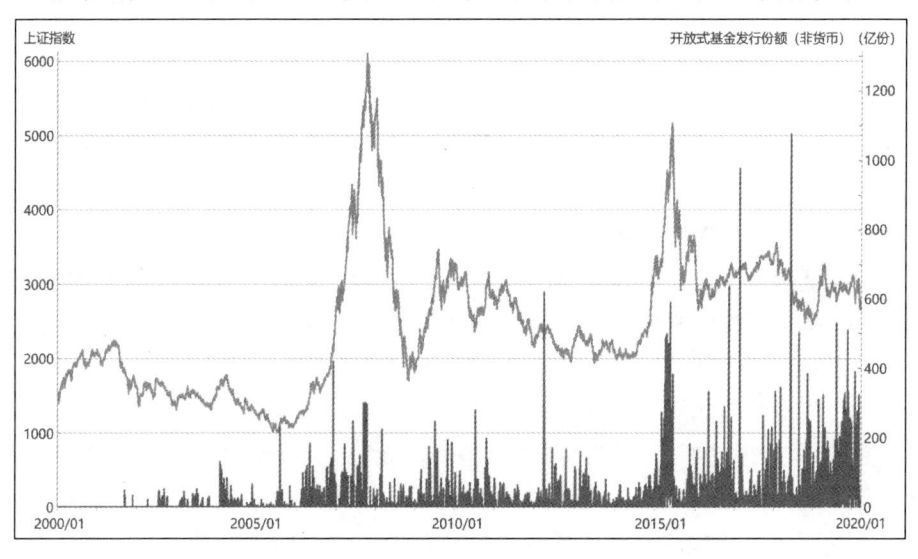

图 2-1　开放式基金发行份额（非货币）与上证指数的关系

（数据来源：Wind 资讯）

2.1.2　净值、累计净值

基金净值的算法：

$$基金资产净值 = 基金总资产 - 基金总负债$$

$$基金份额净值 = 基金资产净值 \div 基金总份额$$

假设某基金投资了 A、B、C、D 四家公司，分别持有 A 公司 10 万股（股价 15 元/股），B 公司 15 万股（股价 20 元/股），C 公司 25 万股（股价 8 元/股），D 公司 50 万股（股价 10 元/股），现金存款 2000 万元，应付款项 400 万元（交易手续费、基金经理人报酬），应付税款 300 万元，售出基金总份额 2000 万份。

根据公式：基金每份额的净值 = [（10 万×15 + 15 万×20 + 25 万×8 + 50 万×10 + 2000 万)-400 万-300 万] ÷ 2000 万 = 1.225（元）

由于股票交易价格是每天变化的，基金的总资产就是逢低买进、逢高卖出一连串操作的最终总市值，总负债是一连串操作所需要付出的总费用成本。

思考：净值高的基金就更贵吗？

基金的投资标的经常变动，净值也每天进行结算，所以并不存在净值 4.5 元时比净值 2.3 元时贵的道理。一般被误解所谓"贵"的部分，已经在逢高卖出时变成总资产的一部分，所以说基金并不存在所谓"贵"或"便宜"的情况。误解"贵"的那一部分，你可以理解为利润的积累。

例如，汇添富消费行业混合（基金代码：000083）成立以来的累计收益率走势图如图 2-2 所示。从 2013 年 5 月 3 日成立到 2019 年 12 月 27 日，这只基金从来没有分红，最终的累计净值冲到了 4.768 元。它成立的时候净值是 1 元，2019 年 12 月 27 日的净值是 4.768 元，是很赚钱的基金。这是不是说明我们挑选的基金净值越高越好？当然不是这么绝对。

净值就是当下购买时每单位的价格，累计净值是把过去分红的部分重新计入净值（也就是复权价格），所以单位净值低，不一定是"赔钱货"。

再来看另一个案例。兴全趋势投资混合（LOF）（基金代码：163402）成立以来单位净值走势图如图 2-3 所示。

2019 年 12 月 27 日，这只基金的净值是 0.728 元，这样的净值让人感觉很低，是不是"赔钱货"？然而，实际上这只基金经常进行分红，分红对于基金而言就等同应付款项（公式中总负债的一部分）支付给基金持有人，结算净值就会降低，所以净值走势图可以看到有明显的净值下折（见图 2-3 中箭头所示位置）。

如果把从基金成立到现在的每次分红都回填到净值上，这只基金的累计净值达到了 9.7996 元。如果你是 2005 年 11 月 3 日买入基金并持有到 2019 年 12 月 27 日，14 年总投资回报率高达 1602.7%，所以要看基金的过去利润累计情况，累计净值的参考价值远远高过当前净值，如图 2-4 所示。

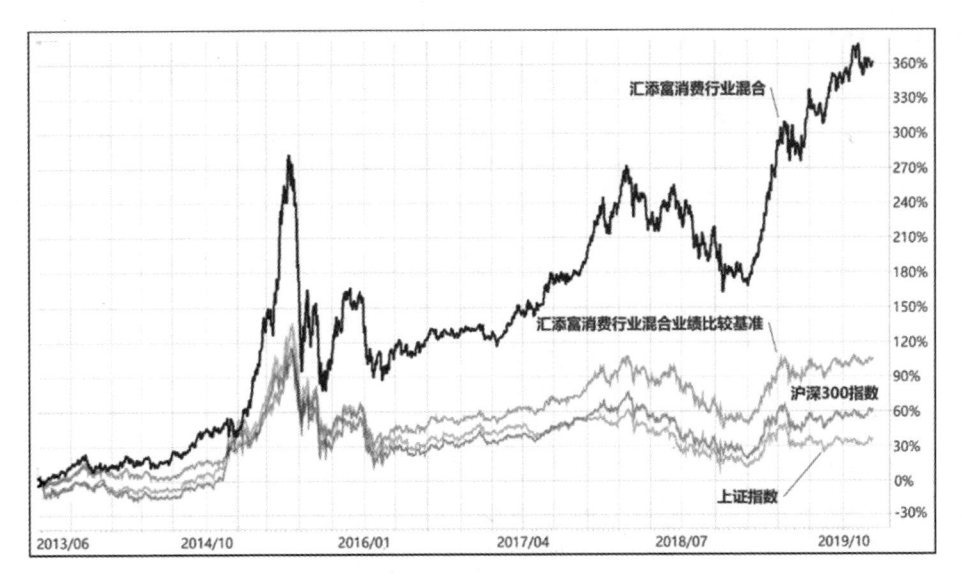

图 2-2　汇添富消费行业混合成立以来的累计收益率走势图，
统计区间 2013 年 6 月—2019 年 10 月

（数据来源：Wind 资讯）

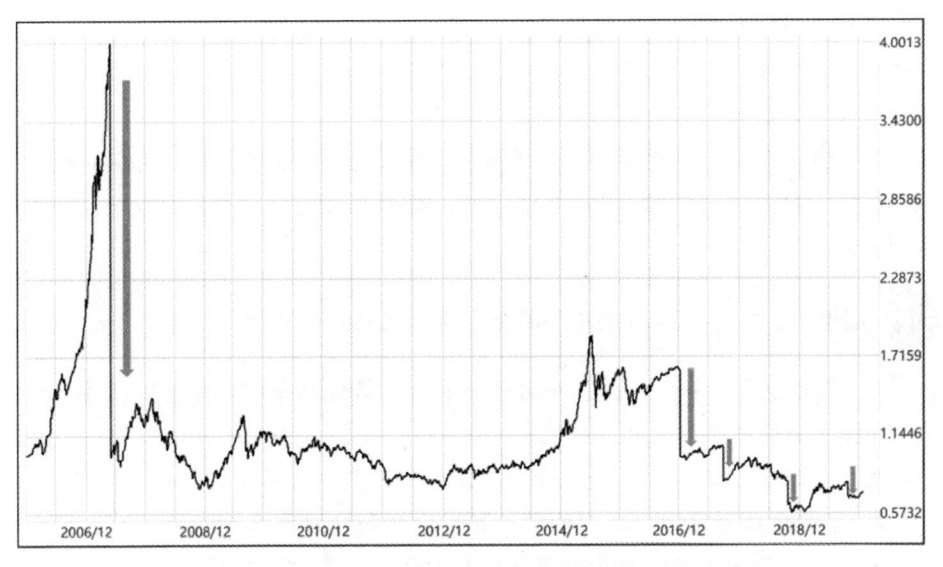

图 2-3　兴全趋势投资混合（LOF）成立以来单位净值走势图，
统计区间 2005 年 11 月—2019 年 12 月

（数据来源：Wind 资讯）

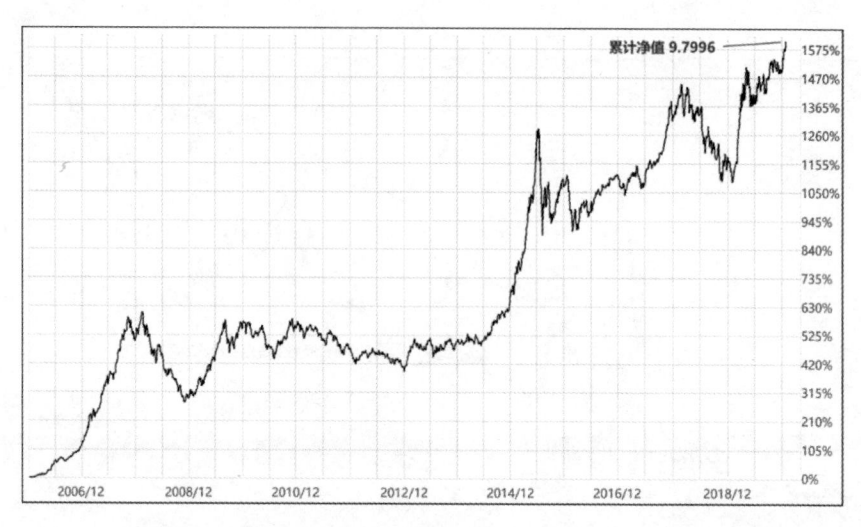

图 2-4 兴全趋势投资混合（LOF）成立以来累计收益率走势图，
统计区间 2005 年 11 月—2019 年 12 月

（数据来源：Wind 资讯）

2.1.3 分红、分红再投

根据《公开募集证券投资基金运作管理办法》的相关规定，基金分红原则上会在招募说明中的《基金的收益与分配》章节中进行说明。基金分红分为封闭式基金分红、开放式基金分红两大类。

封闭式基金的分红每年不得少于一次，且只能是现金分红，年度收益分配比例不得低于基金年度可供分配利润的 90%。每份基金份额享有同等权利，在基金合同中要进行说明。

案例一： 广发睿阳三年定开混合（基金代码：501070）

1. 在符合有关基金分红条件的前提下，本基金每年收益分配次数最多为 6 次。每份基金份额的每次收益分配比例，不得低于收益分配基准日每份基金份额该次可供分配利润的 10%，若基金合同生效不满 3 个月可不进行收益分配。

2. 本基金收益分配方式分两种：现金分红和红利再投资。

登记在注册登记系统的基金份额持有人开放式基金账户下的基金份额，可选择现金红利或将现金红利自动转为基金份额进行再投资；若投资者不选择，本基金默认的收益分配方式是现金分红。

登记在证券登记结算系统的基金份额持有人，其上海证券交易所账户下的基金份额，只能选择现金分红的方式，具体权益分配程序等有关事项遵循上海证券交易所及中国证券登记结算有限责任公司的相关规定。

3. 基金收益分配后基金份额净值不能低于面值，即基金收益分配基准日的基金份额净值减去每份基金份额收益分配金额后不能低于面值。

4. 本基金每份基金份额享有同等分配权。

5. 法律法规或监管机关另有规定的，从其规定。在不影响基金份额持有人利益的情况下，基金管理人可在法律法规允许的前提下酌情调整以上基金收益分配原则，此项调整不需要召开基金份额持有人大会，但应于变更实施日前在指定媒介进行公告。

广发睿阳三年定开混合分红记录如表2-1所示。

表2-1 广发睿阳三年定开混合分红记录

年份	权益登记日	除息日	每份分红	分红发放日
2020年	2020-02-13	2020-02-13	每份派现金0.0400元	2020-02-17
2019年	2019-10-24	2019-10-24	每份派现金0.0300元	2019-10-28

数据来源：天天基金网

开放式基金的分红原则弹性较大，但必须在基金合同中约定每年基金利润分配的最多次数及利润分配的最低比例，每份基金份额享有同等权利。

开放式基金有两种分红形式：第一种是现金分红，第二种是分红再投。现金分红是指基金管理人根据利润情况，提取部分利润平均分配给每份基金份额固定的现金，基金净值也会相应下降。分红再投就是将分红的现金，对分红后的基金净值以"再买入"的方式，获取额外的基金份额，可以理解为"复利"的执行手段。不管是哪种方式，对于持有人的权益在当下完全没有任何差异。根据相关规定，基金持有人在申购基金时可以选择分红形式，系统默认以现金分红的形式进行分红发放。

案例二： 兴全趋势投资混合（LOF）（基金代码：163402）

1. 在符合有关基金分红条件的前提下，基金收益每年至少分配一次，最多6次。基金每次收益分配比例最低不低于已实现收益的60%，但若基金合同生效不满3个月，则可不进行收益分配。

2. 场外投资者可以选择现金分红或分红再投（基金份额持有人将所获分配的现金收益按照本基金合同有关基金份额申购的约定转为基金份额），场内投资者只能选择现金分红，本基金分红的默认方式为现金分红。

3. 基金当期收益应在弥补前期亏损后，再进行当期收益分配。
4. 每份基金份额享有同等分配权。
5. 法律法规或监管机关另有规定的，从其规定。

兴全趋势投资混合（LOF）分红记录如表2-2所示。

表2-2 兴全趋势投资混合（LOF）分红记录

年份	权益登记日	除息日	每份分红	分红发放日
2019年	2019-09-24	2019-09-24	每份派现金0.1000元	2019-09-26
2018年	2018-09-19	2018-09-19	每份派现金0.1821元	2018-09-21
2017年	2017-08-28	2017-08-28	每份派现金0.2647元	2017-08-30
2016年	2016-12-12	2016-12-12	每份派现金0.6108元	2016-12-14
2015年	2015-01-13	2015-01-13	每份派现金0.1030元	2015-01-15
2014年	2014-07-17	2014-07-17	每份派现金0.0300元	2014-07-21
2011年	2011-12-20	2011-12-20	每份派现金0.0580元	2011-12-22
2010年	2010-10-20	2010-10-20	每份派现金0.0800元	2010-10-22
2009年	2009-08-17	2009-08-17	每份派现金0.1000元	2009-08-19
2008年	2008-12-19	2008-12-19	每份派现金0.0420元	2008-12-23
2007年	2007-06-25	2007-06-25	每份派现金0.1300元	2007-06-27
2006年	2006-03-13	2006-03-13	每份派现金0.0760元	2006-03-15
2006年	2006-01-24	2006-01-24	每份派现金0.0240元	2006-02-06

数据来源：天天基金网

基金规模如果过大，基金经理人的操作难度也会变大，更多时候分红的目的是希望通过降低基金规模来保持基金投资的稳定性。关于分红的原则，每个机构可能不一样，然而执行的主动权在基金管理人手里。

案例三：汇添富消费行业混合（基金代码：000083）

1. 在符合有关基金分红条件的前提下，本基金每年收益分配次数最多为12次，每次收益分配比例不得低于该次可供分配利润的10%，若基金合同生效不满3个月，可不进行收益分配。

2. 本基金收益分配方式分两种：现金分红和分红再投。投资者可选择现金红利或将现金分红自动转为基金份额进行再投资；若投资者不选择，本基金默认的收益分配方式是现金分红；选择分红再投的，基金份额的现金分红将按分红发放日基金份额净值转成相应的基金份额，分红再投的份额免收申购费。

3. 基金收益分配后基金份额净值不能低于面值，即基金收益分配基准日的基金份额净值减去每单位基金份额收益分配金额后不能低于面值。

4. 每份基金份额享有同等分配权。

5. 法律法规或监管机关另有规定的，从其规定。

这只基金成立超过五年了，看起来也很赚钱，但并没有进行分红，而是默认继续进行投资，绩效也很出色，可以理解为基金经理人非常相信自己的投资能力。

2.1.4 关于交易：认购、申购、赎回、转换（复利定义+规则说明）

认购是指在基金募集期间（首发基金）购买基金份额的行为，初始面值都是1元。认购后会有几个月不等的建仓运作期，这段时间基金的操作模式不公开。建仓期间不受基金最低持有标的比例的限制，基金经理人的操作弹性更大。当市场短期的行情非常不稳定时，首发基金的优势就会很明显。

申购是指基金募集结束后，再进行投资购买的行为。每单位净值以当日收盘净值进行结算。不管是在 9:00 申购，还是在 14:00 申购，都是以"当日收盘净值"进行结算，在股市收盘前都可以撤单。老基金由于有一段时间的操作绩效可参考，申购时对基金现有状态比较容易判断，当市场有明显上涨行情的时候，申购的优势就要大于认购了。

一般而言，赎回是针对开放式基金的。封闭式基金只有在合同指定的时间段可以赎回，其余时间是无法赎回的。若要交易，只能通过二级市场进行买卖，费用由券商按照开户合同给出的标准收取。赎回基金需要3~5个工作日资金到账（大多数是 5 个工作日），如果是投资海外基金（QDII）则需要5~7个工作日资金才会到账，货币型基金则是赎回当日到账。

转换是基金公司在申购、赎回之外的一项操作服务。对于投资者来说，省去了部分在"中间机构赎回+再申购"的手续费；对于基金公司而言，则是把资金继续留在基金公司内的一种留客手段。但大多数投资者并不清楚有这项服务，转换服务有成本低廉、时效性高两个优势。

基金转换的费用由两个部分组成，原基金赎回费用和另一只基金申购费用补价差。赎回的费用必须承担，但是重新申购另一只基金的手续费只需要补足与原基金手续费的价差。例如，原基金赎回费用是 0.5%，当时原基金的手续费为 1.2%，希望转到另一只基金的申购手续费是 1.5%，一来一往费用就是赎回费用为0.5%+（1.5%-1.2%）=0.8%，而正常销售渠道操作申购、赎回的费用是 0.5%+1.5%=2%（视各渠道打折优惠而定）。

通过外部机构赎回基金再重新申购基金，大概需要（$T+5$）天的资金回笼期，但是通过基金公司的转换服务，（$T+1$）天可以完成确认，资金运作时效更高。

要注意的是，转换服务是有条件限制的。首先，基金公司开通了这项业务。其次，必须在同一家销售机构中操作（例如，在 A 银行买的 J 基金公司的 X 基金，就在 A 银行转换 J 基金公司的 Y 基金）。最后，前端收费的基金只能转换到前端收费的基金，后端收费的基金则可以转至前端收费的基金或后端收费的基金。

虽然转换服务看似强大，但是同一家基金公司中的多只基金，也只有部分基金是能互相转换的，这个必须事先弄清楚。

2.1.5 关于流动性：封闭期与开放期、新基建仓期、定开

封闭期与开放期是相对的状态，封闭的状态就是禁止申购、赎回，开放的状态就是开放申购、赎回。有时也会遇到一种情况，那就是禁止申购，但是开放赎回；或者禁止大额申购（1 万元、5 万元、10 万元、100 万元的单日限额），开放赎回，这个要看基金管理人的公告。除了封闭期内的基金赎回受到限制，开放期的基金赎回基本不受限制。

例如，广发双擎升级混合 A（基金代码：005911），在 2020 年 2 月 21 日发布的《广发基金管理有限公司关于广发双擎升级混合型证券投资基金调整大额申购业务限额的公告》中说明：暂停相关业务的起始日、金额及原因说明，暂停大额申购起始日 2020 年 2 月 24 日，暂停大额转换转入起始日 2020 年 2 月 24 日，暂停定期定额和不定额投资起始日 2020 年 2 月 24 日，限制申购金额 50000 元，限制转换转入金额 50000 元。暂停大额申购（转换转入、定期定额和不定额）的原因说明为"保护现有基金份额持有人利益"。

公告的意思是本来投资者可以买入任意金额，公告后只能以每日 50000 元的额度进行投资，出现这样的公告大多是基金短期受到大量资金追捧，基金经理人为了保持原有资金规模的操作策略而做出的限制措施。

新基建仓期（基金建仓期）是指新募集的基金会约定在完成募集后的一段时间内进行投资标的建仓，这段时间是封闭期，投资者不可申购、赎回。

基金合同中关于建仓期的规定会有说明，比如本基金所募集资金将会在合同生效后的 6 个月内完成规定的资产配置比例以符合契约规定的标准，也有部分基金合同会载明期限为 3 个月，只要在建仓期满时资金符合投资比例即可（比如股票型基金的资金中 80% 必须持有股票）。

然而，在真实操作过程中，大多数基金经理人都会在 1～3 个月完成建仓；如果基金经理人非常看好短期行情，1 个月内就建仓完毕的基金也不少见。这里

必须说明，建仓期间如果市场行情前景不明甚至不好，建仓期间可以慢慢等待机会逢低买进，不受最低持仓标准的影响。

一般而言，定开（定期开放）是基金管理人为了较好地布局中长线投资，规避短期因投资者资金进出干扰投资而设计的操作形式。一般而言，有半年定开、1年定开、2年定开、3年定开几种形式，中间会有短暂期限开放申购、赎回（根据招募说明书上的说明执行），比如每季度提供1～5天的申购、赎回，但每个开放期的具体时间以基金管理人届时公告为准，且基金管理人最迟应于开放期前2日进行公告。基金管理人不得在基金合同约定之外的日期或者时间办理基金份额的申购、赎回或转换。

例如，兴全新视野定开混合（基金代码：001511），这只基金在招募说明书的第六部分《基金份额的开放期、封闭期、申购与赎回》中说明："本基金每3个月开放一次，每个开放期所在月份为基金合同生效日所在月份。在后续每3个日历月中最后一个日历月，每个开放期为当月最后5个工作日，本基金在开放期内办理申购与赎回业务。"

2.1.6 收费形态：费用结构与收费类型

基金运作必然收费，但有哪些收费明细呢？基金公司的费用清单共有九项内容。

① 基金管理人的管理费。
② 基金托管人的托管费。
③ 基金合同生效后与基金相关的信息披露费用。
④ 基金合同生效后与基金相关的会计师费、律师费和诉讼费。
⑤ 基金份额持有人大会费用。
⑥ 基金的证券交易费用。
⑦ 基金的银行汇划费用。
⑧ 证券账户开户费用和银行账户维护费。
⑨ 按照国家有关规定和基金合同约定，可以在基金财产中列支的其他费用。

上述③～⑨项，在场景发生时就会从净值中扣除。我们大多数人所知道的费用是管理费、托管费、申购费与赎回费。申购费与赎回费是指按交易金额计提服务费用给代销机构，比如银行平台、第三方销售平台收取的申购费、赎回费。

① 管理费。股票型基金年化0.5%（每年），债券型基金年化0.3%（每年）。
② 托管费。股票型基金托管费按交易规模的0.25%（每年）收取，债券型

基金为 0.1%（每年）。

③ 申购费。股票型基金是申购金额的 1.25%～1.5%，指数型基金是 0.5%～1%，债券型基金是 0.1%～1%。具体费率详查公告，但是差异不会太大。

④ 赎回费。一般偏股主动型基金是赎回金额的 0.5% 左右，有些基金为了保持资金的稳定性会设定赎回门槛，提高费用至赎回金额的 2.5% 左右。

具体费用会因为打折活动或者基金类型的不同而有些差异，具体金额在基金招募说明书中的《基金费用与税收》章节会有详细计算与说明。

我们在查看基金的时候，经常看到基金名称的末端会冠上 A、B、C 等字母，这是不同收费类型的代号。

A 类供中小投资者投资，最低申购份额为 1000 份。

B 类供机构和大额投资者投资，最低申购份额为 500 万份（有些会要求最低 1000 万份）。由于 B 类是大额投资，在一般情况下，B 类的销售服务费率比 A 类低很多，可以达到相关规定的下限 0.1%。

C 类是购买基金时不一次性收取手续费，手续费平摊到每天的净值中扣除，所以 C 类基金是可以短暂投资的基金。如果持有时间长的话，A 类基金比较划算。

2.1.7 操作类型：主动操作与被动操作

1. 主动操作型基金

这类基金主要根据基金经理人团队的主观意识制定投资策略，基金经理人会将自己的投资操作模式在招募说明书上进行说明。例如，富国新动力灵活配置混合 A（基金代码：001508）说明书上的投资策略如下所述。

本基金将采用"自上而下"与"自下而上"相结合的主动投资管理策略，将定性分析与定量分析贯穿于资产配置、行业细分、公司价值评估及组合风险管理全过程。

（1）大类资产配置策略。

本基金在资产配置中贯彻"自上而下"的策略，根据宏观经济环境，主要包括国内生产总值、经济增长率、失业率、通货膨胀率、财政收支、国际收支、固定资产投资规模、货币政策和利率走势等指标，并通过战略资产配置策略和战术资产配置策略的有机结合，持续、动态、优化投资组合的资产配置比例。

战略资产配置策略。在长期范围内，基金管理人将在理性预期的基础上获得战略资产配置的最优比例，并将此作为资产配置调整的可参照基准。主要考虑因素包括大类资产的历史回报、历史波动率、各类资产之间的相关性、行情驱动因素、类别风格轮动、行业强弱等，从其变动及趋势中得出未来资产回报、风险及相关性的可能变化。

战术资产配置策略。在短期范围内，基金管理人将对组合进行战术资产配置，即在战略资产配置长期维持均衡的基础上积极主动地实现对大类资产配置的动态优化调整。重点考虑以下因素。①基本面：评估基本面因素，包括国内外宏观形势、工业企业利润、货币政策等；②资金面：评估影响股市的中短期资金流；③估值：评估股市历史绝对估值、相对估值及业绩调升调降；④市场面：评估市场情绪、动量、技术面等指标。

（2）股票投资策略。

行业配置策略。在行业配置层面，基金将运用"自上而下"的行业配置方法，通过对国内外宏观经济走势、经济结构转型的方向、国家经济与产业政策导向、改革进程与经济周期调整的深入研究，采用价值理念与成长理念相结合的方法对行业进行筛选。

个股投资策略。基金主要采取"自下而上"的选股策略。基金依据约定的投资范围，通过定量筛选和基本面分析，挑选出优质的上市公司股票进行投资，在有效控制风险的前提下，争取实现基金资产的长期稳健增值。

本基金构建的量化筛选指标主要包括市净率、市盈率、动态市盈率、主营业务收入增长率、净利润增长率等。①价值股票的量化筛选：选取市净率、市盈率较低的上市公司股票。②成长型股票的量化筛选：选取动态市盈率较低，主营业务收入增长率、净利润增长率排名靠前的上市公司股票。

在量化筛选的基础上，本基金将基于"定性与定量分析相结合、动态与静态指标相结合"的原则，进一步筛选出运营状况健康、治理结构完善、经营管理稳健的上市公司股票进行投资。

基金管理人将通过（定量的）财务分析模型和资产估值模型，重点关注上市公司的资产质量、盈利能力、偿债能力、成本控制能力、未来增长性、权益回报率及相对价值等方面；通过（定性的）上市公司质量评估模型，重点关注上市公司的公司治理结构、团队管理能力、企业核心竞争力、行业地位、研发能力、公司历史业绩及经营策略等方面。

（3）债券投资策略。

本基金将采用"自上而下"的投资策略，对债券类资产进行合理、有效配置，并在此框架下有针对性地对债券进行选择。

基金管理人将基于国内外宏观经济形势、国内财政政策、货币市场政策及结构调整因素（包括资金面结构的调整、投资者结构的变化、制度建设和品种创新等）对债券市场的影响，进行合理的利率预期，判断债券市场的基本走势，制定久期控制下的资产类属配置策略，力争有效控制整体资产风险。在确定整体框架后，基金管理人将对收益率曲线及各种债券品种价格的变化进一步预测，相机而动、积极调整。

在债券投资组合构建和管理过程中，基金管理人将具体采用久期控制、期限结构配置、市场转换、相对价值判断、信用风险评估等管理手段。

① 久期控制。久期控制是根据对宏观经济发展状况、金融市场运行特点等因素的分析确定组合的整体久期，有效控制整体资产风险。

② 期限结构配置。在确定组合久期后，基金管理人将针对收益率曲线形态特征确定合理的组合期限结构，通过采用子弹策略、杠铃策略、梯子策略等，在长期、中期与短期债券间进行动态调整，从长期、中期、短期债券的相对价格变化中获利。

③ 市场转换。基金管理人将针对债券子市场之间不同的运行规律，在充分研究风险-收益特征、流动性特性的基础上构建与调整投资组合（包括跨市场套利操作），以提高投资收益。

④ 相对价值判断。基金管理人将在现金流特征相近的债券品种之间选取价值相对低估的债券品种进行投资，并选择合适的交易时机，增持相对低估、价格将会上升的品种，减持相对高估、价格将会下降的品种。

⑤ 信用风险评估。基金管理人将充分利用现有行业与公司的研究力量，根据发债主体的经营状况与现金流等情况，对其信用风险进行评定与估测，并将此作为品种选择的基本依据。

债券投资策略制定与贯彻的过程，也是基金管理人对风险进行动态评估与管理的过程。在系统化的风险控制体系下，通过对管理指标的设定与监控，结合对风险定价失效机会的把握，基金管理人不仅可以有效控制整体资产的风险，还可以在寻求风险结构优化的过程中不断提高本基金的收益。

（4）中小企业私募债券的投资。

本基金对中小企业私募债券的投资主要围绕久期、信用风险和流动性三方面展开。在久期控制方面，根据对宏观经济的分析和预判，灵活调整组合的久期。在信用风险控制方面，对个券信用资质进行详尽的分析，对企业性质、所处行业、增信措施及经营情况进行综合考量，尽可能地降低信用风险。在流动性控制方面，根据中小企业私募债券整体的流动性情况来调整持仓规模，力求在获取较高收益的同时，确保本基金整体的流动性安全。

本基金将在宏观经济和基本面分析的基础上，对资产证券化产品的质量和构成、利率风险、信用风险、流动性风险、提前偿付风险等进行定性和定量的全面分析，评估其相对投资价值，并做出相应的投资决策，力求在控制投资风险的前提下，尽可能地提高本基金的收益。

本基金将在宏观经济和基本面分析的基础上，对证券公司短期公司债券的久期、利率风险、信用风险、流动性风险等进行定性和定量的全面分析，评估其相对投资价值，并做出相应的投资决策，力求在控制投资风险的前提下，尽可能地提高本基金的收益。

本基金还可能运用组合财产进行权证投资。在权证投资过程中，基金管理人主要通过采取有效的组合策略，将权证作为风险管理及降低投资组合风险的工具。本基金投资股指期货将根据风险管理的原则，主要选择流动性好、交易活跃的股指期货合约。本基金力争利用股指期货的杠杆作用，降低股票仓位频繁调整的交易成本。

上述内容摘录于基金招募说明书，主动投资的内容涉及非常广泛的投资理论，但基金经理人会聚焦在自己擅长的领域中，并不会全部去执行。

2．被动操作型基金

在中国市场上，被动操作型基金包括指数型基金和追踪某个细分产业的 ETF 联接基金。例如，汇添富中证主要消费 ETF 联接 A（基金代码：000248），说明书上的投资策略如下所述。

本基金主要投资于 ETF 联接基金、标的指数成份股、备选成份股。其中，投资于 ETF 联接基金的比例不低于基金资产的 90%，现金或者到期日在一年以内的政府债券不低于基金资产净值的 5%，权证、股指期货及其他金融工具的投资比例依照法律法规或监管机构的规定执行。在 ETF 联接基金基金份额二级市场交易流动性较好的情况下，也可以通过二级市场买卖 ETF 联接基金的基金份额。

（1）资产配置策略。

本基金采用"自上而下"的两层资产配置策略，首先确定基金资产在权益类资产和现金或到期日在一年以内的政府债券之间的配置比例，然后进一步确定权益类资产中 ETF 联接基金和股票组合的配置比例。

本基金将尽可能使持有的股票组合与标的指数的成份股结构保持一致，以实现对业绩比较基准的良好跟踪。本基金投资于 ETF 联接基金的资产比例将不低于基金资产的 90%，权益类资产投资比例不超过基金资产的 95%。

在巨额申购或赎回发生、成份股大比例分红等情况下，基金管理人将综合考虑冲击成本因素和跟踪效果后，及时将股票配置比例调整至合理水平。如果法律法规允许，本基金的股票投资比例可以提高到基金资产的 100%，此事无须经基金份额持有人大会同意。

在市场正常的情况下，本基金力争净值增长率与业绩比较基准之间的日均跟踪偏离度的绝对值不超过 0.3%，年跟踪误差不超过 4%。若因指数编制规则调整或其他因素导致跟踪偏离度和跟踪误差超过上述范围，基金管理人应采取合理措施避免跟踪偏离度、跟踪误差进一步扩大。

（2）ETF 联接基金的投资策略。

① 建仓期。基金合同生效后，本基金将主要按照标的指数的结构构建股票组合，并在建仓期将股票组合换购成 ETF 联接基金，使本基金投资 ETF 联接基金的比例不低于基金资产的 90%。

② 日常运作期。本基金投资 ETF 联接基金有如下两种方式。第一种是申购和赎回。ETF 联接基金开放申购、赎回后，以股票组合进行申购、赎回。第二种是二级市场方式。ETF 联接基金上市交易后，在二级市场进行 ETF 联接基金份额的交易。当 ETF 联接基金申购、赎回或二级市场交易模式进行了变更或调整时，本基金也将做相应的变更或调整，无须召开基金份额持有人大会。

③ 投资组合的调整。本基金将根据每个交易日申购、赎回情况及本基金实际权益类资产仓位情况，确定 ETF 联接基金的操作方式和数量。当收到净申购申请时，本基金将根据净申购规模及实际权益类资产仓位情况，确定是否需要买入成份股，并申购 ETF 联接基金。当收到净赎回申请时，本基金将根据净赎回规模及实际权益类资产仓位情况，确定是否需要对 ETF 联接基金进行赎回，并卖出赎回所得成份股。在部分情况下，本基金将会根据 ETF 联接基金二级市场交易情况，适时对 ETF 联接基金进行二级市场交易操作。

④ 成份股、备选成份股投资策略。本基金对成份股、备选成份股的投资目的是构建股票组合以申购 ETF 联接基金，因此对可投资成份股、备选成份股的资金头寸，主要采取完全复制法，即完全按照标的指数的成份股结构构建股票组合，并根据标的指数成份股及其权重的变动进行相应调整。但当因特殊情况（如流动性不足等）无法获得足够数量的股票时，基金管理人将考虑使用其他合理方法进行部分或全部替代。

⑤ 固定收益类资产投资策略。本基金固定收益类投资将主要用于现金管理，对所选择的投资标的的流动性有较高的要求，选取到期日在一年以内的政府债券进行配置。

⑥ 股指期货投资策略。本基金根据风险管理的原则，以套期保值为主要目的，通过对证券市场和期货市场运行趋势的研究，结合股指期货的定价模型，寻求合理的估值水平，有选择地投资于流动性好的期货合约。

⑦ 存托凭证的投资策略。本基金在综合考虑预期收益、风险、流动性等因素的基础上，遵循审慎原则，合理参与存托凭证的投资，以更好地跟踪标的指数，追求跟踪偏离度和跟踪误差的最小化。本基金管理人将充分考虑股指期货的收益性、流动性及风险特征，通过资产配置、品种选择，谨慎进行投资，以降低投资组合的整体风险。基金管理人将建立股指期货交易决策部门或小组，授权特定的管理人员负责股指期货的投资审批事项，同时针对股指期货交易制定投资决策流程和风险控制制度等，并报董事会批准。

上述内容摘录于基金招募说明书，配置股票的清单很少变动，各基金策略主要的差异在于调仓的说明，有些会注重股票权重变动的配比调仓，有些会关注跟踪偏离度的跟踪调仓，差别都不大，都是紧跟行业指数。

2.2 从不同视角看基金定义与投资时机选择

根据我多年实践与观察，绝大多数的投资者都理解基金类型的定义，然而对于这些定义所具有的特性及应用时机却不是很清楚，所以才会出现跟同一只基金（无论表现好不好）"同生共死"的情况。基金就是工具，不需要带有任何情感色彩，我会尝试从"特性匹配时机的视角"来解释使用时机。

2.2.1 公募基金对于投资布局的重要性

根据募集对象的不同，基金分为私募基金和公募基金。私募基金是针对特定投资者、以非公开方式发行的基金，私募基金的准入门槛高，投资金额一般是100万元起步，且设置了较长的封闭期，对于投资者的资质也有相关要求。但是，无论你是不是有钱，是专业人士还是投资小白，公募基金都是投资配置的好品种，因为它有几项明显的优势。

第一，品相完整。不管是从全球范围还是从国内基金的发展时间来看，公募基金都相对较完善，累积了足够多的样本数量及绩效追踪序列。就风险属性而言，公募基金涵盖了R1~R5从低风险到高风险的属性；就投资目标而言，目前公募基金覆盖了大部分我们所知道的产业，从金融、能源、科技、环保、蓝筹、消费、地产到海外的房地产、石油等。早期还有保本型的基金，但是随着政策的引导，基金不再承诺保本，这也体现了公募基金风险共担的精神。

第二，监管透明。因为公募基金是面向不特定对象的，牵涉的层面非常广，所以中国证监会在监管层面的监管力度也非常大。对于基金公司的风控监管、资金投向、对外公告也有诸多要求，其中最重要的就是定期公告（季报、半年报、年报等）、不定期公告（分红、申购、赎回、基金经理人异动、事件重大说明等）。由于媒体越来越发达，现在有许多基金都有专属的论坛，无数眼睛在盯着基金管理人，几乎是"全民监督"的状态了。

第三，不设门槛。公募基金发起的时候就面向大众（不特定对象），投资的门槛自然不会高，大多数起投的金额在 100 元以上。别认为只有普通人才会投资公募基金，也有单笔投入几千万元、上亿元的客户，公募基金对于参与者来说几乎是没有门槛限制的。

第四，变现安全。申购、赎回除了特殊类型产品的相关规定，基本上交易自由、变现简单，只需要几天的时间资金就会到账。在金融投资品中，公募基金的流动性可以说是非常好了。

募集结束后进入建仓封闭期，基金经理人进行投资决策，封闭期结束后投资者即可自由买卖，直至基金清盘。公募基金清盘不会导致资产清零，而是将最后的基金资产全部变现，分给持有人。公募基金清盘的触发条件非常苛刻：一是连续 60 个工作日基金资产净值低于 5000 万元；二是连续 60 个工作日基金持有人低于 200 人。

为了防范交易风险，避免因重仓单一标的产生危机而重创基金规模，在对标的物进行投资时，基金单一股票投资金额不得超过基金总规模的 10%，基金也不得持有超过该股票上市流通市值的 10%（公募基金著名的"双十"投资限制），这就注定就算股票投资"踩雷了"，也不会造成灾难性的亏损。

第五，专业团队。随着金融改革速度的加快，对于投资专业的要求，已经不再是个人能力可以承担的范畴，投资必须仰赖分工更细腻的团队。从投资前的产业分析、公司尽职调查到交易中的大额资金筹码监控，甚至还要分析国际局势的影响，没有团队支撑的投资肯定是无法盈利的。

上述五项优势是个人投资者投资公募基金比较明显的优势。

2.2.2 股票型基金："雇佣"专业的团队帮你投资股票

股票型基金针对不特定对象公开募集资金，用于投资权益类产品（股票）、债券、现金,以及主管单位核准的投资范围。其中,投资在权益类产品上的比例,任何时间段都不得低于80%。

1. 投资范围

股票型基金的投资范围大多是相同的,比如中欧消费主题股票 A(基金代码:002621),招募说明书上的公告如下。

本基金的投资范围为具有良好流动性的金融工具,包括国内依法发行上市的股票(中小板、创业板、存托凭证及其他经中国证监会批准发行上市的股票)、固定收益类资产(国债、地方政府债、金融债、企业债、公司债、次级债、中小企业私募债、可转换债券、可交换债券、分离交易可转债、央行票据、中期票据、短期融资券、超短期融资券、资产支持证券、质押及买断式债券回购、银行存款及现金等)、衍生工具(权证、股指期货、股票期权等)及经中国证监会批准允许基金投资的其他金融工具(但须符合中国证监会的相关规定)。

如法律法规或监管机构以后允许基金投资其他品种,基金管理人在履行适当程序后,可以将其纳入投资范围。

虽然看起来可投资产品非常多,但是真实操作时几乎都是重仓股票,并且保留部分现金作为投资者日常赎回的备用资金。

2. 特性

股票型基金具有较大的波动性,尤其在市场向上的时候会有明显的赚钱效应。同理,在市场向下的时候,跌幅也很惊人。低点买进是个艰难的决定,因为看见上涨再去追已经错过了最佳的盈利区间,所以提前布局是非常重要的事。这里我建议用长远的眼光进行投资。既然是长远的眼光,就绝对不可以动用短期生活上的资金进行投资。

我们看一下近10年的股票型基金和沪深300指数累计收益率走势对比图,如图2-5所示。

一般而言,股票型基金操作的通用比较基准主要是沪深 300 指数。我们从2015年最近的一次大牛市来看,沪深300指数从2014年5月21日的低点2135.91点涨到2015年6月8日的高点5353.75点,涨幅达到了150.65%,股票型基金这段时间涨幅达到了147.09%。同样,沪深300指数从2015年6月8日的高点5353.75点跌到2016年2月29日的低点2877.47点,跌幅达到了46.25%,股票型基金这段时间跌幅达到了43.89%。

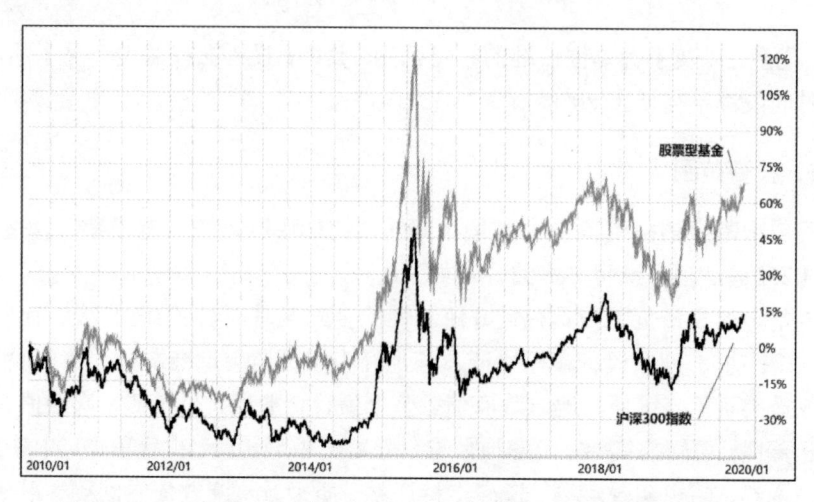

图 2-5　近 10 年股票型基金和沪深 300 指数累计收益率走势对比图，
统计区间 2010 年 1 月—2019 年 12 月

（数据来源：Wind 资讯）

3. 时机的选择

当市场出现估值在过去 10 年的低位时，我们一起来看看在急涨行情和缓涨行情下，股票型基金的总体表现怎么样。股票型基金在上证指数急涨与缓涨行情下的表现如图 2-6 所示。

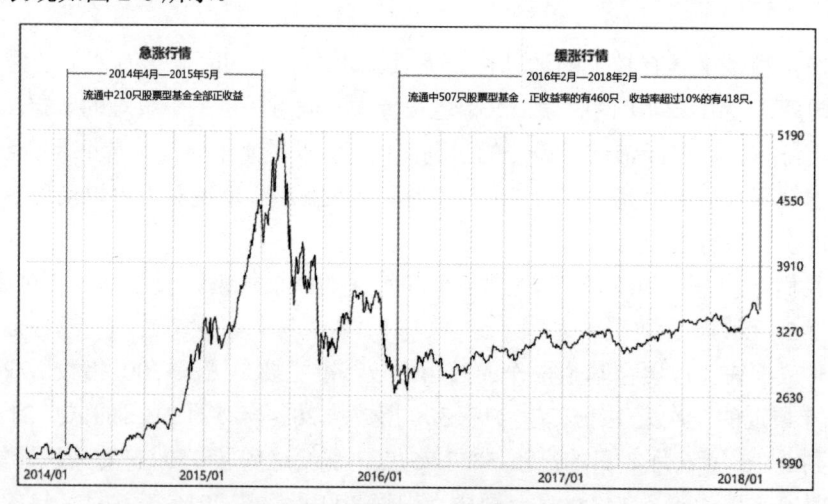

图 2-6　股票型基金在上证指数急涨与缓涨行情下的表现

（数据来源：Wind 资讯）

在 2014 年 4 月—2015 年 5 月这段急涨区间里，流通中的 210 只股票型基金都赚到了钱,回报率最低的仍有 32%。在 2016 年 2 月—2018 年 2 月这段缓涨区间里,流通中的 507 只股票型基金,正收益率的有 460 只,占该区间流通股票型基金总数的 90.73%;回报率超过 10%的有 418 只,占该区间流通股票型基金总数的 82.45%。

从图 2-6 可以看出,当行情上涨时,股票型基金的收益是非常明显的。大多数股票型基金投资者都有过先赚钱、后亏钱的经历,主要的原因是把股票型基金抱得太紧,或者是心里总想着卖在最高点,但是高点或低点都是过了之后才知道,事前绝对预测不到,所以适当地卖出基金是必要的,比较简单的方式就是自己设定一个止盈点,如 20%,达到止盈点就先卖掉一半,再达到 20%再卖掉一半,这种止盈方式很简单、成功率也高。

2.2.3 债券型基金:实现资产长期稳健增长

我们需要了解,我国债券市场相较于金融自由度较高的美国市场,债券体系有哪些方面的特殊性,如图 2-7 所示。

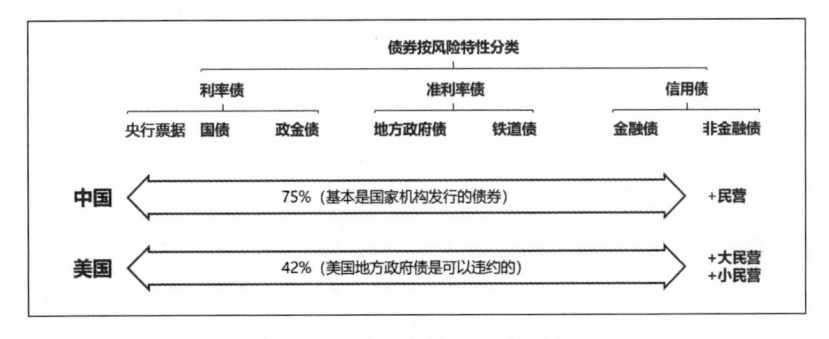

图 2-7 中美两国债券体系的差异

整个债券市场按照风险特性可以分成三种债券:利率债、准利率债、信用债。

利率债包含央行票据、国债、政金债(国家开发银行+国家进出口银行+国家农业发展银行),所以利率债完全可以理解为买的就是中国的国家信用背书。

准利率债包含地方政府债、铁道债(地铁+高铁),这部分的债券依旧可以理解为中国的国家信用背书。

信用债包含金融债(银行发起的债)、非金融债(企业债+可转债)。中国地区的银行属于强势监管、强势风控的行业,银行就等同于国有企业,所以金融债的违约率非常低。当银行出现风险时,国家会以强势的手段介入,以防止金融风险的扩散,比如政府接管包商银行。非金融债中的企业债和可转债,也有相当大的部分是上市国有企业或者国家参股的上市企业所发行的，完全民营企业发行的债比重很低。所以在中国市场上公开发行交易的债券，只要盯着债券指数投资，就可以理解为买中国的国家信用背书，如图2-8、图2-9所示。

指数名称	中证全债指数	英文名称	CSI Aggregate Bond Index
指数代码	H11001.CSI	指数类型	债券类
基日	2002-12-31	基点	100
发布日期	2007-12-17	发布机构	中证指数有限公司
加权方式	市值加权/发行量加权	收益处理方式	全价指数
成份数量	14,243		
指数简介	中证全债指数是综合反映银行间债券市场和沪深交易所债券市场的跨市场债券指数，也是中证指数公司编制并发布的首只债券类指数。该指数的样本由上述两个市场的国债、金融债券及企业债券组成。		

图 2-8 中证全债指数基本信息

（数据来源：Wind 资讯）

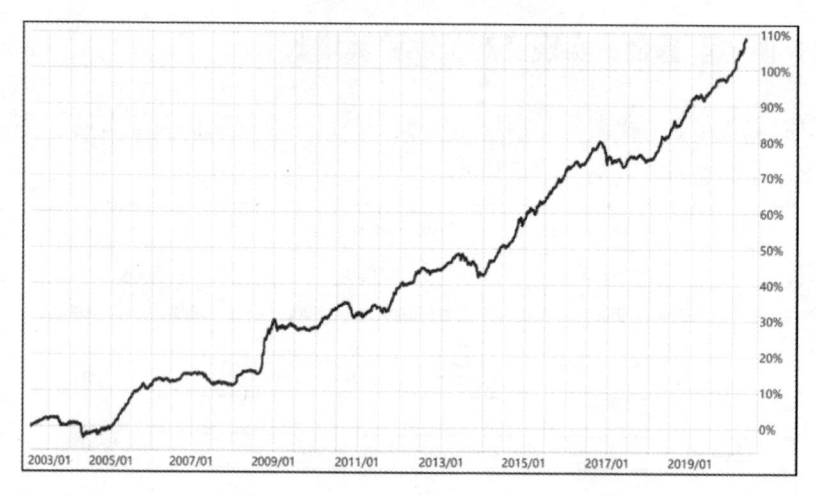

图 2-9 中证全债指数发布以来的累计收益率走势图，统计截至 2020 年 4 月 23 日

（数据来源：Wind 资讯）

然而，美国的情况就不一样了。美国的地方政府甚至是可以破产的，《中国经济周刊》（2012 年 29 期）就刊载了加利福尼亚州部分城市破产的相关新闻。何况是企业的信用债，风险更大。

我们可以对比一下全球重大事件新型冠状病毒肺炎疫情（以下简称新冠肺炎疫情）对深圳证券交易所债券指数走势图（见图2-10）、美国BBB级债券指数走势图（见图2-11）的影响。我国深圳证券交易所债券指数走势图基本上没有受到太大的影响，但是美国BBB级债券指数的回撤非常明显。这就说明我国债券标的的稳定性、增值性远优于海外市场的债券，更表明我国债券适合长期配置，以实现资产的稳健增值。

债券型基金是针对不特定对象公开募集资金用于投资债券（国债、金融债、企业债这些固定收益类的金融工具，所以债券型基金也称为固定收益基金）、现金，以及主管单位核准的投资范围。其中，投资债券的比例，任何时间段都不得低于80%。

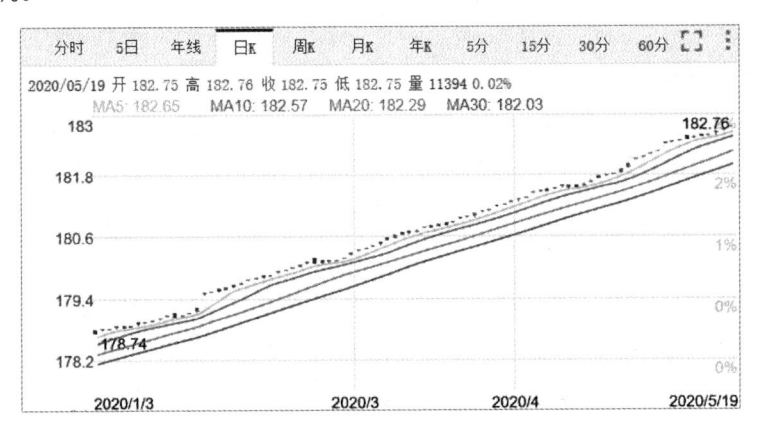

图2-10 深圳证券交易所债券指数走势图

（数据来源：新浪财经）

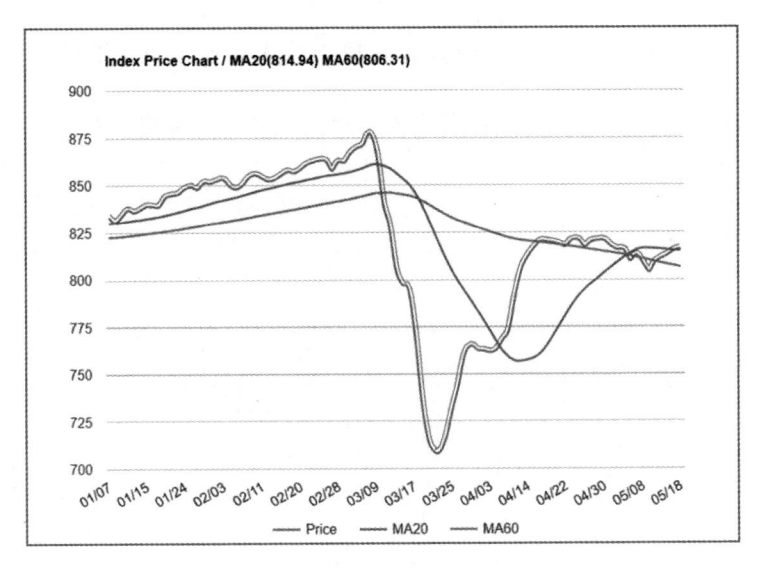

图2-11 美国BBB级债券指数走势图

（数据来源：彭博）

1. 投资范围

绝大多数的债券型基金的投资范围都是相同的，如鹏扬泓利债券A（006059）

招募说明书上的公告如下。

本基金投资于具有良好流动性的金融工具，包括债券（国债、央行票据、金融债、地方政府债、政府支持机构债、企业债、公司债、中期票据、短期融资券、超短期融资券、公开发行的次级债券、可转换债券、可分离交易可转债的纯债部分、可交换债券）、资产支持证券、同业存单、银行存款（协议存款、定期存款及其他银行存款）、货币市场工具、债券回购、国内依法发行上市的股票（中小板、创业板及其他经中国证监会核准上市的股票）、中国内地与中国香港股票市场交易互联互通机制下允许买卖的规定范围内的香港联合交易所上市的股票、权证、国债期货及法律法规或中国证监会允许基金投资的其他金融工具（但须符合中国证监会相关规定）。

债券型基金又可以分成两种类型：一种是纯债基金，就是所有标的都是以国债、金融债、高等级公司债为主要配置，绩效平稳、波动小；另一种是增强型债券基金，这部分债券型基金为了追求较高绩效，会将小部分比例的资金投向股票或者可转债（可转债具有股债双元的特质，所以波动性与股票关联度高），这类基金绩效虽然较高，但是波动明显大于纯债基金。

案例一：易方达双债增强债券 A 与国金惠盈纯债 A 的对比

易方达双债增强债券 A 与国金惠盈纯债 A 的比较，如图 2-12、表 2-3 所示。

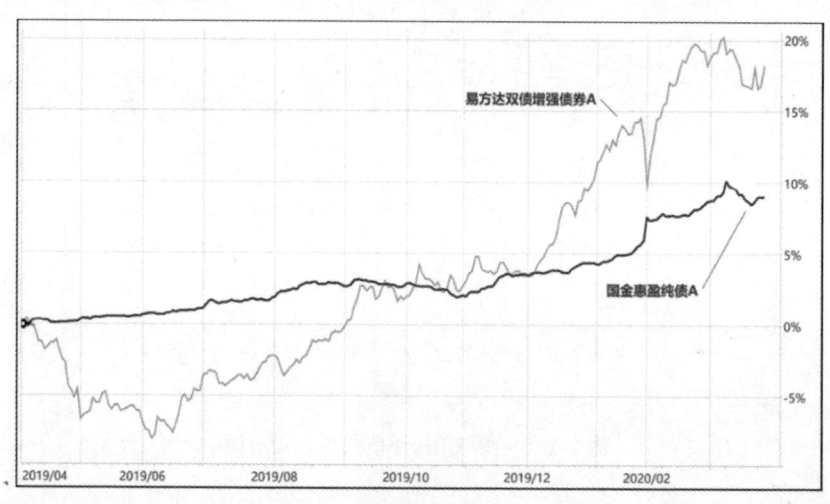

图 2-12　易方达双债增强债券 A 与国金惠盈纯债 A 的区间累计收益率走势对比，2015 年 4 月 3 日—2020 年 3 月 25 日

（数据来源：Wind 资讯）

表2-3 国金惠盈纯债A重仓债券、易方达双债增强债券A重仓股票和债券

报告期：2019-12-31

国金惠盈纯债A		易方达双债增强债券A			
重仓债券	持仓占比	重仓股票	持仓占比	重仓债券	持仓占比
19 国开 10	13.25%	平安银行	0.80%	浦发转债	5.57%
19 进出 10	8.96%	浙江鼎力	0.65%	15 国盛 EB	5.22%
19 农发 06	8.89%	泸州老窖	0.26%	国开 1801	4.27%
19 国开 09	8.85%			17 万科 01	4.27%
19 国开 05	8.72%			17 中材 02	3.97%
				光大转债	3.62%

数据来源：天天基金网

如表 2-3 所示，国金惠盈纯债 A（基金代码：006549）的持仓标的主要是国债类型。如图 2-12 所示，截至 2020 年 3 月 25 日的近 1 年最大回撤在-2%左右，近 1 年收益率接近 10%。

如表 2-3 所示，易方达双债增强债券 A（基金代码：110035），持仓标的有少量的股票及可转债，这也就导致波动性较大。如图 2-12 所示，截至 2020 年 3 月 25 日的近 1 年最大回撤在-8.41%左右，近 1 年收益率在 18%左右。

2. 特性

债券型基金相对于股票型基金来说，具有较小的波动性。能上市交易的债券标的安全性较高，且追求的不是短期的收益，更重视长期稳健收益。一般来说，我国的利率政策、交易流动性，基本上都很平稳，且中国的债券市场整体违约率很低，这也是债券型基金能够长期配置的核心所在。

影响债券市场大环境趋势的主要因素有两个：一个是利率变动，另一个是流动性紧缺。但是，在大多数情况下，债券市场的整体走势还是非常稳健的。这里我建议风险承受能力小的人，或者有较多资金的人，可以用"长期"的资金配置债券型基金。想要安全、不希望明显波动的人就配置纯债基金，想要有点收益也能承受一些风险的人可以配置增强型债券基金。

🔍 **案例二**：债券型基金总指数与中证全债指数的对比

一般而言，债券型基金操作的比较基准主要是中证全债指数，它由银行之间的国债，上海证券交易所的国债、企业债及公司债，深圳证券交易所的国债、企业债和公司债等组成。中证全债指数可以理解为整体债券市场的综合评价指数，如图 2-13 所示。

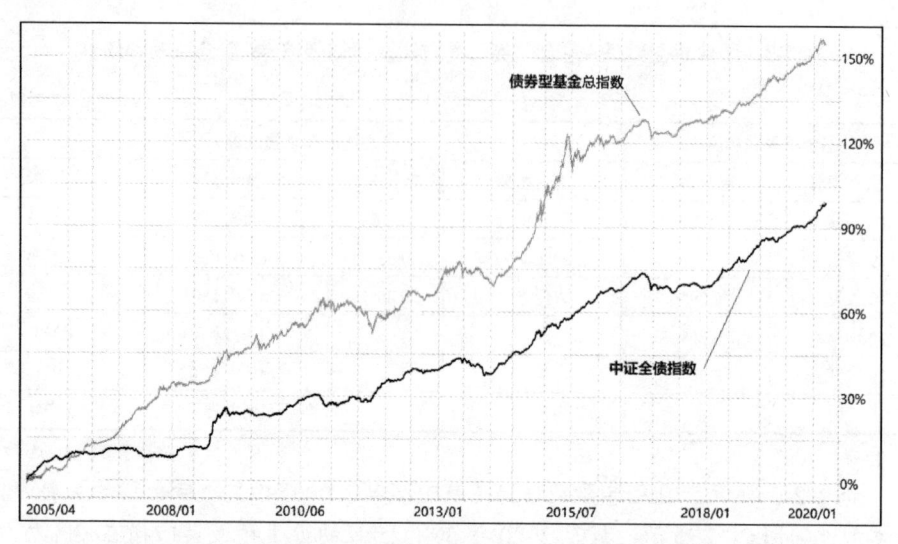

图 2-13　债券型基金总指数与中证全债指数过去 15 年累计收益率走势对比，
统计区间 2005 年 3 月—2020 年 3 月

（数据来源：Wind 资讯）

纵观整个债券长期走势，几乎没有任何过大的回撤，对于追求长期稳定收益的人来说，非常具有吸引力。

3. 投资时机选择

理论上，在降息周期里，部分存款为了追求稳定且高于银行利息的收益，就会流入债券市场，从而导致债券价格上涨，在利率趋势下行这段时期，投资债券型基金的收益性就会提高。因此，降息周期是推荐客户配置债券型基金的黄金时期。

然而，在实际操作中，我国的中证全债指数市场有个明显的现象，那就是只有事件性的熊市、没有经济性的熊市。事件性的熊市是指突发事件的影响，比如政策紧缩导致资金流动性收紧，或者利率突发性升或降，就会使短期（几天到几周）净值产生明显波动。经济性的熊市是指大环境条件造成的债券违约导致价格长期走跌的现象，但在中国市场上从来没有出现过债券行情明显走跌的情况。所以，长期资金配置债券型基金除了增强型债券基金要考虑股市走势，纯债基金的配置基本上不需要花费太多心思思考时机点，配置纯债基金也可以解读成投资国家信用。

图 2-14 是 2003 年 1 月—2020 年 1 月的中证全债指数收益走势（曲线 A）和一年期存款利率走势（曲线 B）的对比。不管 B 曲线如何升降息，A 曲线的滚

动收益总是会不断往上累计的，A 曲线中的绩效回撤，都是货币政策紧缩或者流动性紧缩所造成的短期回撤。债券只要不违约，能够到期兑付，每次的回调反而都是捡便宜的好时机。

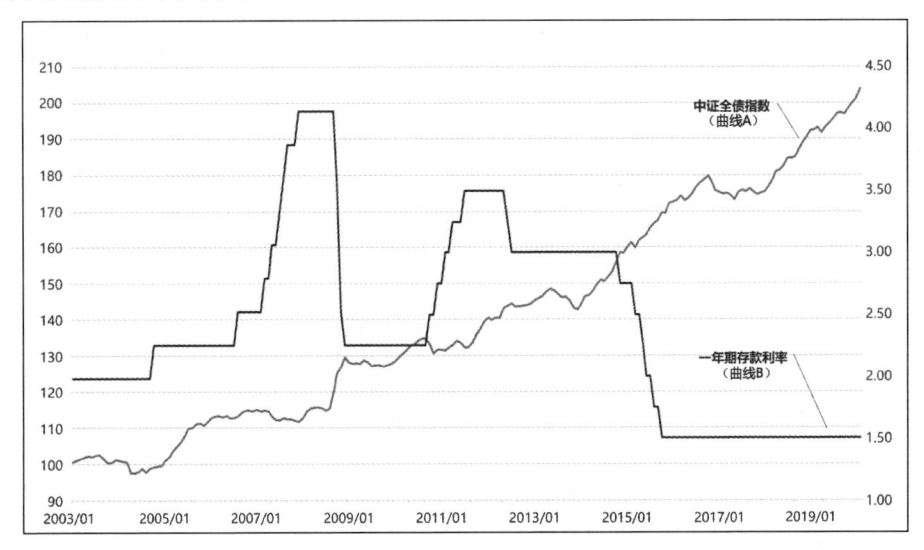

图 2-14　中证全债指数收益走势（左轴）与一年期存款利率（右轴）走势，统计区间 2003 年 1 月—2020 年 1 月

（数据来源：Wind 资讯）

2.2.4　货币型基金：短期大额资金存放好去处

货币型基金的投资标的是几乎零风险的产品，如短期国债、回购、央行票据、银行存款、大额转让存单等，期限在 1 天到 1 年不等，年化收益率比银行存款高 0.3%～1%，把它看作是比银行存款利息高一点点的存款即可。但是，货币型基金大多数会有最低投资金额门槛，比如最低 1 万元。

1. 投资范围

货币型基金的投资范围并不大，如平安财富宝货币 A（基金代码：000759）招募说明书上显示：本基金投资于法律法规及监管机构允许投资的金融工具，包括现金，期限在一年以内（含一年）的银行存款、同业存单，期限在一年以内（含一年）的债券回购，期限在一年以内（含一年）的中央银行票据，剩余期限在 397 天以内（含 397 天）的债券、非金融企业债务融资工具、资产支持证券，中国证监会、中国人民银行认可的其他具有良好流动性的货币市场工具。

2. 特性

货币型基金具有良好的变现能力，甚至可以实时到账。它就像存款一样，安全性高、风险性小、流动性佳。这样的特性更像是"存放"而不是"投资"，但是利息又比存款高一点点，所以很多大机构的沉淀资金都会选择放在货币型基金上，利息每天结算，所得税减免。

案例三：平安财富宝货币 A（基金代码：000759）

通过图 2-15 可知，截至 2020 年 3 月 24 日，平安财富宝货币 A 五年来的累计收益率为 19.33%，收益率跟现金存款很贴近，没有任何波动，所以说货币型基金就是大额资金暂存的好去处。

图 2-15　平安财富宝货币 A 与沪深 300 指数累计收益率走势对比，统计区间 2015 年 3 月 27 日—2020 年 3 月 20 日

（数据来源：Wind 资讯）

2.2.5　混合型基金：攻守兼备的全能工具

混合型基金是同时以股票、债券、货币市场工具为投资对象的基金。理论上投资者不需要分别购买股票型基金、债券型基金和货币型基金，只需要通过一只混合型基金就能实现多元化投资。股、债、货币的大类配置比例，由招募说明书进行说明。由于混合型基金的股债配置法规给予的弹性较大，所以一般金融从业者还会将混合型基金再细分成偏股型基金、偏债型基金两大类。

1. 偏股型基金

一般会根据基金过去 1 年的资产配置情况了解股债的配置比例，股票投资超过基金资产 50%的基金称为偏股型基金。

实例说明：广发双擎升级混合 A（基金代码：005911）

在招募说明书中的第十三部分《基金的投资方向》章节中披露：本基金为混合型基金，基金的股票投资占基金资产的比例为 60%～95%。

广发双擎升级混合 A（基金代码：005911）招募说明书上的投资范围如下。

本基金的投资范围为具有良好流动性的金融工具，包括国内依法发行上市的股票（中小板、创业板及其他经中国证监会核准上市的股票）、债券（国内依法发行上市的国债、地方政府债、金融债、企业债、公司债、次级债、可转换债券、可交换债券、分离交易可转债、中小企业私募债、央行票据、中期票据、短期融资券、超短期融资券及经法律法规或中国证监会允许投资的其他债券）、债券回购、资产支持证券、权证、同业存单、银行存款、股指期货、国债期货及法律法规或中国证监会允许基金投资的其他金融工具（但须符合中国证监会相关规定）。

如果法律法规或监管机构以后允许基金投资其他品种，基金管理人在履行适当程序后，可以将其纳入投资范围。

下面看一下该基金 2019 年的持仓情况，如表 2-4 所示。

表 2-4　广发双擎升级混合 A 2019 年资产配置与重仓股票公告数据

公告期：2019年3月31日		公告期：2019年6月30日		公告期：2019年9月30日		公告期：2019年12月31日	
资产配置	持仓占比	资产配置	持仓占比	资产配置	持仓占比	资产配置	持仓占比
股票	61.61%	股票	74.10%	股票	86.70%	股票	79.76%
债券	0.34%	债券	0.00%	债券	0.00%	债券	0.00%
现金	38.61%	现金	26.37%	现金	16.43%	现金	24.42%
其他	0.00%	其他	0.00%	其他	0.00%	其他	0.00%
重仓股票	持仓占比	重仓股票	持仓占比	重仓股票	持仓占比	重仓股票	持仓占比
康泰生物	12.16%	圣邦股份	9.24%	康泰生物	9.43%	康泰生物	9.26%
圣邦股份	8.17%	康泰生物	8.86%	圣邦股份	8.81%	中国软件	7.25%
紫光国徵	5.37%	三安光电	6.76%	中国软件	6.78%	圣邦股份	6.91%
中国软件	5.26%	隆基股份	6.18%	三安光电	6.43%	三安光电	6.88%
隆基股份	5.17%	亿纬锂能	4.95%	亿纬锂能	5.73%	中兴通讯	6.69%

数据来源：天天基金网

从表 2-4 中可以看出，该基金 2019 年的股票配置远远超过了 50%，属于偏股型基金。

备注说明：持仓总计超过 100%是基金经理人进行融资操作或者债券质押操作导致的。

2．偏债型基金

一般会根据基金过去 1 年的资产配置情况了解股债的配置比例，债券部分超过 50%的基金可以称为偏债型基金。

实例说明：广发趋势优选灵活配置混合 A（基金代码：000215）

广发趋势优选灵活配置混合 A（基金代码：000215）招募说明书上的投资范围如下。

本基金的投资范围为具有良好流动性的金融工具，包括国内依法发行上市的股票（中小板、创业板及其他经中国证监会核准上市的股票）、债券（国债、金融债、企业债、公司债、央行票据、中期票据、可转换债券、资产支持证券等）、权证、货币市场工具、股指期货及法律法规或中国证监会允许基金投资的其他金融工具（但须符合中国证监会相关规定）。

若法律法规或监管机构以后允许基金投资其他品种，基金管理人在履行适当程序后，可以将其纳入投资范围。

在招募说明书中的第七部分《基金的投资方向》章节中披露：本基金为混合型基金，基金的股票投资占基金资产的比例为 0%～95%。

该基金 2019 年的持仓情况如表 2-5 所示。

表 2-5　广发趋势优选灵活配置混合 A 2019 年资产配置与重仓股票公告数据

公告期：2019 年3月31日		公告期：2019 年6月30日		公告期：2019 年9月30日		公告期：2019 年12月31日	
资产配置	持仓占比	资产配置	持仓占比	资产配置	持仓占比	资产配置	持仓占比
股票	13.61%	股票	16.19%	股票	17.56%	股票	15.67%
债券	88.20%	债券	76.11%	债券	89.04%	债券	87.36%
现金	0.50%	现金	0.37%	现金	0.63%	现金	1.57%
其他	0.00%	其他	7.33%	其他	0.00%	其他	0.00%
重仓股票	持仓占比	重仓股票	持仓占比	重仓股票	持仓占比	重仓股票	持仓占比
中国平安	2.37%	老百姓	2.16%	中国铁建	1.54%	保利地产	0.88%
益丰药房	2.08%	中国平安	1.86%	大秦铁路	1.41%	华泰证券	0.86%

续表

公告期：2019年 3月31日		公告期：2019年 6月30日		公告期：2019年 9月30日		公告期：2019年 12月31日	
重仓股票	持仓占比	重仓股票	持仓占比	重仓股票	持仓占比	重仓股票	持仓占比
我武生物	1.96%	中国铁建	1.75%	华泰证券	1.33%	中国铁建	0.80%
苏交科	1.95%	华电国际	1.59%	益丰药房	1.28%	分众传媒	0.76%
招商蛇口	1.77%	首商股份	1.50%	中国平安	1.21%	伊利股份	0.75%

数据来源：天天基金网

该基金2019年的债券配置比例远远超过了50%，属于偏债型基金。

备注说明：我们会看到一些债券持仓总计超过100%的情况，原因是基金经理人进行了融资操作或者债券质押操作。

混合型基金的特性：流动性较佳，波动风险小于股票型基金，收益比较特殊。由于混合型基金的操作方式很灵活，它会根据市场趋势的变化，调整股票、债券和货币市场的投资比例，它持有股票的最高比例可达95%。通过良好的运作，混合型基金的盈利能力甚至超过股票型基金。基金经理人在看好市场走势时，可以提高股票权重，加仓追涨，如从50%调高至90%；遇到市场回落时，又可以调低股票的权重，如从90%调低到30%，将资金转移到债券市场和货币市场，落袋为安。理论上操作得当的基金，完全可以不畏牛市、熊市转换，甚至穿越熊市。

实例说明： 广发趋势优选灵活配置混合A（基金代码：000215）

从图2-16中可知，上证指数从2015年6月12日的5178点崩跌至2015年8月26日的2850点，跌幅达到了44.9%，此期间本基金取得了8.35%的回报。在2018年1月至2019年1月整整1年的缓跌趋势中，上证指数从3391点缓跌至2514点，跌幅为25.8%，此期间本基金取得了1.3%的回报。

由于基金经理人比较想帮投资者多赚点钱，所以大多数的混合型基金无论是在牛市还是在熊市，都应该配置一定比例的股票。因此，进场的时机点跟股票型基金一样，市场估值低的时候进场较佳。差别在于，混合型基金的操作弹性使其可持有性更佳。如果真的不想太多关注基金操作或者是刚接触基金的新手，我会建议配置混合型基金，因为比较省心。长久下来，混合型基金的累计报酬并不会低于股票型基金。

图2-17为混合型基金总指数和股票型基金总指数5年收益率的比较，图2-18是10年收益率的比较。

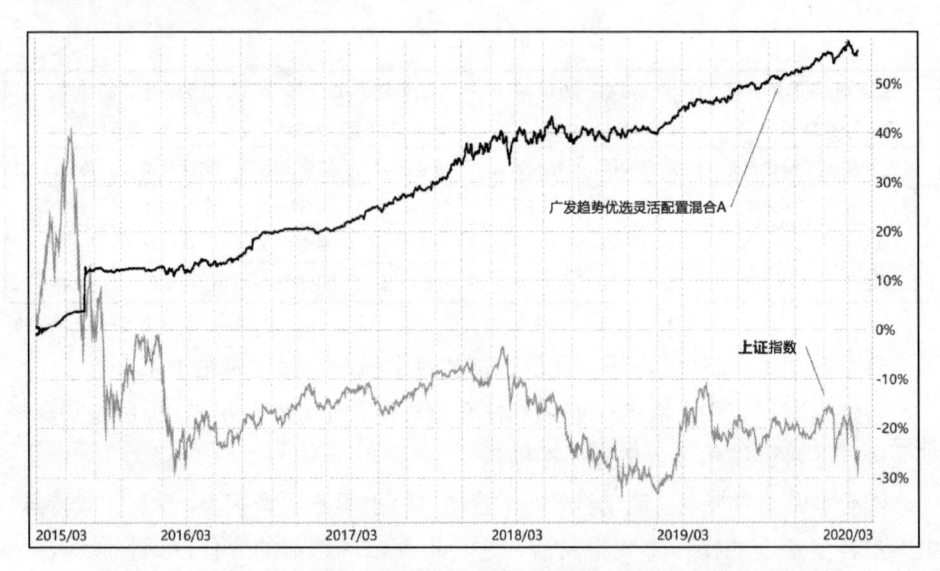

图 2-16　广发趋势优选灵活配置混合 A 与上证指数累计收益率走势对比，
统计区间 2015 年 3 月 27 日—2020 年 3 月 25 日

（数据来源：Wind 资讯）

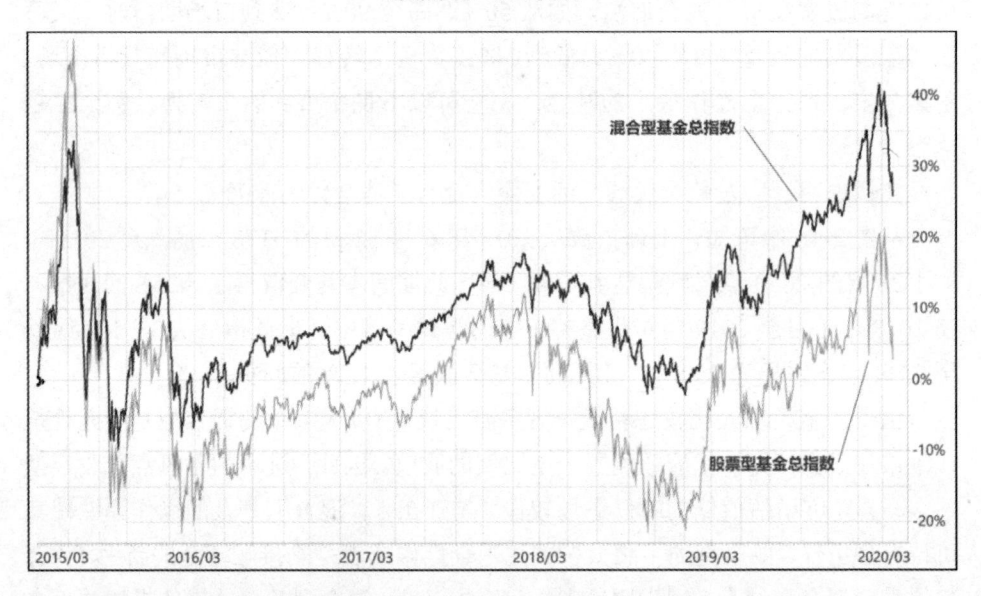

图 2-17　混合型基金总指数和股票型基金总指数近 5 年累计收益率走势对比，
统计区间 2015 年 3 月 27 日—2020 年 3 月 23 日

（数据来源：Wind 资讯）

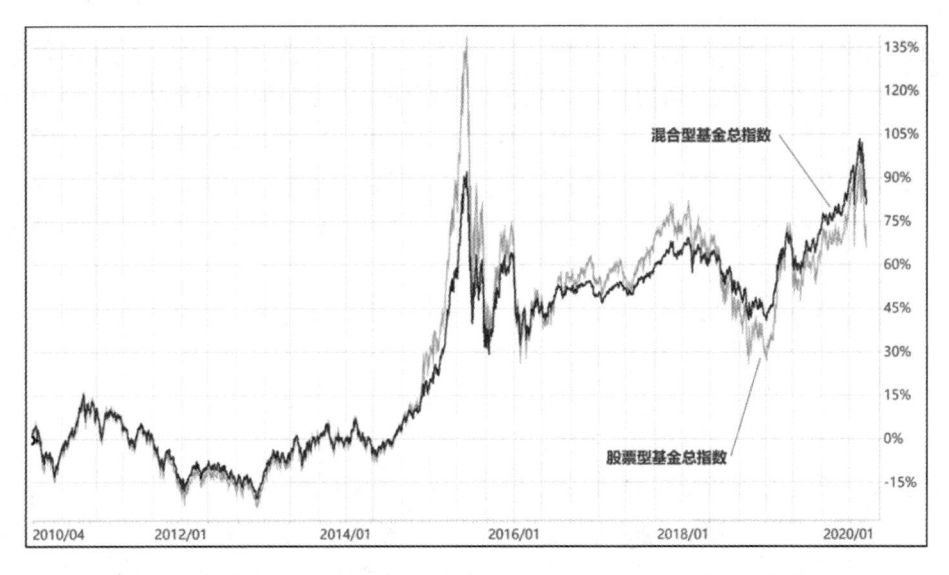

图 2-18　混合型基金总指数和股票型基金总指数近 10 年累计收益率走势对比，
统计区间 2010 年 3 月 27 日—2020 年 3 月 23 日

（数据来源：Wind 资讯）

2.2.6　"固收+"基金：长期配置的稳固基础

"固收+"这个概念是在 2019 年被提出的，主要背景是《理财新规》期限即将到期，银行有大量的理财资金需要被更顺利地引导，早期理财产品承诺的保本保息刚兑逐步被打破，要逐步引导至每日净值公示的理财产品。这其中大多数都是风险偏好度较低的资金，为了承接这部分资金而设计的以固收为主要资产、辅以少量投资的低波动产品称为"固收+"，这种形式与表述让客户更容易接受。

截至 2018 年 12 月的存量理财产品规模超过了 30 万亿元，所以这个"+"就是投资非固收类产品以获取更大回报的策略。一般而言，固收类的资产会占到理财产品规模的 80% 以上，甚至有不少基金会将固收类的资产配置到 90% 以上（固收就是固定收益类的产品，如债券）。其余部分再延伸出一些可以增强收益的投资，如打新股、定增、可转债、量化对冲投资，以及直接投资股票。甚至可以直接定义为纯债基金，目前最常见的存在形式就是二级债券型基金与偏债型基金。

"固收+"的概念比较新，以信诚至裕灵活配置混合 A（基金代码：003282）为例，其招募说明书上的投资范围如下。

本基金的投资范围为具有良好流动性的金融工具，包括国内依法发行上市的股票（中小板、创业板及其他经中国证监会核准上市的股票）、存托凭证、债券（国债、金融债、地方政府债、企业债、公司债、央行票据、中期票据、短期融资券、次级债、可转换债券、可交换债券、证券公司短期公司债券及其他中国证监会允许投资的债券）、资产支持证券、债券回购、货币市场工具、银行存款、同业存单、权证、股指期货及法律法规或中国证监会允许基金投资的其他金融工具（但须符合中国证监会相关规定）。

若法律法规或监管机构以后允许基金投资其他品种，基金管理人在履行适当程序后，可以将其纳入投资范围。

"固收+"基金由于大量仓位配置了固收类资产，所以波动很小。"固收+"基金具有收益性低、风险性低、流动性佳的特点。一般而言，长期绩效会优于债券型基金，如果操作得当，甚至会超过不少权益类的基金。

实例说明：信诚至裕灵活配置混合 A（基金代码：003282）

这种类型的基金波动小，是资产配置中较为安全且长期配置的基本仓位。由于大多数的仓位是固收（以债券为主），所以买入的时机跟债券型基金是一样的。从长远来看，整体效益与债券型基金基本上不会有太大差异。对于长期配置的需求者而言，资产从理财产品逐步置换到"固收+"是非常好的选择。

2.2.7 指数型基金：看好就上，减少外部干扰

指数型基金就是选取一项指数，根据这项指数的成份股按照权重进行同样比例的股票配置，以获取跟指数相同的回报率。由于配置股票的逻辑是被动按照指数权重来配置，所以传统意义上的指数型基金就是被动型基金。

这类基金多数后面都会带数字，30、50、100、300 等，这些数字的意义就是成份股的标的数量。例如，上证 50 指数，就是选取上海证券交易所中规模最大、流动性较佳的 50 只股票组成样本股，并且按照自由流通市值权重进行编制的指数。同理，沪深 300 指数，就是选取上海证券交易所、深圳证券交易所中规模最大、流动性较佳的 300 只股票组成样本股，并且按照自由流通市值权重进行编制的指数。

说明：总市值扣除限售股、创始人持股、国有持股、战略投资者持股等不会随意交易的股票市值，剩余的才是自由流通市值。

指数根据观察标的覆盖层面，又可分成宽基指数与窄基指数两种形态。宽基指数不限定某些产业或概念，基本上可以代表大范围的平均数，如上证 50 指数、沪深 300 指数、美国标普 500 指数等，其中股票覆盖的产业较多，整体市场的代

表性强。窄基指数聚焦于某些主题清晰、产业清晰、概念清晰、政策清晰的股票群体进行归类编制，如上证金融指数（以上海证券交易所中所有金融类型股票为样本股）、深证消费指数（以深圳证券交易所中所有消费类型股票为样本股）等。

指数型基金如果跟踪的标的是股市，那么就具有和股票型基金相同的特性，具有收益性、风险性和流动性都比较高的特点；如果跟踪的是债市，那么就具有和债券型基金相同的特性，具有收益性低、风险性低、流动性高的特点。一般而言，绩效跟基准指数几乎没有什么不同。

实例说明： 嘉实沪深 300ETF 联接 A（基金代码：160706）

招募说明书上关于投资理念的说明：本基金遵循指数化投资理念，通过投资于 ETF 联接基金、标的指数成份股和备选成份股等，力求获得与 ETF 联接基金所跟踪的标的指数相近的平均收益率，满足基金投资者的投资需求。

本基金追踪近 5 年来的绩效基本上跟沪深 300 指数的收益没有太多区别，如图 2-19 所示。但是，为了超越基准指数，衍生出所谓的"增强型"指数基金，即在基金资产中剥离一小部分的资金进行"主动操作投资"。如果操作得当，就可以轻易打败基准指数。

图 2-19 嘉实沪深 300ETF 联接 A 与沪深 300 指数累计收益率走势对比，统计区间 2015 年 3 月 27 日—2020 年 3 月 25 日

（数据来源：Wind 资讯）

实例说明： 易方达上证 50 增强 A（基金代码：110003）

招募说明书上关于投资对象的说明：本基金主要投资于目标指数的成份股

票，包括上证 50 指数的成份股和预期将要被选入上证 50 指数的股票，还可适当投资一级市场申购的股票（包括新股与增发），以在不增加额外风险的前提下提高收益水平。这说明除了对应指数的股票，还可以主动选择一些非指数内的股票进行投资。

从本基金近 5 年的累计收益率走势来看（见图 2-20），随着时间的递延，加上良好的主动运作，本基金绩效明显高于基准指数。

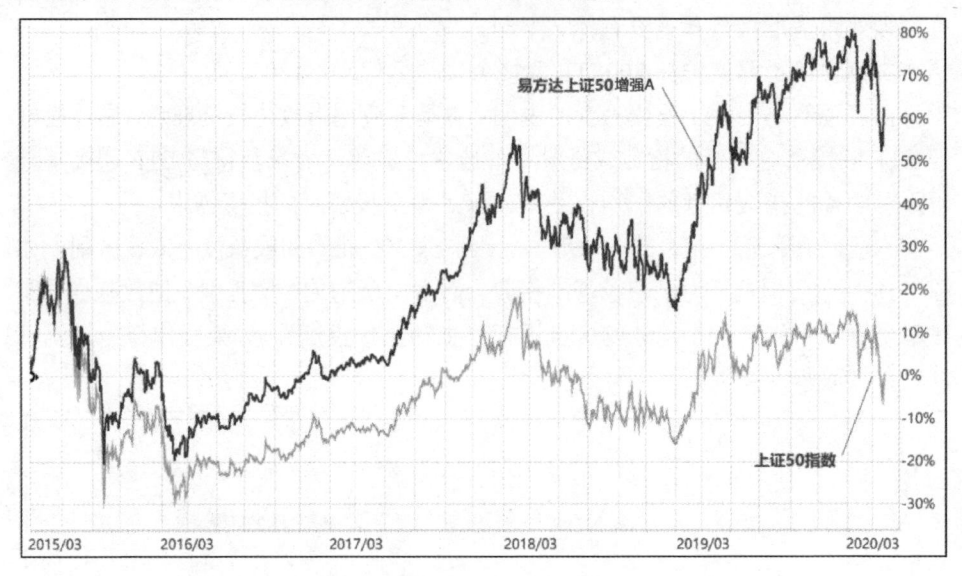

图 2-20 易方达上证 50 增强 A 与上证 50 指数累计收益率走势对比，
统计区间 2015 年 3 月 27 日—2020 年 3 月 25 日

（数据来源：Wind 资讯）

偏股型指数也是选择市场估值偏低的时候进场合适，偏债型指数则是选择利率趋势下行的时候配置比较合适。这里要特别说明一件事，由于指数以被动式的投资配置为主，这大大降低了基金经理人的干预，代表某个大市场或者某个产业的整体发展。

关于指数型基金，我认为有两种人特别适合：一种是完全不想了解也没有时间关注基金投资的人，这类人只要看好某个国家的发展或者某个产业的前景，选择相应的指数型基金长期放着，收益也不会太差。如果看好我国市场的消费趋势，那么就买消费指数的基金。另一种是投资专业能力比较强的人，对于产业发展趋势的把握比较准确。这类人只需要降低交易成本，根据自己的预判将投资的资金转移到下一波看好的产业，大概就能打败大部分的人，这也是指数型基金深受许多金融投资爱好者喜爱的主因。

2.2.8　QDII 基金：全球配置好帮手

QDII 是"Qualified Domestic Institutional Investor"的首字缩写，中文名称为合格境内机构投资者。QDII 基金是经国家批准、投资境外证券市场的基金。它的投资标的多样化，包括股票、债券、货币、贵金属、石油、房地产等。与投资者直接投资海外市场相比，投资者购买 QDII 基金，省去了烦琐的投资手续，还可以在不占用购汇额度的情况下，一键出海，布局全球。

这类基金当年获批成立的原因是：我国正处于外汇管制及金融投资管制的大背景下，居民与机构有投资海外的需求，国家遂开放部分投资额度给予国内符合条件的投资机构募集投资。投资者只要明白，投资海外市场，买 QDII 基金就可以了。QDII 的投资范畴从全球市场到黄金、原油、天然气、地产等，还有股票型、债券型、指数型，计价货币有美元、欧元、港元、人民币等，能满足大部分投资者的需求。

1. 投资范围

我国属于外汇管制国家，对于公募基金的海外投资进行管控。海外投资必须先在与中国证监会签署双边监管合作谅解备忘录的国家或地区证券监管机构登记注册。以国泰纳斯达克 100 指数（基金代码：160213）为例，其招募说明书上显示：本基金的投资范围为具有良好流动性的金融工具，包括纳斯达克 100 指数成份股、在已与中国证监会签署双边监管合作谅解备忘录的国家或地区证券监管机构登记注册的以纳斯达克 100 指数为投资标的的指数型公募基金(包括 ETF)、货币市场工具及中国证监会允许本基金投资的其他金融工具。

若法律法规或监管机构以后允许基金投资其他品种，基金管理人在履行适当程序后，可以将其纳入投资范围。

2. 特性

QDII 基金就是把投资的市场聚焦到"海外市场"，其他的内容没太多改变，风险收益完全取决于 QDII 中哪个类型的基金，但是要注意多了一项汇率的变动，以及赎回的时间比国内的基金多两个工作日（国内 3~5 个工作日，QDII 基金 5~7 个工作日）。我国 QDII 基金主要投资于海外市场的主流指数，购买这些指数相当于购买了一些优秀企业股票，具有相对稳定的投资价值，如纳斯达克指数，主要由美国的数百家发展迅速的上市公司股票组成，包括苹果、微软、英特尔等全球领先的高科技公司。

实例说明：国泰纳斯达克 100 指数（基金代码：160213）

本基金自成立以来跟纳斯达克 100 指数的走势几乎完全正相关，如图 2-21 所示。如果看好美国高科技的发展，只要买这种类型的 QDII 基金就可以了。

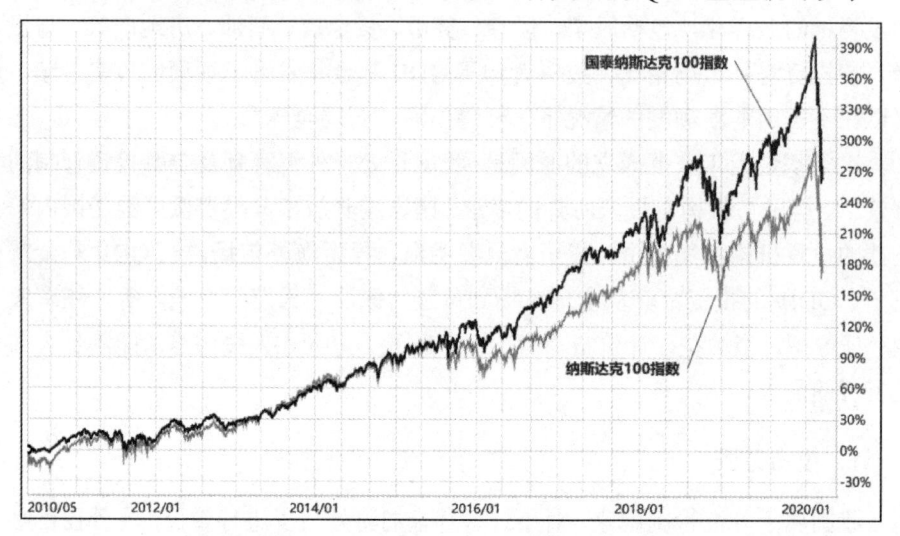

图 2-21　国泰纳斯达克 100 指数与纳斯达克 100 指数累计收益率走势对比，统计区间 2010 年 4 月 24 日—2020 年 3 月 23 日

（数据来源：Wind 资讯）

大多数投资者的投资标的都集中在中国境内市场上，这类基金的定位在于"补充"资产配置的缺口。我们在投资 QDII 基金时，还应该注意以下几点。①基金结算周期长。由于跨境交易存在时差，申赎时间长，所以流动性比国内同类基金差。②防范汇率风险。申赎时机要密切留意汇率变化，避免因汇率的变化而影响基金收益。③跟踪市场动向。我们要关注所投国家的市场变化，在基金的绩效受到影响前，及时进行调整。因此，我建议使用长期的闲置资金，投资自主性强、对全球投资市场有一定研究、能承担高风险的人，可以配置一部分这种类型的基金。

2.2.9　FOF 基金：专业的团队帮你挑选、追踪基金

Fund of Fund，基金中的基金，大多数人在投资基金的时候不会只持有一只

基金，而是会分散地买一些基金。对于"整体基金池"而言，FOF 就是一个基金组合。根据一个期限（如 10 年）或目的（如退休规划）制定一套投资策略，通过专业团队的分析和研究，确定基金组合标的，进行资产配置，帮助投资者优化基金投资效果。

基于这种专业团队筛选基金的投资逻辑，FOF 就具备了二次分散风险的特性。持有一只基金就是同时持有了多只股票和债券，第一次分散了投资风险；而 FOF 将多只筛选基金集中申购、同时持有，则二次分散了投资风险，使收益更加有保障。

1. 特性

一般而言，FOF 的多基金策略追求的不是快速上涨，而是稳定上涨。在大多数 FOF 基金的持仓中，债券会占很大的比重，所以它是风险较为适中、盈利能力适中、流动性佳的一款金融工具。

实例说明： 南方全天候策略（FOF）A（基金代码：005215）

招募说明书上关于投资组合比例的说明：80%以上基金资产投资于其他经中国证监会依法核准或注册的公开募集的基金份额（含 QDII）。其中，股票型基金投资占基金资产的比例为 0%～30%，基金保留的现金或到期日在一年以内的政府债券的比例合计不低于基金资产净值的 5%。

2019 年 12 月 31 日的季报显示，超过 83%的资金持有基金（债券、基金比重不低），其余资金持有股债现金，如表 2-6 所示。

表 2-6 南方全天候策略（FOF）A 资产配置与重仓基金

报告期：2019-12-31

资产配置	持仓占比	重仓基金	持仓占比
基金	83.12%	南方安泰混合	9.31%
股票	8.75%	南方通利债券 C	8.23%
债券	7.12%	易方达新益混合 E	7.67%
现金	1.56%	工银瑞信双利债券 A	6.05%
		易方达裕丰回报债券	5.02%
		南方利安 C	4.98%
		大成债券 A/B	4.91%

数据来源：天天基金网

图 2-22 中南方全天候策略（FOF）A 曲线的波动明显小于沪深 300 指数曲线的波动。

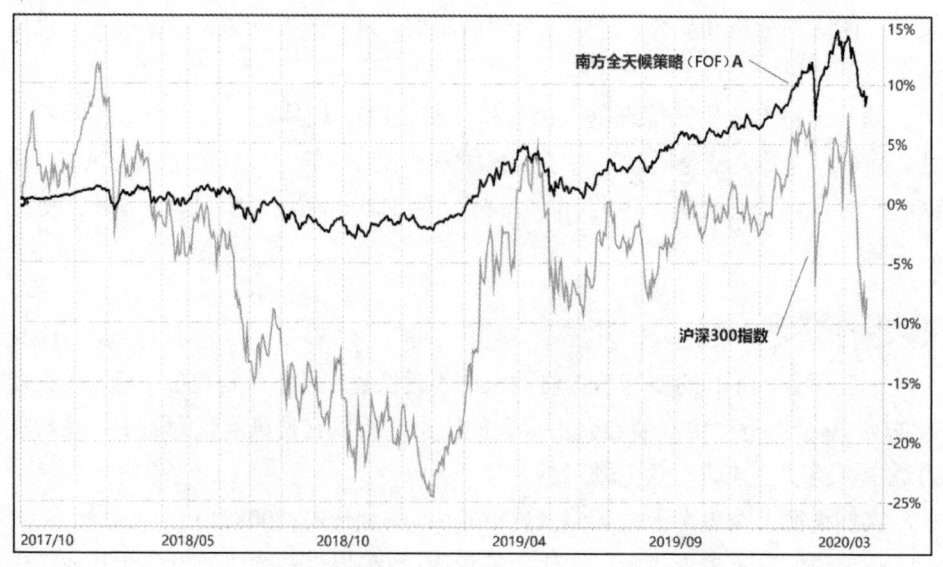

图 2-22　南方全天候策略（FOF）A 成立以来与沪深 300 指数累计收益率走势对比，
统计区间 2017 年 10 月 19 日—2020 年 3 月 24 日

（数据来源：Wind 资讯）

2．时机选择

FOF 的投资品种多元化，但截至目前，市面上推出的 FOF，主要以债券型基金为投资标的，所以它追求的是较小的风险波动和稳定收益，适合没时间学习投资知识的新手和无暇打理投资组合的稳健型人群。时机点上不是太明显，投资 FOF 的关键不是市场现况，而是要匹配自己"长期规划"的目标。

各家银行与互联网基金代销平台推出了一些形态类似于 FOF 的投资工具，较常见的就是"智能投顾体系"，如招商银行的"摩羯智投"、中信银行的"信智投"、中国银行的"中银慧投"等，如图 2-23、图 2-24、图 2-25 所示。在进行这类投资之前，投资者需要先进行风险承受能力的评估测试，提交个人的投资期限预期、收益回报要求等相关问卷，智能投顾体系会根据投资者的需求智能化、自动化地给予适合的资产配置建议。在持有过程中，如果投资者认为配置与当下需求不匹配，还可以自行调整配置。

图 2-23　招商银行的"摩羯智投"　　　图 2-24　中信银行的"信智投"

图 2-25　中国银行的"中银慧投"

第 3 章

单笔投资的基金筛选逻辑

公募基金作为一般投资者比较合适的投资,发展历史大概已有 200 年,诞生于荷兰。然而,真正做强做大的国家是美国,从 1907 年美国第一只基金成立到现在有 110 多年的时间。目前,美国占据全球基金规模的半壁江山,还拥有完整的基金评估指标体系。

3.1 基金全量观察维度(公开资讯)概览

3.1.1 业绩回报

业绩回报是指基金成立至今的回报,其中包含总回报及近 1 周、近 1 个月、近 3 个月、近半年、近 1 年、近 2 年、近 3 年、近 5 年等的阶段性回报披露,每日进行绩效更新。

股票的涨跌都由资金所驱动,资金流动速度非常快,短期类股轮动的捕捉非常困难,所以短期绩效指标所显示的能力,就是股票热点轮动捕捉的能力。长期指标显示的能力就比较全面,其中涵盖了逢高减仓的风险压力释放能力、逢低加码的价格发现能力、政策解读的产业趋势配置能力,以及基金公司的文化风格融合能力等。

这里有个现象要注意,有可能短期整个市场都扎堆在某个行业的股票上,比如 2019 年第 2 季度的食品饮料行业股票、第 3 季度的电子行业股票、第 4 季度的建筑材料行业股票(见表 3-1),导致重仓这类股票的基金净值短期暴涨,从而导致中长期的绩效被冲高,这类基金可能更适合阶段持有,而非长期持有,如图 3-1 中的 B 基金。

表 3-1 申万一级行业指数 2019 年第 2 季度、第 3 季度、第 4 季度涨跌幅排名

证券简称	2019 年第 2 季度涨跌幅（%）	证券简称	2019 年第 3 季度涨跌幅（%）	证券简称	2019 年第 4 季度涨跌幅（%）
食品饮料	12.1394	电子	20.1965	建筑材料	22.0542
家用电器	2.5375	医药生物	6.3603	电子	14.7244
银行	1.2614	计算机	5.3993	家用电器	14.6076
非银金融	0.8224	食品饮料	3.6327	传媒	12.8206
休闲服务	0.5985	国防军工	2.1728	房地产	11.3220
有色金属	-2.3921	休闲服务	1.5943	有色金属	10.5830
建筑材料	-3.6655	电气设备	0.6393	综合	10.2673
交通运输	-3.7436	传媒	-0.3340	轻工制造	9.0477
农林牧渔	-4.3569	家用电器	-0.6155	化工	8.8676
采掘	-4.8480	农林牧渔	-1.0373	汽车	8.6793
公用事业	-5.7839	化工	-1.3260	银行	7.0956
医药生物	-7.6787	机械设备	-2.1805	电气设备	6.8370
通信	-7.7877	银行	-2.9845	医药生物	6.0052
汽车	-7.9621	通信	-3.9390	计算机	5.7923
商业贸易	-8.2413	综合	-4.0927	非银金融	5.5382
机械设备	-8.3235	非银金融	-4.1433	机械设备	5.2254
国防军工	-8.8252	汽车	-4.1607	钢铁	4.8069
房地产	-10.3210	轻工制造	-4.1675	食品饮料	3.6015
计算机	-10.5684	纺织服装	-4.1724	农林牧渔	3.5325
电子	-10.6666	建筑材料	-4.4237	采掘	2.6461
化工	-10.9178	交通运输	-5.1116	交通运输	2.3390
综合	-11.0931	公用事业	-5.8335	纺织服装	2.2713
电气设备	-11.8388	商业贸易	-6.8177	建筑装饰	1.7931
建筑装饰	-11.9409	房地产	-6.9347	通信	1.6282
纺织服装	-13.0435	有色金属	-7.0060	休闲服务	1.4100
钢铁	-13.1662	建筑装饰	-7.6779	公用事业	0.5828
轻工制造	-14.1080	采掘	-8.2473	商业贸易	-0.3343
传媒	-15.7924	钢铁	-11.0613	国防军工	-1.1401

数据来源：Wind 资讯

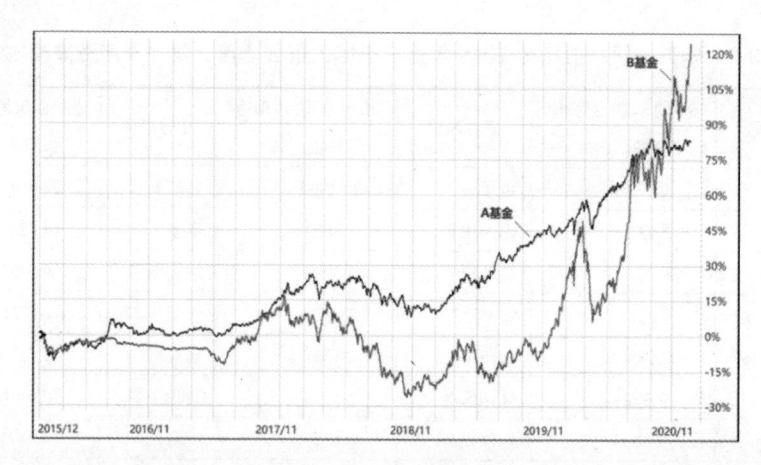

图 3-1 行业股票短期暴涨导致重仓基金中长期绩效冲高（A 基金为灵活配置型基金，B 基金为行业主题类基金）

（数据来源：Wind 资讯）

3.1.2 基准指数

基准指数就是基金的业绩比较基准。根据相关规定，基金成立时必须对基金本身的风险收益特性对标不同的比较基准，这基本上取决于基金的结构与投资板块。

例如，信达澳银新能源产业股票基金，根据募集公告，其股票投资部分不得低于总资产的 80%，投资产品涵盖股票、权证、期指等高风险品种，其公告的业绩比较基准是 85%的沪深 300 指数加上 15%的上证国债指数，属于高风险的投资品种。又如，广发稳健增长混合基金，根据募集公告，该基金股票仓位为 30%～65%，其公告的业绩比较基准是 65%的沪深 300 指数加上 35%的中证全债指数，属于中度风险的投资品种。

一般而言，业绩比较基准的指数组合精准数据走势并不容易获取，大多数公开网站上都是以概括性的指数进行比较，偏股型基金多数与沪深 300 指数做对比，债券型基金与中证国债指数做对比（沪深 300 指数是选择中国 A 股市场市值规模大、流动性佳且基本面良好的 300 家上市公司作为样本股，可以充分代表 A 股市场的行业，也能涵盖沪深 A 股市场的总体情况，是目前较有代表性的股票投资业绩比较基准指数。中证国债指数反映了交易所国债整体走势，是目前市场上较有影响力的债券投资业绩比较基准）。

3.1.3 同类平均

为了让绩效比较更科学、更公平，监管单位将基金分为股票型、债券型、混合型、指数型、QDII、货币型、保本型、FOF 等。由于同类之间的操作规定基本相同，同类平均值比较显示的就是及格与不及格的差别。图 3-2 显示，嘉实新兴产业股票型基金的累计绩效走势远优于同类平均。

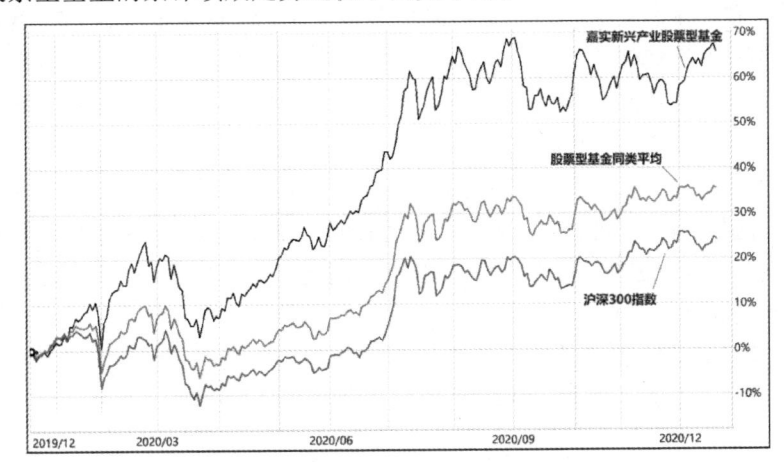

图 3-2　嘉实新兴产业股票型基金与同类平均、沪深 300 指数的累计收益率走势对比，统计区间 2019 年 12 月 19 日—2020 年 12 月 18 日

（数据来源：Wind 资讯）

图 3-3 显示，在统计区间，东兴量化多策略混合基金的累计绩效走势远差于同类平均。

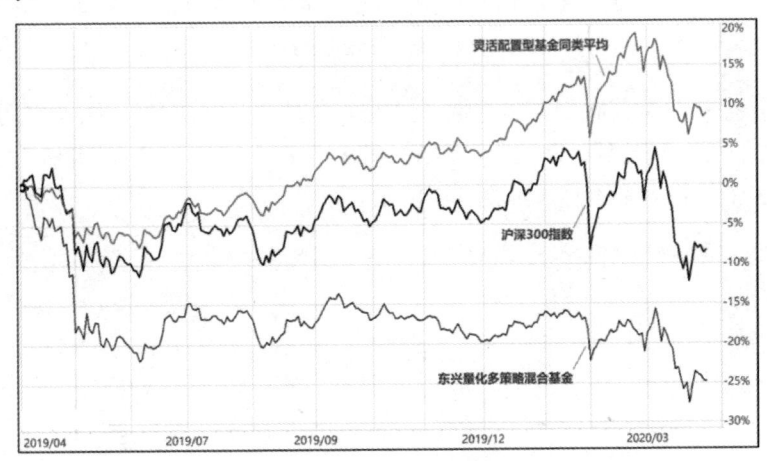

图 3-3　东兴量化多策略混合基金与同类平均、沪深 300 指数的累计收益率走势对比，统计区间 2019 年 4 月 3 日—2020 年 3 月 31 日

（数据来源：Wind 资讯）

3.1.4 同类百分比排名

基金的数量越来越多，若以绝对排名来看，2010 年 1 月全市场公募基金有 1000 只左右，排名第 500 名的基金，其当天百分比排名落在 50%；2020 年 1 月全市场的基金有 6000 只左右，若基金排名还在 500 名，其当天的百分比排名落在 8%，后者排名显然难度更大。因此，同类百分比排名相对于单纯的阶段排名来说，对基金的评估价值更高。

我们选取指标"近 3 个月百分比排名"，数据统计区间我们选取近 3 年，百分比排名越接近 100%的位置代表名次越靠前，越靠近 0%的位置代表名次越靠后。A 基金在截至 2020 年 4 月 15 日的 3 年期间，大多数时间的近 3 个月排名都处于优秀的状态，如图 3-4 所示。

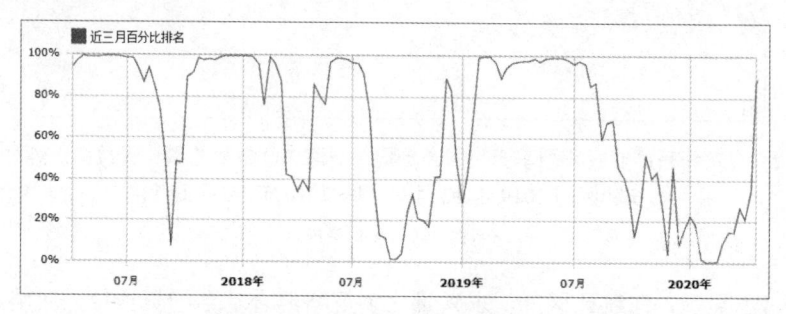

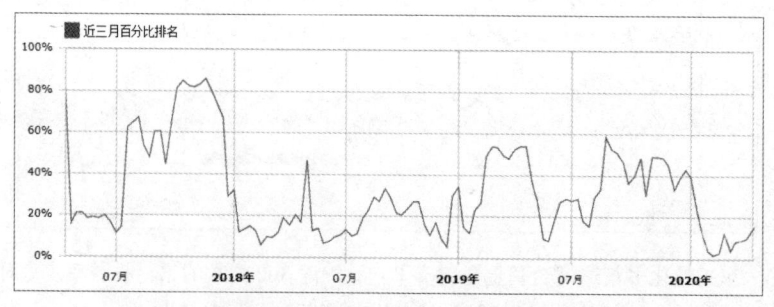

图 3-4 A 基金近 3 年来近 3 个月百分比排名的轨迹，
统计区间 2017 年 4 月 15 日—2020 年 4 月 15 日

（数据来源：天天基金网）

再看看 B 基金，我们同样选取了"近 3 个月百分比排名"，统计周期也是近 3 年。我们可以观察到，B 基金在截至 2020 年 4 月 15 日的 3 年期间，大多数时间的近 3 个月排名都不佳，如图 3-5 所示。

图 3-5 B 基金近 3 年来近 3 个月百分比排名的轨迹，
统计区间 2017 年 4 月 15 日—2020 年 4 月 15 日

（数据来源：天天基金网）

3.1.5 年化回报

年化回报是指在金融投资中将时间设定为一年期的回报率。若没有特别说明，都将年化作为普遍共识。但为了避免混淆，正规的投资渠道会备注期限或者比较基准。在图 3-6 中，左列是理财产品，回报的展示方式是年化和比较基准；右列是基金产品，多以近 1 年或者其他阶段性收益来展示。

理财产品		基金	
2.86% 7日年化	1万起购 支持快赎 人民币尊享日日盈	嘉实成长增强灵活配置 销量增长5.9亿	44.22% 近1年收益率
3.13% 7日年化	1分起购 收益稳健 代销招赢开鑫宝A	博时外延增长主题灵活… 销量增长5.7亿	62.75% 近1年收益率
3.40% 业绩比较基准	1万起购 收益稳健 聚益生金30天B款	睿远成长价值A 销量增长3.9亿	58.13% 近6月收益率

图 3-6　理财产品、基金在理财平台上的展示样式

（数据来源：招商银行 App）

基金的投资需要足够长的时间来获取回报，若投资者遇上机构将年化作为销售推荐，尤其是操作时间太短，比如一个月获取绝对报酬 6%，然后将年化回报 72% 作为销售推荐，这种推荐方式非常不合理，投资者需要谨慎听之。

3.1.6 最大回撤

最大回撤是判断基金抗跌能力的核心指标。累计净值由最高点转折向下，直到不再创新低并转折向上，这期间绩效的回撤百分比就是最大回撤，回撤数字越小越好。一般而言，至少观察一年，这个指标就是基金的防守能力，将其与基准指数进行比较，只要跌得比指数少，就代表防守能力比全部参与者的平均值要好。长期投资的资金往往更重视回撤控制的能力，这对长期绩效的获取有关键性的影响。

假设某基金的收益变化为：第一年涨 50%，第二年跌 50%，第三年涨 50%，第四年跌 50%，看起来好像不赚不赔，但最后的结果是亏了 44%，如图 3-7 所示。

再看看两只基金的比较，如图 3-8 所示，A 基金在四年中的涨跌幅分别为 50%、-25%、50%、-25%，B 基金在四年中的涨跌幅分别为 40%、0.55%、21%、

-7.55%。我们可以看出，B基金在行情好的年份其涨幅虽然比不上A基金（如第一年、第三年），但是在行情不好的年份，B基金的回撤幅度控制的比A基金更好（如第二年、第四年）；结果四年运作下来，A基金最终取得了27%的总回报，B基金则取得了更高的57%的总回报，这意味着在长期投资中，控制回撤能力的重要性并不亚于赚钱的能力。一般而言，在市场出现明显回调时，股票持仓重的基金回撤会相对较高。

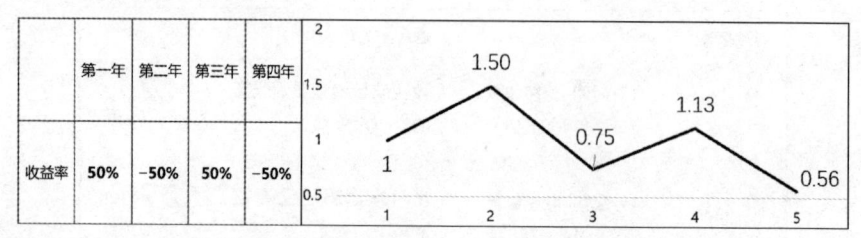

	第一年	第二年	第三年	第四年
收益率	50%	-50%	50%	-50%

图 3-7 涨跌幅相同的情况下，基金最终是亏损的

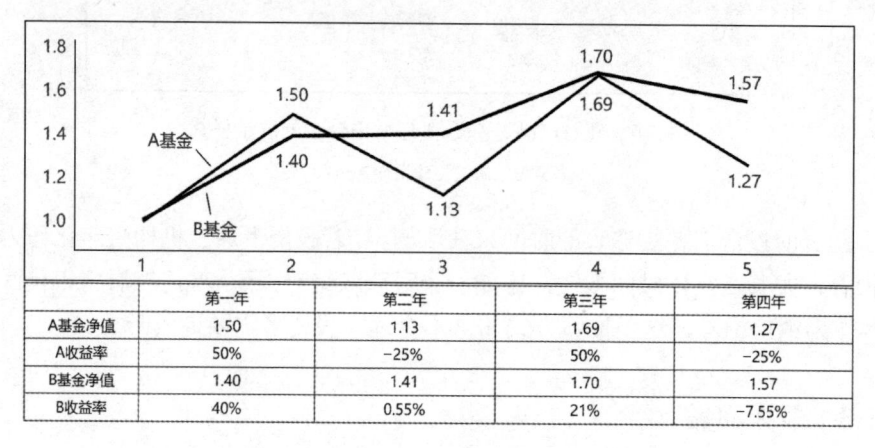

	第一年	第二年	第三年	第四年
A基金净值	1.50	1.13	1.69	1.27
A收益率	50%	-25%	50%	-25%
B基金净值	1.40	1.41	1.70	1.57
B收益率	40%	0.55%	21%	-7.55%

图 3-8 两只基金控制回撤能力的比较

3.1.7 规模变动

$$基金的规模 = 净值 \times 总份额$$

规模的变动主要来自两个部分：第一部分是净值变动，也就是投资效益的增减（如果赚钱，规模就扩大；如果亏钱，规模就缩小）；第二部分是基金份额的增减，也就是投资者资金的进出。

一般而言，由于规模越大的基金越受限于基金法规"双10%"的影响，投资标的会偏向大型股，所以显示出来的绩效与指数的正相关性高。

例如，兴全合宜混合（LOF）A，股票规模在235亿元（2020年9月30日

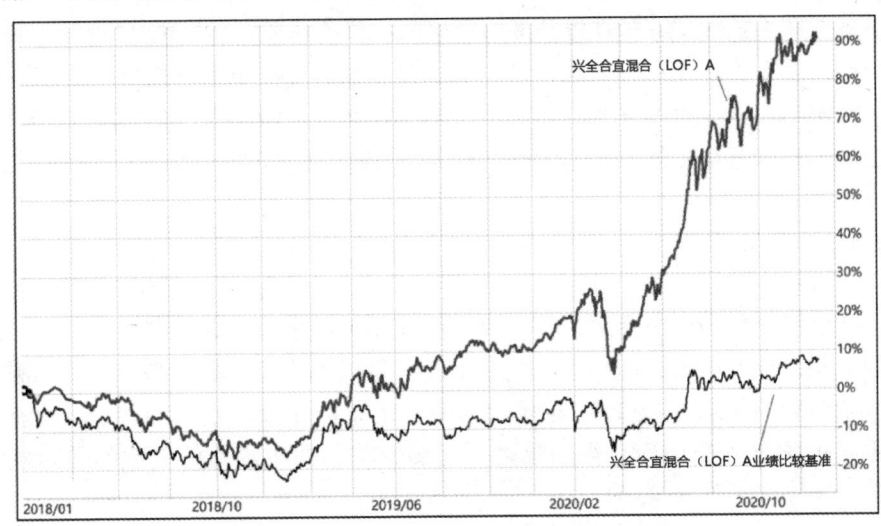

披露），其基金绩效走势大多数时间与比较基准高度正相关，如图3-9所示。

图3-9　兴全合宜混合（LOF）A的长期绩效与比较基准高度正相关，
统计区间2018年1月22日—2020年12月24日

（数据来源：Wind资讯）

"双10%"限制是指基金在进行股票投资时，单一股票投资金额不得超过基金总规模的10%，基金也不得持有超过该股票上市流通市值的10%，所以规模大的基金为了保持流通性，大多会把精力放在流通市值较大的股票上面。

3.1.8　夏普比率

夏普比率是衡量基金风险调整后收益的指标之一，反映了基金承担单位风险所获得的超额回报率（Excess Returns），即基金总回报率高于同期无风险收益率的部分。一般情况下，夏普比率越高，基金承担单位风险得到的超额回报率越高。

值得注意的是，夏普比率的统计逻辑与业绩回报类似，都是通过两个时间点之间的回报率来获取终值的，通常统计区间有近1年、近2年、近3年，其只能反映过去某个阶段的超额报酬能力，并不能反应基金在运作过程中的超涨能力和控制回撤能力。特殊行情下的持续暴涨和暴跌，夏普比率将会失效。

3.1.9　贝塔系数

贝塔系数（β）衡量基金收益相对于业绩评价基准收益的总体波动性，是一个相对指标。β 越高,意味着基金相对于业绩评价基准的波动性越大。β 大于 1,则基金的波动性大于业绩评价基准的波动性,反之亦然。如果 β 为 1,则市场上涨 10%,基金上涨 10%;市场下滑 10%,基金相应下滑 10%。如果 β 为 1.1,市场上涨 10%,基金上涨 11%;市场下滑 10%,基金下滑 11%。如果 β 为 0.9,市场上涨 10%,基金上涨 9%;市场下滑 10%,基金下滑 9%。

3.1.10 阿尔法系数

阿尔法系数(α)是基金的实际收益和按照贝塔系数计算的期望收益之间的差额。其计算方法为:超额收益是基金的收益减去无风险投资收益(在我国为一年期银行定期存款收益);期望收益是贝塔系数和市场收益的乘积,反映基金由于市场整体变动而获得的收益;超额收益和期望收益的差额就是阿尔法系数。

3.1.11 持有人结构

持有人结构中包含三方参与者,分别是机构投资者、个人投资者、基金公司。

其中,基金公司内部资金鲜少出现在投资结构中。一般来说,机构资金都以稳健为主,所以机构资金的规模越大,代表机构越认同该基金的中长期操作策略。

例如,从广发稳健增长基金的持有人结构中可以看出,2017 年 6 月之后,机构持有人的规模从 175 万元逐步增加到 2020 年 6 月的 18.12 亿元,可见机构资金认可这只基金的长期操作赚钱能力,如表 3-2 所示。

表 3-2 广发稳健增长基金持有人结构变动情况

公告日期	机构持有比例	个人持有比例	内部持有比例	总份额(亿份)
2020-06-30	8.38%	91.62%	0.06%	129.69
2019-12-31	7.23%	92.77%	0.05%	87.74
2019-06-30	8.60%	91.40%	0.04%	39.48
2018-12-31	21.40%	78.60%	0.04%	42.91
2018-06-30	14.71%	85.29%	0.06%	35.33
2017-12-31	3.93%	96.07%	0.07%	25.53
2017-06-30	1.53%	98.47%	0.08%	25.96

数据来源:天天基金网

3.1.12 投资风格

将市场上所有股票进行分类，按标的所处盘面的纵向维度分为大盘、中盘、小盘，按投资操作风格的横向维度分为价值型、平衡型、成长型，这两种分类构成了我们常见的九宫格投资风格箱。

根据基金所公布的季报股票内容与配置比例，相关金融机构将基金该季度的风格类型进行评估。例如，广发稳健增长混合基金在 2020 年第 2 季度的投资风格属于"大盘平衡成长型"风格，如图 3-10 所示。大多数基金经理人的投资风格会根据市场情况做出调整，所以投资风格主要用于了解基金经理人适应市场的能力，必须跟其他参考指标或当时市场表现一起考虑才有意义。

图 3-10　广发稳健增长混合基金的投资风格评估

（数据来源：天天基金网）

3.1.13 换手率

换手率用于衡量基金投资组合标的调整变化的频率。

这个指标观察期间是半年。假设基金换手率是 300%，可以理解为基金经理人在过去半年中把手上的标的调整了 3 轮，有可能是在不换股票的前提下调整比例，也有可能是更换股票。如果换手率是 10%，就代表过去半年基金经理人只调整了 10% 的标的。

换手率低的往往是债券型基金或者更追求价值投资的基金（如表 3-3 中广发稳健增长混合基金），换手率较高的基金投资策略较为激进（如表 3-3 中交银经济新动力混合基金），反映的是基金对于短期市场轮动主题的应对策略。换手率高低并不能说明基金经理人投资操作能力的高低，只是基金经理人对标的价值的理解，或者操作模型的阈值设置。

表 3-3 广发稳健增长混合、交银经济新动力混合基金换手率对照

报告期	广发稳健增长混合基金换手率	交银经济新动力混合基金换手率
2020-06-30	48.05%	272.77%
2019-12-31	27.88%	224.67%
2019-06-30	38.61%	357.96%
2018-12-31	43.41%	336.01%
2018-06-30	52.40%	549.44%
2017-12-31	66.89%	558.03%
2017-06-30	67.69%	538.81%

数据来源：天天基金网

3.1.14 资产配置

资产配置指的是股票、债券、现金等各大类资产分别在基金配置总净值中的占比，通过这些数据可以推测基金在上个季度的投资情况。例如，广发稳健增长混合基金，从表 3-4 中可以看到，2017 年 3 月 31 日至 2020 年 9 月 30 日，该基金经理人始终将自己的股票配置比例控制在 40%～62%，多数时间都在 50% 左右（招股说明书中标注 65% 是持股上限），债券配置比例在 30%～44%，股债配置相当平衡。市场投资氛围如何冷热，并没有影响基金经理人的配置决策，这可以反映出基金经理人对平衡配置的长期价值的认可与坚守。

表 3-4 广发稳健增长混合基金资产配置明细表

报告期	股票占净比	债券占净比	现金占净比	净资产（亿元）
2020-09-30	50.37%	40.45%	4.71%	276.68
2020-06-30	48.52%	42.12%	3.89%	217.22
2020-03-31	51.13%	35.56%	2.99%	149.89
2019-12-31	43.45%	40.56%	2.75%	130.44
2019-09-30	46.13%	34.76%	2.98%	71.39
2019-06-30	58.96%	35.47%	2.28%	53.91
2019-03-31	52.43%	41.70%	2.49%	55.62
2018-12-31	40.67%	43.91%	4.15%	48.62
2018-09-30	45.55%	38.45%	2.14%	47.43
2018-06-30	53.83%	32.98%	13.22%	43.13
2018-03-31	51.53%	32.99%	2.45%	36.89
2017-12-31	54.87%	32.43%	10.49%	33.59

续表

报告期	股票占净比	债券占净比	现金占净比	净资产（亿元）
2017-09-30	61.60%	30.62%	2.66%	30.76
2017-06-30	61.12%	34.03%	3.01%	29.72
2017-03-31	51.28%	38.68%	3.20%	29.05

数据来源：天天基金网

3.1.15 历任经理人

历任经理人是指基金成立之后所有任职过的经理人，通过这个数据我们可以观察到经理人更换的频率和更换的形式。如果经理人的更换过于频繁，经常任期不满1年就换人，这样这只基金的股票配置往往还来不及体现其价值，就可能被调整成另一种股票配置，最终的基金绩效不会太好。

一般来说，评价一位经理人是否优秀，这位经理人在任至少满一个年度，才有机会参与基金评级机构的评级筛选。例如，民生加银精选混合基金，这只基金自成立以来，大多数时间经理人在任都不满1年，这对投资绩效产生了很大的负面影响，如表3-5所示。该基金成立之后的经理人任职变动频繁，且多次出现任期不满1年就被更换的情况，最终导致了这只基金的绩效长期落后于同类平均的局面。

表3-5 民生加银精选混合基金自成立以来基金经理变动情况

起始期	截止期	基金经理	任职期间	任职回报
2020-08-13	2020-12-27	郑爱刚，吴鹏飞	136天	0.57%
2020-06-08	2020-08-12	郑爱刚	65天	10.75%
2020-06-01	2020-06-07	黄一明，郑爱刚	6天	-1.15%
2019-03-29	2020-05-31	黄一明	1年64天	-14.16%
2018-09-20	2019-03-28	黄一明，刘旭明	189天	-2.35%
2018-09-19	2018-09-19	孙伟，黄一明	0天	0.00%
2016-07-04	2018-09-18	孙伟	2年76天	-4.68%
2014-07-07	2016-07-03	蔡锋亮	1年362天	71.23%
2011-12-20	2014-07-06	江国华	2年199天	-6.32%
2011-01-26	2011-12-19	傅晓轩	327天	-21.77%
2010-11-08	2011-01-25	杨军	78天	-15.15%
2010-06-11	2010-11-07	黄钦来，杨军	149天	13.85%
2010-02-03	2010-06-10	黄钦来	127天	-7.20%

数据来源：天天基金网

3.1.16 评级机构

评级机构对基金进行追踪分析并给予星级肯定，五颗星最高，一颗星最低，作为一个简要的投资参考依据。目前，市场上比较认可的基金评级机构有上海证券、海通证券、招商证券、天相投顾、济安金信、晨星评级等知名金融研究机构。一些比较大型的金融机构对于基金筛选也有自己的标准，如招商银行的"五星之选"、中信银行的"十分精选"，都是对基金优中选优的"再评估"手段。

虽然投资有这么多的指标，但普通投资者并不需要全部深入研究，基本理解即可。任何一项指标的研究都是为了提高胜算的概率，并不存在"绝对胜算"的标准。

3.2 资本市场特有的发展阶段

股市交易类似于零和游戏，这意味着有人赚钱必定有人亏钱。在股市发展过程中，主要参与者不仅有个人投资者，还有机构投资者。

股票投资需要分析非常多的信息，从大方面的宏观分析、产业分析，到小方面的财务报表、公司治理等，个人要去研究、处理如此庞大的信息是非常困难的，这时机构的团队优势就非常明显。

从海外成熟市场的发展历程来看，资本市场的发展主要有两个阶段。第一阶段为发展初期。投资主体以个人投资者居多，那时机构投资者较少，这个阶段的指数绩效走势可以理解为个人投资者的平均绩效走势。第二阶段是市场发展成熟阶段。随着机构投资者不断扩充规模，到了市场成熟阶段，机构投资者成为多数，个人投资者相对成为少数，这时候的指数绩效走势就是机构投资者的平均绩效走势（指数绩效走势代表全部参与者的平均绩效走势）。

每个市场发展阶段所面对的竞争对手是不同的。机构赚个人的钱很容易，但机构赚机构的钱比较困难。早期股市中的利润是大多数个人投资者贡献的资本。

美国市场在19世纪四五十年代，美国的个人投资者占到整个市场的91%，机构投资者占9%。这个阶段个人投资者虽然不一定能打败机构，但只要能打败其他的个人投资者就能赚到钱。但是，随着机构的发展、代销机构的推荐，比如银行的推荐，有更多的个人参与公募基金的投资，站队机构，机构的份额随即越来越大，从而导致其他没有站队机构的个人投资者越来越难从股市投资中赚到钱。

2018年，海通证券投资研究报告显示，美国的机构占比高达94%，这就意味着机构的对手是其他机构，此时的指数绩效走势基本就能代表机构绩效的平均值走势。

目前，我国股市尚处于发展初期阶段，市场投资者中个人投资者居多。根据《上海证券交易所统计年鉴2019卷》公告，截至2018年12月31日，沪深两市开户总数达到2.1447亿户，其中，个人投资者2.1379亿户，占总开户数的99.6%，如表3-6所示。

表3-6 股票投资者历年新开户和投资者历年开户情况

年份	新开户数（万户）			A股开户数（万户）		B股开户数（万户）		信用交易开户数（万户）		
	总数	自然人	机构	自然人	机构	自然人	机构	总数	自然人	机构
1992年	100.2	99.5	0.7	99.5	0.7	0.0	0.0	—	—	—
1993年	312.3	311.4	0.9	310.6	0.7	0.8	0.0	—	—	—
1994年	151.4	150.7	0.7	149.9	0.6	0.7	0.2	—	—	—
1995年	110.3	109.8	0.6	109.0	0.5	0.8	0.1	—	—	—
1996年	522.7	521.8	0.9	520.0	0.8	1.8	0.1	—	—	—
1997年	502.8	501.4	2.2	499.6	2.0	1.8	0.1	—	—	—
1998年	286.1	285.1	1.0	283.9	1.0	1.2	0.2	—	—	—
1999年	281.7	279.7	2.1	278.6	2.0	1.0	0.1	—	—	—
2000年	676.7	672.1	4.6	666.5	4.6	56	0.1	—	—	—
2001年	462.0	458.2	3.8	379.9	3.9	78.3	0.1	—	—	—
2002年	136.1	133.8	2.3	130.4	2.2	3.5	0.0	—	—	—
2003年	76.1	75.2	0.9	73.6	0.9	1.6	0.1	—	—	—
2004年	71.0	70.3	0.7	69.1	0.6	1.2	0.1	—	—	—
2005年	44.8	44.2	0.6	43.8	0.5	0.4	0.1	—	—	—
2006年	153.6	152.1	1.5	150.5	1.4	1.6	0.1	—	—	—
2007年	1915.5	1909.5	6.0	1867.4	5.9	42.1	0.1	—	—	—
2008年	725.6	722.7	2.9	719.5	2.8	3.2	0.1	—	—	—
2009年	862.8	859.3	3.4	856.2	3.4	3.1	0.1	—	—	—
2010年	748.9	746.2	2.7	743.9	2.6	2.3	0.1	2.1	2.1	0.0
2011年	550.8	548.5	2.3	547.2	2.2	1.3	0.1	15.5	15.4	0.0
2012年	291.4	290.0	1.4	289.4	1.3	0.6	0.1	32.4	32.3	0.1
2013年	257.0	255.3	1.8	254.4	1.7	0.8	0.1	84.9	84.7	0.2
2014年	484.1	481.3	2.8	480.4	2.6	0.9	0.1	163.2	163.0	0.2
2015年	4013.8	4007.5	6.3	3999.4	6.2	8.1	0.1	107.4	107.1	0.2
2016年	3243.5	3237.6	6.0	3236.1	5.9	1.4	0.1	32.5	32.2	0.1
2017年	2505.3	2499.3	6.0	2498.4	5.9	0.9	0.1	35.8	35.3	0.1
2018年	1947.8	1943.2	4.5	1942.8	4.5	0.4	0.1	21.5	20.9	0.6

数据来源：《上海证券交易所统计年鉴2019卷》

这么大量的个人投资者持股市值大概占总市值的 19.62%，其中，大部分个人投资者账户资金在 50 万元以下，这代表个人投资者在股市中的资金力量非常分散，如表 3-7 所示。

表 3-7 年末各类投资者持股情况和投资者持股占比

投资者分类	持股市值（亿）	占比（%）	持股账户数（万户）	占比（%）
自然人投资者	45506	19.62	3851.49	99.78
其中：10 万元以下	2903	1.25	2246.82	58.21
10 万~50 万元	8113	3.50	1108.34	28.71
50 万~100 万元	5105	2.20	254.92	6.60
100 万~300 万元	7563	3.26	172.85	4.48
300 万~1000 万元	6446	2.78	52.27	1.35
1000 万以上	15376	6.63	16.29	0.42
一般法人	149744	64.55	3.78	0.10
沪股通	4437	1.91	0.00	0.00
专业机构	32279	13.92	4.54	0.12
其中：投资基金	8112	3.50	0.30	0.01

数据来源：《上海证券交易所统计年鉴 2019 卷》

交易量方面显示（《上海证券交易所统计年鉴 2019 卷》无公告，遂参考《上海证券交易所统计年鉴 2018 卷》），个人投资者的交易量占 82.01%，如表 3-8 所示。这代表个人投资者的换手率是很高的，倾向于今天买、明天卖的短线交易，而机构更倾向于长期持股。

表 3-8 年度各类投资者买卖净额情况和投资者交易占比

投资者分类	买卖净额（亿元）	交易占比（%）
自然人投资者	-318.69	82.01
一般法人	1785.48	1.92
沪股通	629.73	1.30
专业机构	-2096.53	14.76
其中：投资基金	139.57	4.15

数据来源：《上海证券交易所统计年鉴 2018 卷》

从公告中可以看出（《上海证券交易所统计年鉴 2019 卷》无公告，遂参考《上海证券交易所统计年鉴 2018 卷》），整体投资者的盈利是 34535 亿元，属于个人投资者的只有 3108 亿元，占比不到 9%，如表 3-9 所示。

表 3-9　年度各类投资者盈利情况

投资者分类	盈利金额（亿元）
自然人投资者	3108
一般法人	19237
沪股通	1034
专业机构	11156
合计	34535

数据来源：《上海证券交易所统计年鉴 2018 卷》

通过以上数据可以看出，个人投资者的交易量超过整个市场的 82%，却只能拿到市场上不到 9% 的利润，这样的局面将逐年驱动更多个人投资者加入机构投资者的阵营，机构占比在未来会呈现越来越高的趋势，基金公司的规模会越来越大、基金数量也会越来越多。对于个人投资者来说，如何高效地筛选基金就成为其站队机构的第一道难关。

3.3　现阶段基金筛选的主要观察维度

目前，中国股市的主力军还是个人投资者，所以个人投资者要提高股市投资胜算的第一步就是加入机构投资者，较容易的加入方式就是投资基金。截至 2020 年 12 月，我国非货币开放式基金数量已经超过 7000 只，远超我国 A 股股票数量，投资者必须先掌握一些快速排查筛选的认知体系，再进入细节研究，才能筛选到适合自己的基金。

3.3.1　主要维度 1：阶段性排名的意义

阶段性排名指的是一只基金在同类型基金中，同一个时间段的绩效排名（以下简称排名）。基金的排名可以看作基金综合能力的体现，适合用在大类基金筛查的第一关。关于排名，我经常被问到的问题有两个。

第一个问题是，为什么要看排名？

我们可以这样假设，如果将投资看作一场马拉松比赛，我们肯定会押注那些经常跑在领先群体中的选手，然后分析这些选手中每位选手的其他条件占不占优势，最终选定自己觉得适合的选手（基金）进行押注（投资）。排名是筛选大类基金快速、基本的排查方法。

第二个问题是，排名中有很多时间段的排名，哪些区间才是优先观察项？

关于这个问题，我们要依据基金投资的本质，基金并不是追求一夜暴富的工具，而是追求长期稳健获利的工具。海外机构评估一只基金的最短周期是1年，所以近1年的观察周期是长期投资者观察基金的最低标准。

然而，中国股市的类股轮动速度非常快，波动也剧烈，某经理人1个季度的绩效很可能就碾压许多经理人1年的绩效，所以保守起见就把观察评估周期放入更长时间维度，如近2年、近3年，甚至5年，避免因短期极端情况而造成误判。关于排名这个指标的操作方式，下面详细论述。

我们进入任何基金的网站或银行的网页端，点击基金类型与排名，根据PC端屏幕大小，一般会出现20~25只基金的数据（这个数量排名非常严苛，我建议可以放大到100只基金，但是因为篇幅所限，这里就选择一个页面的20只基金进行解说）。我们选择第一页的基金，评估其综合实力并警惕绩效明显异常的基金，剔除规模位于后1/3的基金公司。

运营一家基金公司，尤其是公募基金，需要投入大量的成本。规模不够大，费用自然不宽裕，毕竟厉害的投资团队和经理人都很值钱。点击"近1年"排名，出现了以下数据（2019年12月31日），如表3-10所示。

表3-10 近1年基金收益排名表节选

序号	基金代码	基金简称	日期	近3月	近6月	近1年	近2年	近3年
1	006279	中金瑞祥A	12-31	4.52%	268.11%	268.79%	—	—
2	006109	富荣价值精选	12-31	3.73%	16.91%	137.65%	—	—
...	...	...	...	...	...	...	...	...
19	257070	国联安优选行业	12-31	11.42%	38.97%	85.97%	24.46%	27.57%
20	050010	博时特许价值	12-31	12.06%	29.98%	85.61%	28.30%	41.89%

数据来源：天天基金网

乍看上去，似乎可以感觉到数据明显异常。从表中我们可以看到，第1名"近3月"的收益率是4.52%、"近6月"的收益率是268.11%，也就是说，它用3个月的时间赚了约264%。看数据，绩效特别出色，是不是有特殊情况？

第2名"近6月"的收益率是16.91%，"近1年"的收益率冲到了137.65%，意味着半年时间收益率达到了120.74%。但是，其他的短期数据跟它差距那么遥远，这也是有问题的。

与此同时，2018年12月28日的大盘是2493点，2019年12月31日是3050点。虽然整个2019年是上涨趋势，但只涨了20多个百分点。我们说过，指数代表所有人的平均收益水平，基金比平均指数收益率高太多，不符合常识。

如果只是单纯站在投资者的角度，我们也不用思考太多，看到明显异常的情况，不买就行了。我们继续看"近 2 年"的数据排名，如表 3-11 所示。

表 3-11 近 2 年基金收益排名表节选

序号	基金代码	基金简称	日期	近 3 月	近 6 月	近 1 年	近 2 年	近 3 年
1	519760	交银新回报	12-31	2.98%	5.86%	9.72%	292.43%	330.43%
2	003106	光大永鑫混合	12-31	2.84%	3.69%	5.26%	243.81%	269.08%
3	003105	光大永鑫混合	12-31	2.87%	3.75%	5.34%	243.55%	269.13%
...	...	...	...	...	...	...	...	...
20	001510	富国新动力	12-31	9.40%	29.43%	70.60%	81.74%	96.87%

数据来源：天天基金网

很多人看到这些数据会很冲动，只想买最前面的基金。我也会有这样的冲动，但数据没有看上去这么简单。

两年时间里，排名前三的基金都出现了爆冲（爆冲泛指短时间内出现的绩效暴增，如一个月绩效翻一倍）。然而，2019 年 12 月 31 日的大盘是 3050 点，与 2017 年 12 月 29 日的 3307 点对比，反而跌了近 10%。主动操作型的基金绩效超越大盘是合理的，但是爆冲式的超越就"不合理"了，这就必须深入研究或者必须避开。

我们来看一下所谓的"不合理"是什么情况？

图 3-11 是第 1 名交银新回报灵活配置混合 C 的净值走势图，从图中可以看出，是净值的变化导致收益率出现了爆冲。

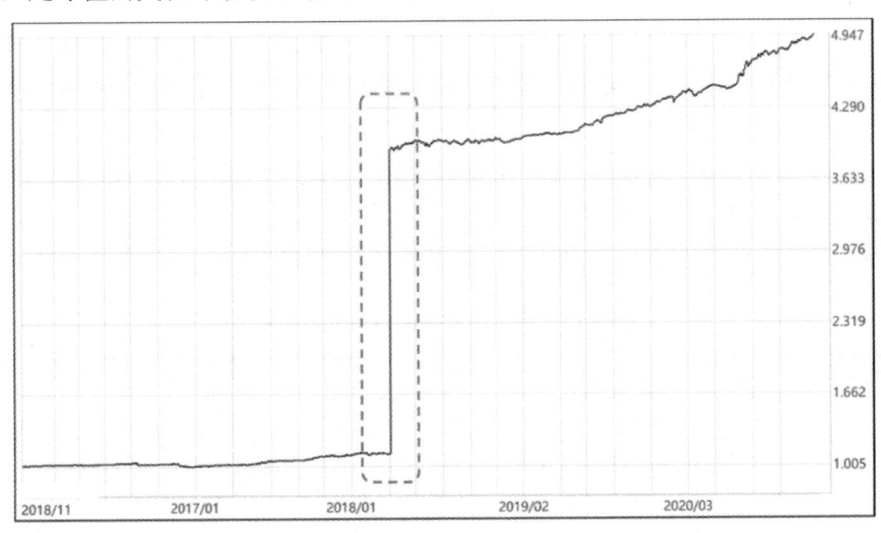

图 3-11 交银新回报灵活配置混合 C 的净值走势图

（数据来源：Wind 资讯）

那么,净值为什么会突然发生如此大的变化?我们进一步从持有人结构中找到端倪,如表 3-12 所示。

表 3-12 持有人变动详情表

公告日期	机构持有比例	个人持有比例	内部持有比例	总份额
2019-06-30	80.43%	19.57%	0.00%	0.13
2018-12-31	10.76%	89.24%	0.00%	0.05
2018-06-30	0.25%	99.75%	0.00%	0.03
2017-12-31	—	100.00%	40.93%	0.00
2017-06-30	—	100.00%	4.74%	0.00
2016-12-31	—	100.00%	2.37%	0.00
2016-06-30	—	100.00%	0.00%	0.00
2015-12-31	—	100.00%	0.00%	0.00

数据来源:天天基金网

在表 3-12 中,从 2015 年到 2017 年个人持有一直占据绝对比例,后来内部人员陆续进场,大量赎回基金使得持有人结构和净值发生了变化。

一般情况下,基金申购、赎回对净值并没有影响,这次为什么净值会爆冲呢?

因为基金在赎回的过程中会产生一笔费用,称为"尾佣"。根据合同规定,"基金赎回费可以全部作为手续费,也可以全部计入基金资产。"

第 2 章讲过,单位净值=(总资产-总负债)÷基金总份额。如果把这笔费用作为手续费,也就是变成基金公司的利润,那么基金总份额将会变小、单位净值增大;如果把这笔费用计入基金资产,总资产增大,单位净值也相应增大。

这时在基金中仅剩余的少数人,顺便赚取"尾佣"配发,这样赚钱的情况并不多见,相当于中了彩票。

我们再来看"近 3 年"的数据,如表 3-13 所示。

表 3-13 近 3 年基金收益排名表节选

序号	基金代码	基金简称	日期	近 1 年	近 2 年	近 3 年
1	519760	交银新回报	12 月 31 日	9.72%	292.43%	330.43%
2	003105	光大永鑫混合	12 月 31 日	5.34%	243.55%	269.13%
3	003106	光大永鑫混合	12 月 31 日	5.26%	243.81%	269.08%
4	001387	中融新经济	12 月 31 日	50.67%	22.54%	172.53%

续表

序号	基金代码	基金简称	日期	近1年	近2年	近3年
5	003142	鹏华弘达混合	12月31日	6.52%	9.33%	145.60%
...	...	...	...	...	...	...
13	002163	东方惠新	12月31日	2.84%	−5.91%	99.78%
...	...	...	...	...	...	...
20	001510	富国新动力	12月31日	70.60%	81.74%	96.87%

数据来源：天天基金网

同理，我们要排除数据明显不合理的基金。经过"近1年""近2年""近3年"层层筛选的基金大概不会差，同时排查异常，再从合格名单里挑出重复出现的，最终只剩下表3-14中的6只基金。这6只基金几年前就很出名了，同样是因为它们优秀的绩效（资料截至2020年3月12日）。

表3-14 近1年、近2年、近3年基金排行收益表中均位于前30名的基金

基金代码	基金名称
001410	信达澳银新能源产业股票
519674	银河创新成长混合
001508	富国新动力灵活配置混合A
002939	广发创新升级混合
213001	宝盈鸿利收益灵活配置混合A
161903	万家行业优选混合（LOF）

数据来源：天天基金网

3.3.2 主要维度2：绩效收益率走势对比

对比的基本逻辑有两个：一个是与指数对比，另一个是与同类对比。与指数对比，是与全体投资者的绩效平均值对比。由于基金的对标基准指数组成不尽相同，所以目前市场上偏股型基金大多数选择与沪深300指数进行对比。

与同类对比，是与同类别投资者的绩效平均值对比。主动型基金必须优于指数平均与同类平均，才能算优秀。中国市场以散户为主，我们可以理解为，输给指数就是输给了炒股新手，输给同类就是输给了机构同类基金的平均数。

执行策略上，基金长期位于均线以上的保留，位于均线以下的剔除。需要注意的是，对比图的意义在于战胜平均，还需要重点观察基金的超涨和抗跌能力。超涨能力就是大盘涨的时候，基金能不能比它涨得更多；抗跌能力就是大盘跌的

时候，基金能不能比它跌得更少。超涨性和抗跌性同样重要，两者缺一不可。一旦遇到波动，那些超涨性好、抗跌能力弱的基金同样会给我们带来损失。

例如，某基金买进之后立马涨了 30%，结果一跌就是 40%，让你难以接受的不仅是亏损，还有这只基金明明这么强怎么会跌得这么惨的事实。一只同时具备超涨和抗跌能力的基金绝对优秀，并且稀缺。

在图 3-12 中，黑色线代表 A 基金的走势，灰色线是沪深 300 指数的走势。

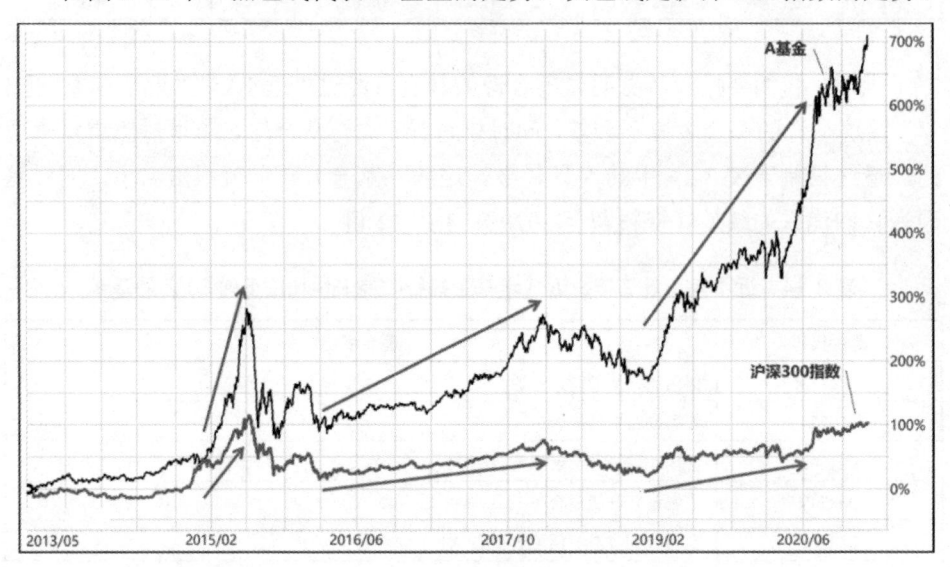

图 3-12　A 基金与沪深 300 指数的累计收益率走势对比

（数据来源：Wind 资讯）

A 基金的第一个高点代表曾经厉害过，但跌下来的深度也足够让投资者寝食难安。我们可以看到 A 基金的超涨性很强，整体也位于均线上方，确实是一只好基金。但我们要考虑的是，万一出现风险，自己能否接受这样大的波动。当然，波动大并不妨碍这是一只好基金。

图 3-13 是一个极端案例，B 基金的走势完美诠释了"没有最低，只有更低"。

市场均值往上走，B 基金反而往下走；市场均值往下走，B 基金更是继续往下走。这样的基金基本上已经失去投资的价值了。

判断某基金是否超涨抗跌，就看它涨的时候是否比均值多涨一点，跌的时候是否比均值少跌一点，这个不用依靠专业能力，用眼睛看就可以分辨了。这样的基金并不多，遇到了一定要珍惜。

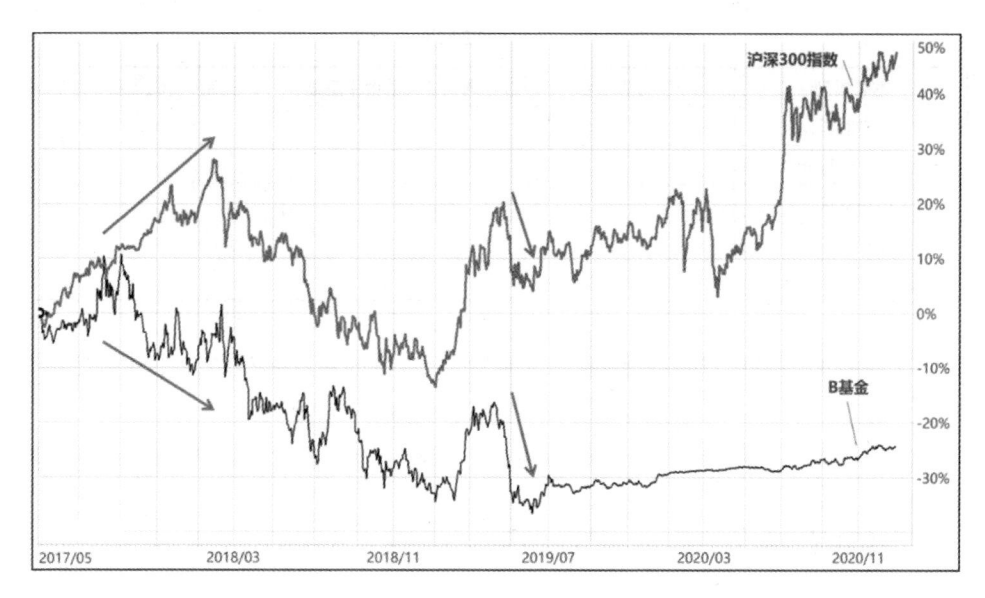

图 3-13　B 基金与沪深 300 指数的累计收益率走势对比

（数据来源：Wind 资讯）

3.3.3　主要维度 3：经理人的操作能力评估

基金经理人是基金绩效的灵魂，但基金绩效的优劣还与基金公司的文化融合程度、高层领导对经理人策略是否认同及市场配合度等多方面有关。市场上几千万只眼睛盯着，一个优秀的基金经理人是不会被埋没的。我们可以从两个方面去选择心仪的基金经理人。

1. 第一个方面：获奖经历

中国基金界的三项大奖，代表基金投资的巨大荣耀，分别由三大报业牵头举办。一只基金的好坏是多维度综合评估考量的结果，绝对绩效并不是唯一标准。

中国基金业金牛奖由《中国证券报》举办，并且联合了五个专业机构（上海证券、海通证券、招商证券、银河证券、天相投顾）作为协办方，每年针对"五类开放式基金"进行一次评选。

关于单只基金奖项设置，如表 3-15 所示。金牛奖是基金界公认的奥斯卡奖杯，含金量最高、最足。

表 3-15　单只基金奖项一览表

基金类型	年度金牛基金	3年期持续优胜金牛基金	5年期持续优胜金牛基金
开放式股票型基金	√	√	√
开放式混合型基金	√	√	√
开放式债券型基金	√	√	√
开放式指数型基金	√		
开放式货币市场基金	√		

数据来源：《中国证券报》

公司层面的奖项设置如下：金牛基金管理公司，固定收益投资金牛基金公司，海外投资金牛基金公司，被动投资金牛基金公司，金牛进取奖。

中国基金业金基金奖由《上海证券报》主办，由银河证券、晨星资讯协办并提供技术支持。

关于单只基金奖项设置，如表 3-16 所示。

表 3-16　单只基金奖项一览表

基金奖项	5年期金基金奖	3年期金基金奖	1年期金基金奖
金基金-股票型基金奖	√	√	√
金基金-偏股混合型基金奖	√	√	√
金基金-灵活配置型基金奖	√	√	√
金基金-平衡型基金奖	√	√	√
金基金-债券型基金奖	√	√	√
金基金-指数型基金奖		√	√
金基金-分红型基金奖		√	√

数据来源：中国证券网

公司层面的奖项设置如下：金基金-TOP 公司大奖，金基金-股票投资回报奖，金基金-债券投资回报奖，金基金-海外投资回报奖，金基金-成长公司奖，金基金-被动投资公司奖，金基金-养老投资公司奖，金基金-社会责任投资基金管理公司奖，金基金-最佳基金销售平台奖。

中国基金业明星基金奖由《证券时报》主办，由晨星资讯、上海证券和济安金信提供技术支持。

关于单只基金奖项设置，如表 3-17 所示。

表 3-17　单只基金奖项一览表

基金类型	1年期单只基金奖	3年期单只基金奖	5年期单只基金奖
持续回报股票型明星基金	√	√	√

续表

基金类型	1年期单只基金奖	3年期单只基金奖	5年期单只基金奖
持续回报积极混合型明星基金	√	√	√
持续回报平衡混合型明星基金	√	√	√
持续回报绝对收益明星基金	√	√	√
持续回报积极债券型明星基金	√	√	√
持续回报普通债券型明星基金	√	√	√
持续回报QDII明星基金	√	√	√

数据来源:《中国基金报》

公司层面的奖项设置如下:5年持续回报明星基金公司,3年持续回报明星基金公司,年度十大明星基金公司,年度明星基金公司成长奖,年度固定收益投资明星团队,年度海外投资明星团队。

基金经理人能得到上述三大奖项中任何一项的个人奖项已经非常优秀,如果拿到多个奖项,那投资能力绝对顶尖。

2. 第二个方面:过往绩效

这个如同一路走过的轨迹,虽然基金过往绩效不能保证未来持续优秀,但是身为投资者,我们更愿意相信曾经优秀的基金。基金经理人的过往绩效不会因为其跳槽而改变,它会一辈子跟着基金经理人。

例如,基金经理人任相栋。他虽然中途换过基金公司,但是任职过的基金绩效会被不断检视,所以基金经理人肯定都非常努力想要做出成绩,如表3-18、表3-19所示。

表3-18 任相栋管理过的基金(截至2020年3月12日)

基金代码	基金名称	基金类型	规模(亿元)	任职时间	任职天数	任职回报
007803	兴全合泰混合C	混合型	12.39	2019-10-17至今	147天	11.54%
007802	兴全合泰混合A	混合型	70.46	2019-10-17至今	147天	11.80%
519778	交银经济新动力混合	混合型	47.57	2016-10-20—2018-06-23	1年246天	3.25%
519704	交银先进制造混合	混合型	19.24	2015-01-21—2018-06-23	3年154天	91.18%

数据来源:《上海证券报》

表3-19 任相栋现任基金业绩与排名详情(截至2020年3月12日)

基金代码	基金名称	近3月	同类排名	今年来	同类排名
007803	兴全合泰混合C	9.44%	1335|3170	3.64%	1639|3204
007802	兴全合泰混合A	9.61%	1316|3170	3.76%	1610|3204

数据来源:《上海证券报》

再如，基金经理人冯明远。他在任职期内的基金绩效，不论是绝对收益还是相对绩效排名，都取得了良好的成绩，投资者将资金委托这样的基金经理人应该是个相对安心的选择，如表3-20、表3-21所示。

表3-20 冯明远管理过的基金（截至2020年3月12日）

基金代码	基金名称	基金类型	规模（亿元）	任职时间	任职天数	任职回报
007484	信达澳银核心科技混合	混合型	2.60	2019-08-14 至今	211天	49.54%
006257	信达澳银先进智造股票	股票型	1.31	2019-01-17 至今	1年55天	77.39%
610002	信达澳银精华配置混合A	混合型	5.75	2017-12-26 至今	2年77天	81.39%
001410	信达澳银新能源产业股票	股票型	29.70	2016-10-19 至今	3年145天	179.27%

数据来源：《上海证券报》

表3-21 冯明远现任基金业绩与排名详情（截至2020年3月12日）

基金代码	基金名称	近3月	同类排名	近6月	同类排名	近1年	同类排名	近2年	同类排名
007484	信达澳银核心科技混合	32.44%	8|3170	45.62%	9|3079	—	—|2849	—	—|2497
006257	信达澳银先进智造股票	31.38%	9|1380	41.82%	14|1289	63.49%	18|1124	—	—|885
610002	信达澳银精华配置混合A	28.09%	42|3170	35.61%	59|3079	53.58%	74|2849	78.46%	26|2497
001410	信达澳银新能源产业股票	34.04%	4|1380	44.61%	8|1289	76.83%	3|1124	99.45%	1|885

数据来源：《上海证券报》

3.3.4 主要维度4：主题轮动捕捉能力的体现

什么是主题轮动捕捉能力？股票市场是由大量不同产业的上市公司组合而成的。从行业来看，每个产业可以归纳成一个板块主题，如交通运输、医疗保健、纺织服装、房地产、家电、国防军工、金融地产、白酒等。从供应链来定义也是主题，如苹果公司供应链主题、特斯拉电动车主题、5G建设主题等。市场上投资的资金是流动的，板块轮流表现，哪个主题有机会，钱就往哪里去。

表3-22是2017—2019年行业板块季度涨跌幅（申万一级行业分类），其中将每个季度涨幅最优的三个板块进行标注，轮涨差异很大。

基金经理人的主题捕捉判断能力，最直接的体现就是短期绩效，但是不管多短，股票投资上涨毕竟是需要时间的，所以会阶段性地调整持仓持股。在基金公布的季报中，往往上季度持有的股票，这个季度还会持有，但是仓位比例有所调整，有些小比例的仓位甚至消失了，所以基金经理人短期操作的能力，看季度（3

个月）还是比较清晰的。

表 3-22　2017—2019 年行业板块季度涨跌幅

行业板块	2017年第1季度	2017年第2季度	2017年第3季度	2017年第4季度	2018年第1季度	2018年第2季度	2018年第3季度	2018年第4季度	2019年第1季度	2019年第2季度	2019年第3季度	2019年第4季度
采掘	2.21	-0.56	8.51	-1.39	-7.83	-3.19	12.58	-18.99	11.64	-4.54	-7.16	-0.91
化工	0.23	-4.97	6.59	-3.40	-1.14	-6.23	-1.30	-19.08	25.78	-8.07	-1.91	6.54
钢铁	5.92	-0.98	19.92	-2.76	-6.42	-7.59	3.02	-18.44	19.86	-10.14	-10.38	6.92
有色金属	3.59	-6.62	26.90	-9.16	-4.24	-18.28	-11.78	-12.91	23.01	-1.96	-6.38	9.11
建筑材料	6.37	-1.01	6.16	-1.50	-0.26	-13.52	0.52	-13.97	32.23	2.34	-4.37	22.05
建筑装饰	6.27	-5.20	-0.22	-8.40	-6.63	-14.94	1.14	-7.67	16.46	-10.99	-6.85	0.10
电气设备	-0.02	-10.26	6.39	-6.76	-4.47	-19.34	-6.63	-4.83	27.88	-11.15	1.15	7.14
机械设备	1.25	-9.34	2.44	-5.03	-7.48	-16.78	-5.67	-7.60	28.05	-8.64	-1.45	2.74
国防军工	6.14	-16.69	3.90	-10.34	-2.11	-19.59	1.52	-13.69	35.95	-8.73	5.34	-1.71
汽车	3.46	0.85	3.51	-6.68	-6.39	-10.74	-7.94	-12.72	16.77	-7.09	-1.86	7.36
家用电器	11.06	12.26	-0.23	9.56	-2.72	-4.21	-16.78	-10.63	34.70	2.04	-0.07	14.06
纺织服装	-4.05	-10.18	-1.46	-8.91	-1.36	-7.48	-16.27	-9.90	23.89	-10.52	-3.67	2.38
轻工制造	1.62	-7.05	3.57	-7.89	-1.21	-14.13	-13.18	-10.04	31.78	-12.83	-2.60	7.64
商业贸易	-3.31	-7.18	4.65	-6.71	-1.83	-12.87	-7.96	-12.06	26.25	-7.03	-6.17	-1.39
农林牧渔	-4.08	-10.41	3.92	1.06	-6.93	-10.21	-4.85	-0.93	49.80	-3.67	0.35	5.65
食品饮料	9.32	8.21	10.39	16.96	-5.60	10.58	-4.42	-17.92	42.90	13.16	5.41	3.36
饮料制造	12.76	11.67	10.58	22.19	-6.19	11.70	-5.56	-20.69	50.35	13.95	8.75	3.48
休闲服务	13.29	-5.52	5.46	-1.84	5.99	3.35	-7.45	-11.59	21.75	0.57	0.52	1.38

续表

行业板块	2017年第1季度	2017年第2季度	2017年第3季度	2017年第4季度	2018年第1季度	2018年第2季度	2018年第3季度	2018年第4季度	2019年第1季度	2019年第2季度	2019年第3季度	2019年第4季度
医药生物	0.18	-0.06	-0.84	3.25	5.76	-2.26	-14.36	-17.54	29.34	-6.41	7.04	5.22
公用事业	2.74	0.14	-2.15	-5.34	-5.74	-11.22	-1.43	-6.41	14.03	-4.53	-3.41	-0.66
交通运输	5.03	0.07	2.11	-0.13	-5.04	-10.40	-7.10	-10.79	24.85	-4.87	-4.73	3.07
房地产	-0.54	2.78	1.26	0.2	0.04	-16.27	-5.17	-6.27	31.25	-8.48	-6.14	9.34
电子	4.12	-0.47	8.02	0.82	-3.92	-16.67	-14.33	-14.73	38.64	-10.18	20.83	12.83
计算机	-2.57	-1.64	4.28	-10.46	10.94	-16.16	-7.83	-14.69	45.56	-9.88	6.58	4.36
传媒	-5.37	-8.90	-3.22	-7.48	-3.53	-18.40	-14.48	-9.57	25.99	-14.12	0.33	13.20
通信	-2.62	-5.69	10.10	-8.76	-5.32	-21.64	-2.51	-2.61	32.35	-7.92	-2.72	1.31
银行	6.87	4.67	10.38	2.30	-0.91	-11.10	12.31	-8.92	10.83	3.18	-1.90	5.93
非银金融	-0.75	7.45	8.90	-0.04	-10.02	-12.82	3.29	-9.71	44.98	-0.07	-4.01	7.61
综合	-3.22	-12.67	5.02	-13.89	-10.05	-23.41	-7.10	-5.09	32.86	-10.40	-5.64	6.45

数据来源：Wind 资讯

优秀占比的定义是 3 个月的排名轨迹，这代表短期捕捉股票轮动能力的强弱，这个指标可以帮助投资者"排雷"（排除爆冲型的基金）或作为加仓的参考。

3 个月的时间里，靠前的百分比排名占比轨迹时间越多，表示基金优秀时间越长。我与多位基金经理人交流过，他们也非常认同短期绩效的关键是捕捉热点的能力，这个不算是价值投资，价值投资要等好几年才有回报。

排名轨迹是什么？比如 2020 年的 1 月 2 日，那么昨天就有一个"近 3 个月"的排名，前天也有一个"近 3 个月"的排名，把每天的"近 3 个月"排名百分比连起来，即"排名轨迹"。

"近 3 个月"的排名轨迹，就是这段时间里主题捕捉能力强弱的轨迹。这个轨迹很重要，如果某基金 3 个月排名在同类基金中大部分的时间段都很靠前，足以证明这是很优秀的基金。

优秀占比的核心价值是轨迹无法体现的。我们设定 3 年的时间段，A 基金走势平稳，3 年涨了 50%；B 基金前两年几乎没有收益，第三年的时候暴涨上去，1 年就涨了 90%。在 3 年的指标中，是收益 90%的 B 基金赢了 A 基金。不仅如此，它还赢了"近 1 年"和"近 2 年"排名。

如果一只基金是最后 1 年才飙涨上去的，那么前两年的时间会被忽略掉，所以我们要看优秀占比。

3.4 现阶段基金筛选的辅助观察项

由于基金的许多操作细节都在季报中显示，也就是一个季度公布一次，这就导致一部分的公告数据有很大的滞后性，导致无法及时使用来判断基金真实状态，只能用来了解基金过去可能的操作状态。

1．辅助 1：资产配置（股债现比例与持有标的明细）

基金的资产配置是什么？主要说明两个层次。

第一个层次是股债现金其他类等大类资产配置的比例。

它指的是股票、债券、现金及其他（贵金属、衍生性金融产品等中国证监会允许基金投资的品种）投资在总量资金中的占比。股票的比例越大，代表投资的波动越大，收益越高，但风险也越大；债券与现金的比例越大，代表投资的波动越小，收益越低，但风险也越小。

在正常情况下，四类资产的占比总和是 100%，但有时候也会出现超过 100% 的情况，那是基金经理人在操作的过程中可能运用了融资杠杆，或者用债券进行抵押融资操作。我们以广发稳健增长混合基金的资产配置进行说明，如表 3-23 所示。

表 3-23　广发稳健增长混合基金资产配置信息

报告期	股票占净比	债券占净比	现金占净比	净资产（亿元）
2020-9-30	50.37%	40.45%	4.71%	276.68
2020-6-30	48.52%	42.12%	3.89%	217.22
2020-3-31	51.13%	35.56%	2.99%	149.89
2019-12-31	43.45%	40.56%	2.75%	130.44
2019-9-30	46.13%	34.76%	2.98%	71.39

数据来源：天天基金网

股票 43.45% + 债券 40.56% + 现金 2.75% + 其他 13.24% = 100%，这只基金不融资操作，股债配置非常均衡，可以大概判断出操作风格应属于稳健型。我们再以国金惠盈纯债 A 为例进行说明，如表 3-24 所示。

表 3-24　国金惠盈纯债 A 资产配置信息

报告期	股票占净比	债券占净比	现金占净比	净资产（亿元）
2020-09-30	—	132.04%	1.58%	10.86
2020-06-30	—	132.53%	2.48%	16.69
2020-03-31	—	126.99%	1.01%	18.93
2019-12-31	—	131.19%	0.67%	4.52
2019-09-30	—	130.12%	0.65%	1.63

数据来源：天天基金网

债券 131.19% + 现金 0.67% + 其他 0% = 131.86%，可以看出加了杠杆操作。一般来说，债券杠杆操作的情况会比较明显，主要是因为债券的收益率不高，必须加杠杆去放大利润才容易做出绩效。

资产配置这个指标的意义在于，帮助投资者了解过去这个季度基金操作上的大方向。

第二个层次是持有标的明细，即在这些大类资产配置中，分别持有哪些标的物。我们以交银成长 30 混合两个季度的持仓情况进行说明，如表 3-25 所示。

表 3-25　交银成长 30 混合十大重仓股票

2019 年第 3 季度末重仓股票	持仓占比	2019 年第 4 季度末重仓股票	持仓占比
汇顶科技 603160	7.20%	亿纬锂能 300014	9.50%
立讯精密 002475	4.86%	保利地产 600048	7.85%
沪电股份 002463	4.47%	立讯精密 002475	6.93%
卓胜微 300782	4.35%	梦网集团 002123	6.11%
梦网集团 002123	4.33%	中国太保 601601	3.78%
中颖电子 300327	3.49%	华天科技 002185	3.45%
大族激光 002008	3.37%	欣旺达 300207	3.17%
欣旺达 300207	3.14%	TCL 科技 000100	3.01%
博通集成 603068	2.84%	中颖电子 300327	2.96%
理工环科 002322	2.81%	兴业银行 601166	2.85%

数据来源：天天基金网

在 2019 年第 3 季度、第 4 季度的重仓持股中，有 6 只股票标的是不重复的，意味着基金经理人的重仓换手率比较高。持股类型几乎都是科技类型的股票，这是波动性大、收益性高、风险性高的基金类型。

这项公告是季度末最后一天的静态数据，各大基金平台网站或者基金公司的官网都能查询到，原则上在季度结束后 10 天内会进行公告。我们无法得知基金经理人在操作过程中调整标的的轨迹,只能通过公告窥得一点点基金经理人的投资风格。

2. 辅助2：持有人结构（机构持有异动）

这项指标半年公布一次。持有人结构指的是三种投资参与者的结构,即个人投资者（普通大众）、机构投资者（法人机构）、内部投资者（基金公司内部人员）。

正常情况下,机构投资属于长线资金,比较追求稳定回报,所以机构比重越大,代表机构越认同基金的操作理念。正常情况下,这个结构对基金的操作不会产生任何影响;只有在极端情况下,大额资金赎回时的"尾佣"会对净值产生影响。

但值得注意的是,如果基金的规模非常小,比如总规模小于1亿元,那么机构的持有比例就容易被放大,此时持有人结构就没有任何参考意义了。

3. 辅助3：换手率（高低的意义）

这项指标半年公布一次。换手率在股票操作中经常听到,在基金中所表示的意思是,在一定评价的期限内,你把投资的资产倒腾了几遍。所以,换手率=总交易金额÷基金市值。换手率高的意思就是频繁交易,频繁调整标的物。

换手率的高低并不能说明对绩效影响的大小,只能说明换手率高的基金经理人更积极追求短期的绩效表现,但基金经理人擅长的操作手段很可能会随着市场状态不同而有所调整。例如,换手率偏低的"易方达消费行业股票",低换手率并不影响这只基金的绩效,如表3-26、表3-27所示。

表3-26 易方达消费行业股票换手率情况

报告期	2017-12-31	2018-06-30	2018-12-31	2019-06-30
换手率	86.65%	90.44%	48.83%	36.98%

数据来源：天天基金网

表3-27 易方达消费行业股票累计收益（截至2020-03-10）

	近1周	近1月	近3月	近6月	今年来	近1年	近2年	近3年
阶段涨幅	0.41%	3.70%	-0.03%	-1.18%	-3.73%	35.31%	22.57%	87.57%
同类平均	-2.21%	2.92%	8.44%	7.44%	3.40%	18.15%	6.42%	17.33%
沪深300指数	-1.78%	2.49%	2.61%	0.61%	-2.43%	9.28%	-2.72%	16.64%
同类排名	127|1452	540|1372	1168|1372	1088|1282	1173|1423	174|1122	154|884	18|683

数据来源：天天基金网

再例如,换手率偏高的"交银成长30混合",高换手率也不影响这只基金的绩效,如表3-28、表3-29所示。

表 3-28　交银成长 30 混合换手率情况

报告期	2017-12-31	2018-06-30	2018-12-31	2019-06-30
换手率	190.39%	210.59%	235.61%	405.66%

数据来源：天天基金网

表 3-29　交银成长 30 混合累计收益（截至 2020-03-10）

	近1周	近1月	近3月	近6月	今年来	近1年	近2年	近3年
阶段涨幅	-5.38%	5.65%	12.75%	17.78%	11.56%	65.90%	75.64%	76.33%
同类平均	-2.03%	1.99%	8.66%	9.95%	4.92%	23.98%	19.24%	31.18%
沪深300指数	-1.78%	2.49%	2.61%	0.61%	-2.43%	9.28%	-2.72%	16.64%
同类排名	2923|3223	338|3230	833|3168	556|3071	484|3202	35|2848	26|2497	98|2003

数据来源：天天基金网

然而，换手率高的基金，它的持股变动比较大，季报所公布的重仓持股参考价值比较低。

4．辅助 4：基金公司团队业绩（绩效是全体团队的综合）

基金公司的团队运作，需要大量的资金作为支撑，投资团队的投入更是成本高昂，所以公司资金实力必须一并考量。投资者在挑选基金公司的时候，可以从以下两个方面着手。

第一，管理规模。投资者尽量往规模较大的基金公司靠拢。截至 2019 年 7 月 31 日，全市场上的基金公司有 126 家，投资者至少往总资产超过 300 亿元的公司靠拢较好。

第二，历年荣誉。在基金领域，"基金行业年度大奖"分别是《中国证券报》的金牛奖"《上海证券报》的金基金奖"《证券时报》的明星基金奖"。基金公司获奖越多，即代表绩效越好，团队运作越成功，这部分也可以作为投资者选择基金公司的参考。

投资者理解越多上叙说明的这些指标与公告，选择基金的能力就会越强。然而，投资并不是非 A 即 B 的关系，并不存在符合某几项指标之后，基金绩效就能翻几番的情况，更多时候投资者是享受这个学习的过程。

3.5　基金公告重点事项

基金公告有两种形式：一种是定期报告，如季报、年报；另一种是临时报告。

1. 定期报告

一般来说，基金公告在各大平台网站上面都能看到，从网站上可以找到所有基金相关的公告与统计数据。

季报是我个人最推崇，也是投资者必须关心的。因为投资是自己的事，有必要强迫自己每个季度关心自己的基金投资。

下面简要说明一下季报的内容。

① 重要提示，即基金公司载明诚信承诺说明。

② 产品概况包含投资目标、投资策略、比较基准、风险收益特征、管理人、托管人等信息，内容基本上跟发行时的内容一致。

③ 财务目标就是对过去这个季度基金的损益情况说明，较直观的是跟比较基准指数的叠加对比走势图。

④ 管理人报告说明过去这个季度基金经理人的个人情况，以及其有无违规行为。

⑤ 投资组合报告包含产业配置、行业配置、持股持债细节。

⑥ 份额变动就是持有份额增减情况统计。

⑦ 固有资本投资情况说明。

⑧ 影响投资者决策的重要信息，主要针对大额超过20%资产的投资者进行说明。

⑨ 备查文件目录，即发行重要文档存放说明。

年报的内容更多、更细，从基金公司的介绍到基金经理人的介绍，再到产品运作模式的介绍等，大部分与投资有高度关联的内容，已经被拆解到本书前面所述的章节中。

2. 临时报告

基金公司遇到内外部重大事件，在对基金现况有所影响时会进行公告。较常见的有基金经理人异动、基金分红或拆分、大额资金赎回、申购和赎回规定、净值调整说明（踩雷或重仓股停牌的净值调整说明）、更新招股说明书等，这类突发事件在出现时必须公告，这类信息往往有及时性，也是至关重要的。

现在大多数基金销售平台都会针对投资者已经持有的基金进行即时的公告提示，当系统出现这类提示时，投资者必须第一时间了解清楚内容，以便做出最有利的操作判断。

第 4 章

投资后如何应对和调整：
持续追踪、诊断基金的方法

基金投资盈利需要足够长的时间，但这并不意味着投资者要牢牢抓住一只基金不放手，我个人觉得基金投资就是"骑驴找马"。投资者只需要知道自己是不是骑着马，通过基金诊断的方式，如果确认自己骑的是马就留着；如果诊断结果骑的是驴，就该果断放弃并进行置换，没必要抓着不放。

截至 2020 年 10 月，全市场上的公募基金已经超过 6000 只，比股票还多。我个人不建议投资者心存幻想一次就买中 5 年 5 倍、10 年 10 倍这类基金，这是极端少数，碰上是运气，主要得靠自己掌握核心诊断技能，并且耐心持有，等待好基金的爆发。基金从来都不是一夜暴富的投资工具，但它是可以让我们慢慢变富的投资工具。

在基金没有出现较大收益之前，投资者经常遇到浮亏的情况，这时候的持有体验一定不会好，此时可以采取相应手段来协助判断。如果基金依然是好基金，那就等着；如果基金不是好基金，那就果断置换。

4.1 逐步缩小范围，判断问题出在哪儿

我们要明白，投资是一条带有时间轴的波动曲线，如图 4-1 所示。

在这个时间轴上，投资者投资的资金可能盈利，也可能亏损，所以时间轴上的 A、B、C、D、E 任一点，都称为"暂时盈利"或"暂时亏损"。

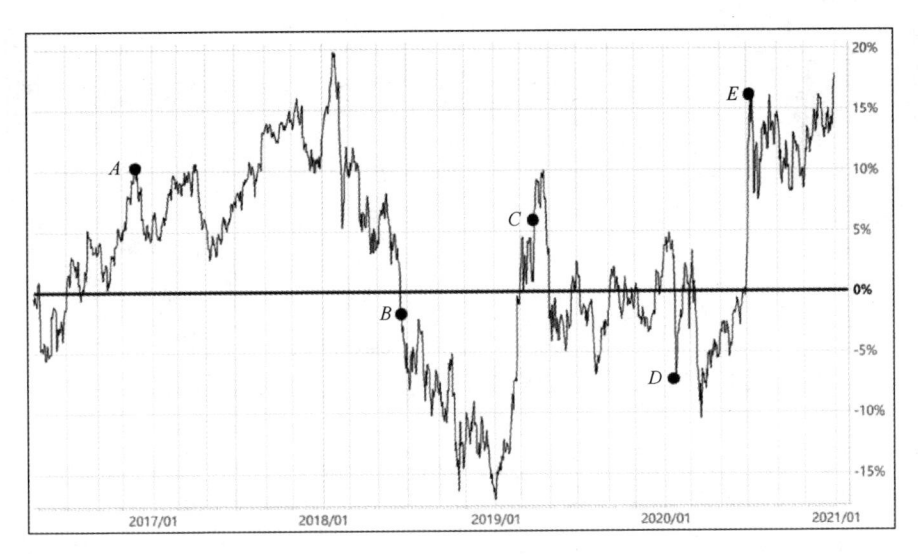

图 4-1 投资中的波动

根据我理财的经验和对客户的观察，大部分投资者的恐惧不是来自亏损，而是来自不明确的未来。如果投资者对未来很有信心，遇到下跌反而会有想加仓的冲动；如果投资者对未来没有信心，或者完全看不清楚风险，下跌时即便是巨亏也想要撤出资金。

因此，投资的关键是信心，而不是损益。那么，投资者的信心来自哪里呢？来自对市场信息掌握的程度。大部分人之所以投资基金，都是因为没有时间也没有能力对市场信息进行仔细研究，但又不能完全不理会市场的变化，所以我归纳出一个简单的"大中小"方法论，可以分层获取有效信息。

4.1.1 方法 1：看大范围，看国际环境（美欧日股，贸易）

国际关系包括单一国家关系与多国关系。例如，中美贸易关系就属于单一国家关系，"一带一路"倡议、"区域全面经济伙伴关系协定"则属于多国经济合作发展关系。在金融资本全球化的背景下，国际关系变化也会对我国经济产生重要影响。

资本无国界，钱来的地方就涨，钱走的地方就跌，所有的分析研究都是为了判断资金的流向。所以投资者关心国际环境的目的是，希望看清楚大的趋势，因为大趋势一旦形成就不会轻易改变。

各大股市彼此间的关联性都是通过国际资金进行串联的，各大主要股市是荣辱共生的关系，如图 4-2 所示。

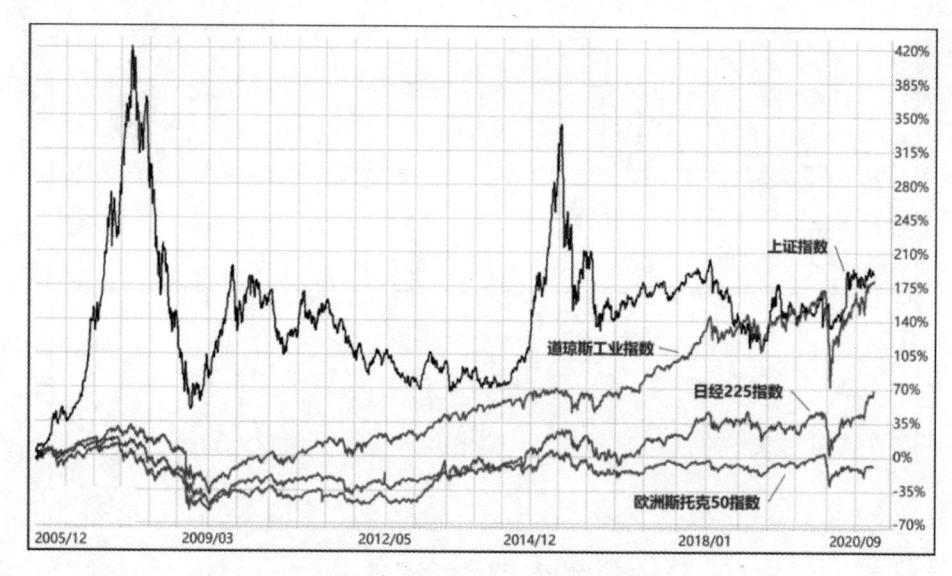

图 4-2　各个股市主要指数走势对比

（数据来源：Wind 资讯）

从图 4-2 中可以看出两个特点：第一个特点是我国股市波动性要远大于其他国家；第二个特点是美欧日股若是跌，我们也难独善其身。

当我们投资的基金出现亏损的时候，首先看看美欧日股是不是出现了重大的危机？如果是，那我们得加大避险类产品的配置，目前大众广为接受的重大事件避险类资产是黄金、美元。这类明显的重大危机或者货币政策转变（比如货币宽松转向货币紧缩），使得趋势走向空头市场，那就得根据个人资金需求考虑撤出部分资金；如果不是美欧日股的问题，我们就把关注点从国际关系缩小至国内政策。

4.1.2　方法 2：看中范围，看国内政策（资金政策，外资政策）

国内政策包含规律性和项目性的国家规划。规律性的国家规划，如"十三五"规划、"十四五"规划，以及这类定期重大会议发布的重要政策信息。项目性的国家规划，如粤港澳大湾区发展规划纲要，以及这类不定期却很重要的重大政策信息。政策所指明的方向就是未来资金投入的方向。在这些政策中，我个人觉得有三个维度比较重要。

第一个维度是资金政策，也就是政府对于资金流动性投放的态度，以及投放的去处。资金政策越宽松，资金流动性越好（容易拿钱），偿还负债压力就越小

（容易还钱），企业经营就越轻松；反之亦然。

第二个维度是外资政策，就是金融开放的程度。对外资越开放，外资自主性就越强，外资的投资欲望也会越强，资金越多，市场机会越大，但是波动也越大。

第三个维度是国内刺激政策，刺激政策在中短期对经济与股市投资的影响是立竿见影的。如果我们持有的基金不能配合刺激政策方向，大概短期内是无法盈利的。刺激政策会在短期吸引大量资金，这意味着短期积累的泡沫很大，风险一定不低，追逐这类投资要非常谨慎小心。

4.1.3　方法 3：看小范围，看产品性质（时机优劣与基金优劣的四种场景）

基金投资之后的跟踪场景，不外乎以下四种。

第一种场景（时机优 + 基金优）：可以理解为涨潮推着大家大涨，结果我的基金也在大涨。这种情况就不用管了，抱紧手上的好基金。

第二种场景（时机优 + 基金劣）：可以理解为涨潮推着大家大涨，结果我的基金没怎么涨。这种情况明显是产品不好，赶紧置换。

第三种场景（时机劣 + 基金优）：可以理解为退潮推着大家大跌，结果我的基金没怎么跌。这种情况表示基金抗跌能力很好，如果生活上不着急用钱，可以继续持有。

第四种场景（时机劣 + 基金劣）：可以理解为退潮推着大家大跌，结果我的基金跌得更惨。这种情况表示基金抗跌能力很糟糕，此时就不需要犹豫，立刻换掉。

分析上述四种场景之后，我们可以得出一个结论：只要基金好，赚钱是迟早的事；如果基金不好，时机再好也赚不到大钱。所以投资优秀的基金，只要时间足够长，赚钱是没有问题的。

基金优不优，需要看基金诊断，这是投资者在持有基金标的过程中非常重要的跟踪技能，跟一开始挑选基金的逻辑是一样的，唯一的区别就是需要持续关注。

4.2　基金诊断核心方法论

4.2.1　排名出现异常怎么办

我们通过一个小故事来理解基金排名。有一所学校位于一座小山的山脚下，学校每年冬天都有一场传统的盛大赛事——越野赛跑，就是绕山路跑一圈回学校，全程大概是 5000 米。在开跑前，体育老师会叮嘱所有的选手：比赛中可能会出现三个梯队人群，即少部分人形成的领先群，大部分人形成的陪跑群，少部分人形成的落后群。

如果想要跑出好成绩有两个条件缺一不可：第一个条件是在鸣枪开跑时，必须拼尽全力挤到前面的领先群；第二个条件是必须拼尽全力持续保持在领先群中。

这个优胜逻辑，跟基金的排名逻辑非常类似，我们可以从中得出基金挑选的逻辑——一开始就得选好基金，投资之后观察基金是否一直领先。选手在越野赛跑时万一跑不动了，中途是没法换身体的，但是已经持有的基金，如果绩效不好，我们可以随时换掉。

在给理财经理培训的过程中，我也会不断强调"不跟基金谈恋爱，要跟领先群谈恋爱"的基金投资逻辑。我们投资是为了资产增值，只要把资金尽可能地留在领先群中，大概可以获得不错的增值收益。

通过排名来跟踪基金反映的就是领先群的概念，以近 1 年、近 2 年、近 3 年为主要追踪标准，跟同类排名比较，以四分法为界定标准。绩效排名就是把投资过程中所有可变、不可变的因素综合的结果。例如，某人考试的成绩不理想，既有考前没休息好的原因，也有平时不认真的原因，是多种因素叠加的结果。

执行策略很简单：保留前 1/4 的领先群，警示、关注中间 1/2 的陪跑群，坚决调整后 1/4 的落后群。表 4-1 中的 A 基金属于非常优秀的一类，但也有很多基金仅某一年的数据排名不尽人意，这时我们需要参考其他维度，综合评估后再做决策。

表 4-1　A 基金的绩效排名

	近 1 年	近 2 年	近 3 年
阶段涨幅	72.84%	41.06%	111.43%
同类平均	33.59%	14.98%	27.10%
沪深 300 指数	36.07%	1.63%	23.76%
同类排名	86|2872	93|2410	10|1927

数据来源：天天基金网

需要注意的是，万一遇到某基金绩效爆冲，背后必定有原因，我们可以不了解，但一定要避开。

再来看看表 4-2，这是真实存在的基金，而且还不是最差的，持有这样的基金要坚决调整。

表4-2 B基金的绩效排名

	近1年	近2年	近3年
阶段涨幅	5.25%	−22.64%	−33.45%
同类平均	33.59%	14.98%	27.10%
沪深300指数	36.07%	1.63%	23.76%
同类排名	2735|2872	2401|2410	1926|1927

数据来源：天天基金网

思考：表现很差的基金，公司会不会救？

我们换个角度想就能理解：如果你是基金公司的老板，旗下某基金从3亿元亏到1亿元，亏了2/3，这时候你会找一位厉害的经理人把它救起来吗？如果这位厉害的经理人有能力把1亿元做回3亿元，他就有可能推出3天卖100亿元的新基金。基金公司的主要盈利在于存量的保管费，基金公司的老板一般不会浪费一位优秀的经理人去救差的基金，所以那些绩效很差的基金，几乎没有翻身的机会。

关于领先群有两个层次需要理解。

第一个层次是"大范围领先"，指的就是我们相信基金经理人会根据产业趋势的机会对股票类型进行调整。

前文说过，股票类型有非常多的板块，投资者不可能每次都能成功预判并抓到热点主题，所以"长期稳健"是一种了不起的能力。长期稳健的好基金比较少出现在短期绩效的领先群，但如果投资者不想花大心思去追逐高绩效（意味着高波动、高风险），这类基金可以好好关注，这也是我们将1年、2年、3年这类长期指标作为筛选依据的原因。

第二个层次是"小范围领先"，指的是基金经理人擅长深挖某个领域，如医药领域、制造业领域等。

我们经常可以看到，短期绩效排名会由某类产业占多个席次。例如，2019年8—11月这段时间的医疗主题类股票都很强势，所以医疗产业相关的基金抢占月度、季度大多数的领先席次，如图4-3所示。

然而，短期的预判，对于一般投资者来说太难了，我不建议根据短期绩效去追逐热点，这需要投资者具备更多金融专业知识，花费大量时间，可能会影响投资者的工作或生活，失去了健康投资的意义。

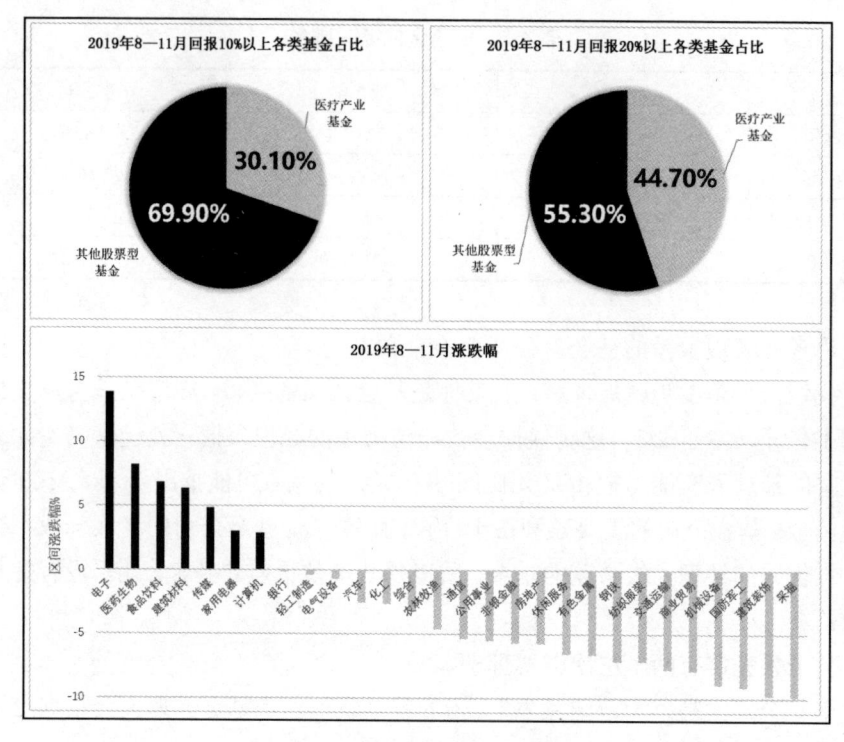

图 4-3 医疗产业基金的表现

（数据来源：Wind 资讯）

4.2.2 绩效对比出现异常怎么办

绩效走势图的意义在于，让人们在基金存在期间的任何一个时间段非常直观地看到与同类、与指数的对比。

这种比较并不会在一两天就出现大的异常。稳步递增的基金，对于大多数投资者来说，更加安全省心；而长期走势平稳、短期内突然暴涨或暴跌的基金，很可能出现了非常规操作（详情参考 3.3 节的内容——交银新回报灵活配置混合 C）或巨大风险（基金"踩雷"出现的巨大回撤）。绩效对比只需要记住大部分时间好过同类平均、好过指数绩效，就继续留着。比如图 4-4 中的广发稳健增长混合 A（基金代码：270002）就可以留着；反之，图 4-4 中的 B 基金绩效低于沪深 300 指数，也低于同类平均，就可以果断调整置换。

如果发现几只基金看起来都很不错，那到底要选择哪个？投资不能只有攻击，还必须拥有防守的能力，这里我就用一个简单的公式进行比较，即"一年来的累计收益÷一年来的最大回撤"，这个公式可以理解为承担 1% 的回撤可以获取多少百分比的回报。

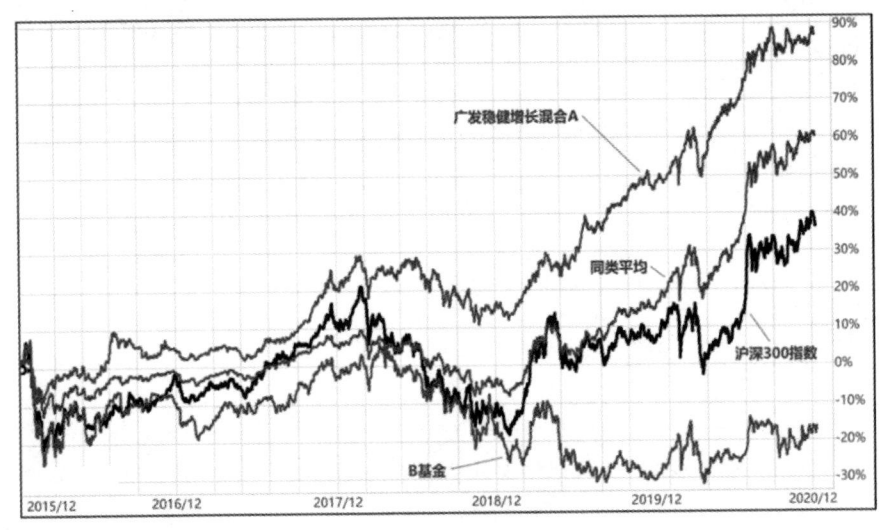

图 4-4 基金绩效走势对比

（数据来源：Wind 资讯）

举三个同类型基金的例子说明：截至 2020 年 12 月 10 日，华夏新兴消费混合 A（基金代码：005888），持有 1 年的投资回报是 91.16%；中海消费混合（基金代码：398061），持有 1 年的投资回报是 59.57%；永赢消费主题混合 A（基金代码：006252），持有 1 年的投资回报是 89.68%。根据收益回撤比判断基金的防守能力如图 4-5 所示。

华夏新兴消费混合A		中海消费混合		永赢消费主题混合A	
行情数据		行情数据		行情数据	
近1年夏普比率	3.08	近1年夏普比率	1.73	近1年夏普比率	2.95
近1年波动率	23.15%	近1年波动率	29.34%	近1年波动率	23.75%
近1年最大回撤	16.50%	近1年最大回撤	23.19%	近1年最大回撤	17.85%
近1年收益回撤比	5.52	近1年收益回撤比	2.57	近1年收益回撤比	5.02

图 4-5 根据收益回撤比判断基金的防守能力

（数据来源：天天基金网）

我们先比较两只基金，华夏新兴消费混合 A 每承担 1% 的回撤可以得到 5.52% 的收益，中海消费混合每承担 1% 的回撤可以得到 2.57% 的收益。在这两只基金中，华夏新兴消费混合 A 的年度绩效高于中海消费混合的年度绩效，同时回撤控制得也比中海消费混合好，如图 4-6 所示。

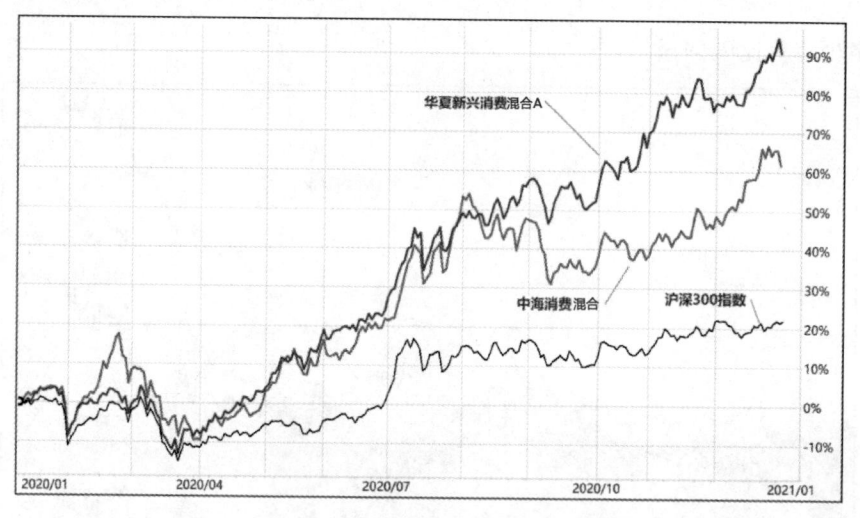

图 4-6　华夏新兴消费混合 A 与中海消费混合的累计收益率走势对比

（数据来源：Wind 资讯）

我们再来比较另两只基金，华夏新兴消费混合 A 每承担 1% 的回撤可以得到 5.52% 的收益，永赢消费主题混合 A 每承担 1% 的回撤可以得到 5.02% 的收益。在这两只基金中，华夏新兴消费混合 A 与永赢消费主题混合 A 的年度绩效非常接近，回撤控制华夏新兴消费混合 A 要略好于永赢消费主题混合 A，如图 4-7 所示。这两只基金差距不大，仅仅是在持有的过程中，永赢消费主题混合 A 的波动较大。

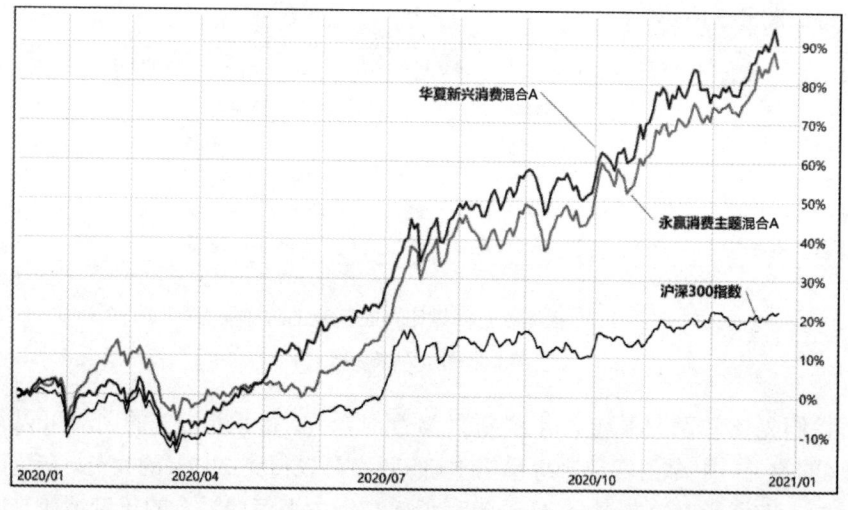

图 4-7　华夏新兴消费混合 A 与永赢消费主题混合 A 的累计收益率走势对比

（数据来源：Wind 资讯）

4.2.3 经理人出现异动怎么办

基金经理人的能力在前文进行了详细介绍，这里要说明的是，面对基金经理人的异动，有三种情况需要关注。

1. 绩效好的时候异动

业绩很好的基金忽然公告换经理人，这种情况我会建议投资者调整投资结构（除非新任经理人是同公司中资历一样优秀的经理人）。投资者不要拿自己的钱去冒险，等待未知的结果，赎回的成本只是一笔手续费，等待观望的风险更大。如果经理人换了两个月投资者才后知后觉，那也不用急着调整了，看看情况再说。

我们举例说明。交银先进制造混合（基金代码：519704），从图 4-8 中可以看出这是一只好基金，但是波动比较大，上涨的时候很快，下跌的时候也很快。它的超涨能力很强，强到能让投资者愿意忍受下跌的痛苦。

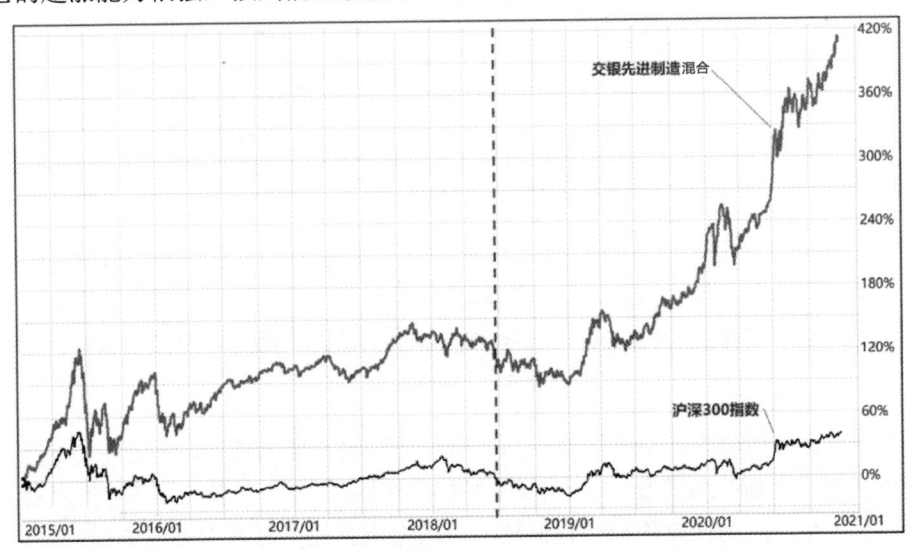

图 4-8 交银先进制造混合经理人变更前后累计收益率走势

（数据来源：Wind 资讯）

图 4-8 中竖直虚线就是经理人更换的时间点。虚线之前由经理人任相栋操盘，这位经理人非常有名，跳槽之后还募集了一款爆款基金，如表 4-3 所示。

表 4-3 基金经理变动一览表

任职时间	基金经理	任职天数	任期回报
2018-06-23—2020-01-01	刘鹏	1 年 192 天	42.00%

续表

任职时间	基金经理	任职天数	任期回报
2018-05-29—2018-06-22	任相栋，刘鹏	24 天	-6.00%
2015-08-15—2018-05-28	任相栋	2 年 287 天	32.47%
2015-01-21—2015-08-14	王少成，任相栋	205 天	53.55%
2013-04-26—2015-01-20	王少成	1 年 269 天	47.96%

数据来源：天天基金网

图 4-9 是交银先进制造混合更换经理人后的累计收益率走势，更换之后有过短暂的调整期，后期业绩继续爆发。

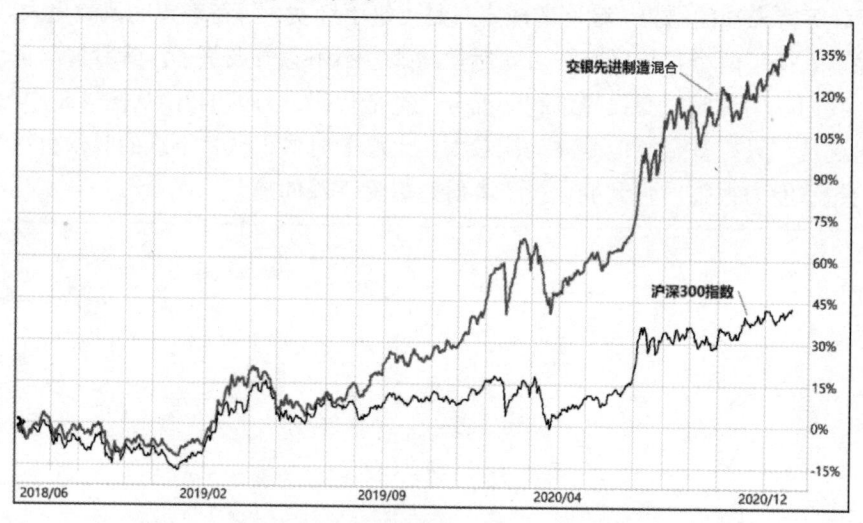

图 4-9　交银先进制造混合更换经理人后的累计收益率走势

（数据来源：Wind 资讯）

很多好基金经理人更换之后，都会出现类似调整期的情况。不过，并不是每只基金都能熬到业绩爆发，万一不爆发呢？所以只要公告更换经理人，投资者最好马上调整，因为在这段调整徘徊期，市场上还有很多好基金可以选择。

2. 绩效差的时候异动

这种情况是基金在收益不好的时候更换经理人，这时我会建议投资者观望一段时间。图 4-10 中的 A 基金是一只银行定制基金，自发行以来接近 10 个月的时间，基本没有赚钱效应，绩效也一直位于同类与指数均线以下，这意味着 A 基金从买入就一直处于同类跟大盘平均以下，净值最低跌到了 0.67 元。

A 基金作为一款定制基金，银行承担着很大的压力，所以银行直接要求基金公司更换经理人，这种定制基金在绩效实在扛不住的时候更换经理人，我们反而可以观望一下。图 4-10 竖直虚线后面 A 基金的表现就是更换经理人后的结果，绩效有了明显的改善，也有了明显的赚钱效应，那就可以继续持有，如图 4-11 所示。

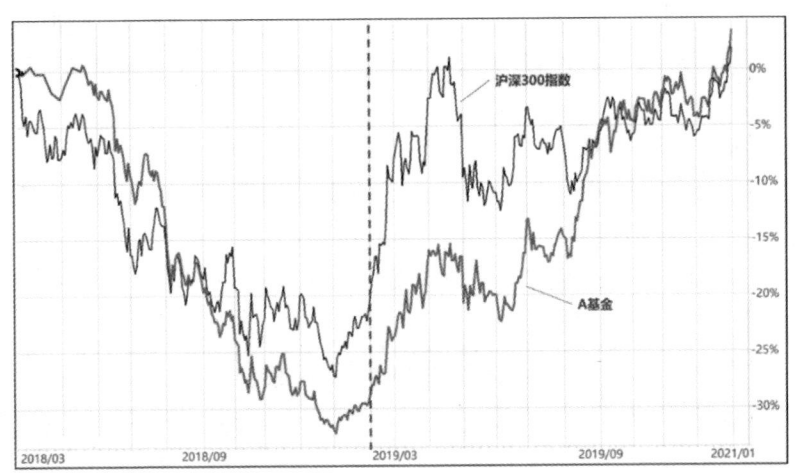

图 4-10　A 基金在绩效不好的时候更换经理人

（数据来源：Wind 资讯）

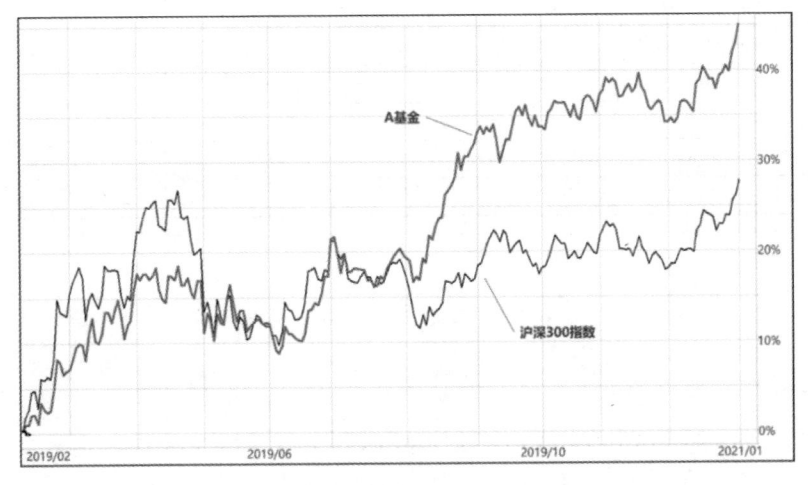

图 4-11　更换经理人之后 A 基金的业绩改善表现

（数据来源：Wind 资讯）

一般而言，银行发行定制基金会有几个明显的优点。第一，就战略意义而言，基金公司不会冒犯销售渠道，基本上会给足资源，做好绩效。第二，银行会主动要求基金经理人定期汇报操作情况，对于任何的风吹草动银行都能及时掌握情况。第三，银行是最大的销售渠道，在极端情况下，银行可以要求更换基金经理人。定制基金在某种程度上对客户的投资更能起到保驾护航的作用。

3．经理人经常变更

这种情况就是频繁更换经理人，甚至经常没有到1年就换人，这时我建议投资者直接调整置换。需要注意的是，经理人变更的时间节点大概是基金绩效的转折点。

可以观察一下，假如某只基金一直稳定地贴着大盘走，忽然有一天走势出现明显转折下跌，这种情况一般是经理人变动或者变成了"双经理人"，大概是更换经理人前的交接期。

例如，D基金自成立以来，经理人变动间隔从来没有超过1年，绩效自然不会好，如表4-4、图4-12所示。

表4-4 基金经理变动一览表

任职时间	基金经理	任职天数	任期回报
2020-01-18—2020-03-12	周××，王××	54天	-0.70%
2020-01-11—2020-01-17	周××	6天	-1.15%
2019-05-30—2020-01-10	付××，周××	255天	0.35%
2018-10-13—2019-05-29	付××	228天	4.09%
2018-03-08—2018-10-12	秦××，付××	218天	-11.88%
2017-04-19—2018-03-07	秦××	322天	-10.02%
2016-07-07—2017-04-18	王××，周××，秦××	285天	5.07%
2016-02-05—2016-07-06	王××，周××	152天	0.00%
2015-12-30—2016-02-04	王××	36天	0.60%

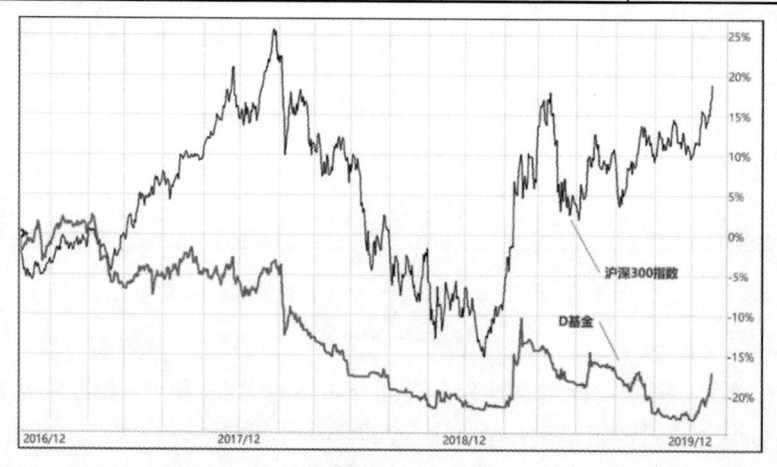

图4-12 经常更换经理人的D基金绩效表现

（数据来源：Wind资讯）

海外的基金评级指标常用的评估期间最短是"1年",但在中国市场很难通过同一个标准判断基金的好坏。原因是海外主要成熟市场比较接近"完全效率",可以用贝塔系数、夏普比率等准确地分析指标进行评定。

然而,中国市场跟海外市场完全不一样,是"不完全效率",所以很多指标在中国市场上准确率会降低。目前,我国惯用的最低评估期限是"近1年",所以如果经理人任期连1年都达不到,等于参与比赛的资格都没有。经理人经常变动的基金,其反弹的时候投资者也不要太高兴,很可能是另一次失望的开始。

4.2.4 优秀占比出现异常怎么办

在前文,我们说了优秀时间占比的详细定义,下面我们根据这个定义来看看如何活用这个指标。

假设一种场景,有名学生月考成绩一直以来名列前茅,突然有一两次成绩不理想,你认为他下次名列前茅的机会大不大?另一种场景,有名学生一直以来月考成绩都不理想,突然有一两次特别好,你认为他下次继续好的机会大不大?我们评估基金的时候就会经常面对这两种场景。遇到优秀的经理人,他的绩效回调时反而加仓点位,这是投资者在应用优秀占比时的操作策略。

下面我们来看实例。图4-13的数据来自国内知名的基金销售平台,数据体现的是某基金的百分比排名走势,指标是近3月的排名,时间轴选择的是近3年。

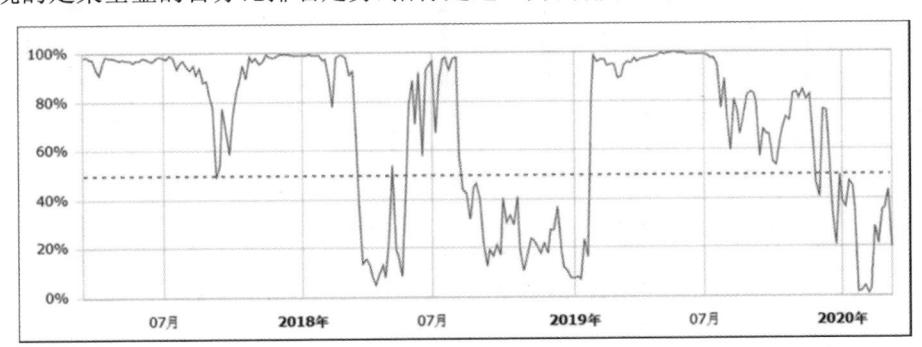

图4-13 基金的百分比排名走势

(数据来源:天天基金网)

我建议投资者通过"百分比排名走势"进行判断,因为基金数量会越来越多,以"同类排名走势"判断,还需要对比每年的基金总数;而百分比排名不需要知道基金总数,基金越接近100%表明越接近第1名,反之越接近最后1名;长时间排名在前1/4位置的基金非常厉害,但数量少之又少,所以如果基金能够长期占据前 1/2 的位置,就已经很优秀了。从图 4-13 中的百分比排名可以看出,这只基金在大多数时间百分比排名都位于图中虚线所示的中位数 50%以上,证明这是一只好基金。

思考:既然这只基金这么强,我们如何执行加仓策略?

根据百分比排名,分别在图 4-14 中箭头所指位置进行加仓。只要目前的经理人不离任,保持正常水平,加仓的位置在后期看来都是不错的时机点,如此操作下去,赚钱是极可能的事(时间轴为 3 年,图中上半部分为近 3 月百分比排名走势,下半部分为累计收益率走势,A 表示此基金,B 代表的是沪深 300 指数)。

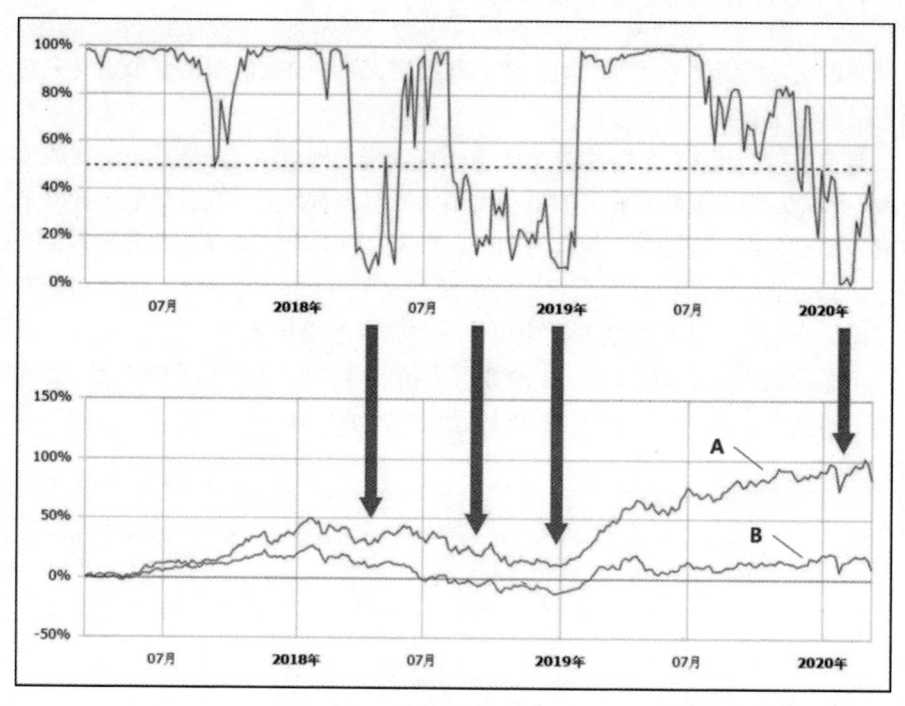

图 4-14 百分比排名走势与基金收益率走势的对应关系

(数据来源:天天基金网)

思考:如何判断一只基金的稳定性?

我们再来看一组图形(见图 4-15),统计的时间跨度为 5 年,图中上半部分为基于同类型基金数据统计的该基金的近 3 月百分比排名走势,虚线位置为 50%分位,灰色区域表示基金的百分比排名位于 50%以上的时间;图中下半部分为累计收益率走势,A 表示该基金,B 表示沪深 300 指数。

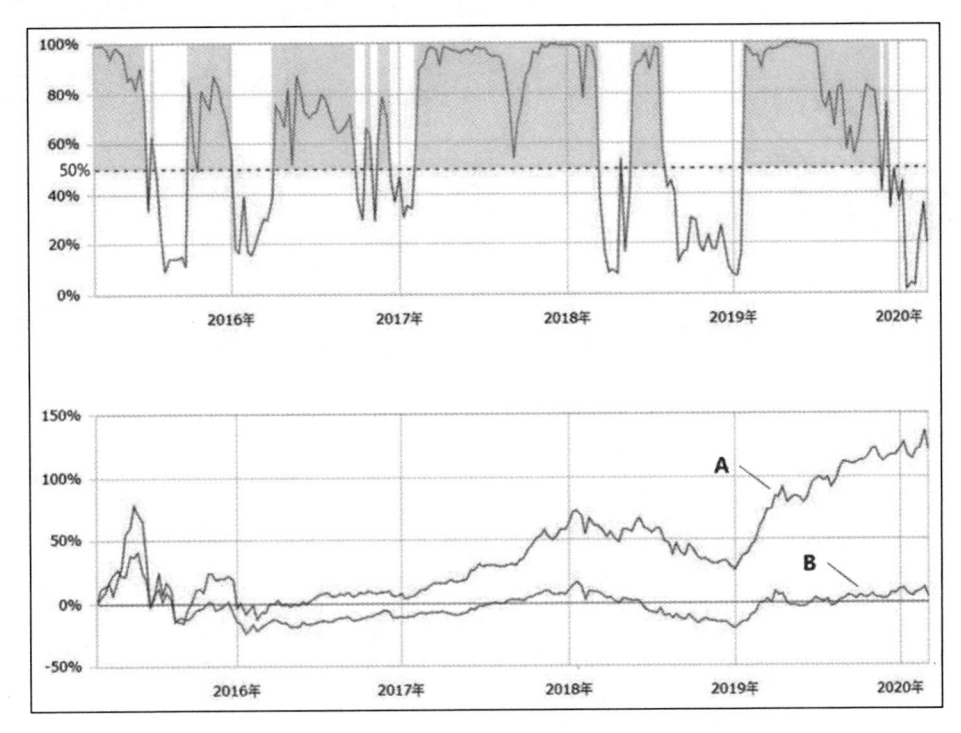

图 4-15　通过百分比排名走势判断基金的稳定性

（数据来源：天天基金网）

通过与指数的对比可以发现，这只基金的超涨性和抗跌性表现都不错，另外基金的百分比排名掉到 50%以下之后，经过调整都能够重新回到 50%以上，并且在 5 年的统计周期内，近 3 月百分比排名位于 50%以上的时间超过了 3 年（灰色区域的时间总和），虽然没有非常顶尖的高光时刻，但是增值表现稳定。

机构尤其偏爱这类基金。机构的资金因为体量比较大，所以追求的是长期相对稳定的增值。每个大型基金公司都会有一两名能力超强的经理人，他们操作的基金常用来满足机构端大资金的需求。

讲到这里，关于基金诊断的核心方法论就论述完了。在日常的基金投资中，投资者运用好本章讲解的这几个指标，挑选的基金基本上不会差，再配合在持有过程中适度的关心与调整，让自己的资金尽量停留在"领先群"中，基金投资要盈利就不是什么难事了。

第 5 章

单笔投资重要的择时点参考

我个人认为，基金投资不需要精确到小数几位去分析计算，用"相对"的概念来比较判断更为合适。

我们要明确一件事，判断市场波动的转折基本上是非常困难的，也是许多分析师穷极一生追求的目标。我们只是普通投资者，不可能花费大量时间进行分析，但我们能做的是利用一些简单的数据去发现相对低估或相对高估的时间段。在市场价格相对高估的期间进行部分赎回，在市场价格相对低估的期间进行部分加码，这样可以尽量把利润留住。

由于基金有最低持仓限制，基金经理人不可能空仓等待，这就导致市场行情不好的时候，基金并不能幸免于难。因此，投资者掌握一些简单的判断标准，自行调节基金持有量还是非常有必要的。

然而，大多数人并不具备高频追踪和主动预判市场行情的能力，所以本章通过低频触发且被动接受的指标进行分析说明，操作重点会放在偏股型基金上。

5.1 时间会给基金一份公平的答卷

虽然市场下跌时有最低持仓的规定，但一位优秀的基金经理人通过汰弱换强，经过足够时间的操作，同样能创出新高。基金绩效如果出现负数，只要通过两个步骤去检查即可。

第一个步骤：检查时机是否买高了？（短期的高点）

第二个步骤：检查标的是否买错了？（基金诊断）

案例一：时机买高了，要等

这里以交银优势行业混合（基金代码：519697）为例。

上证指数自 2015 年 6 月 12 日的 5166 点跌至 2020 年 3 月 31 日的 2750 点，其间跌幅达 46.7%。然而，本案例中的基金，在同时期最大回撤的累计净值，虽然经历了从 3.085 元到 2.047 元，区间跌幅也达到了 33.6%，但是累计净值最终由 3.085 元回升到了 4.505 元（2020 年 3 月 31 日），涨幅在 46%，如图 5-1 所示。

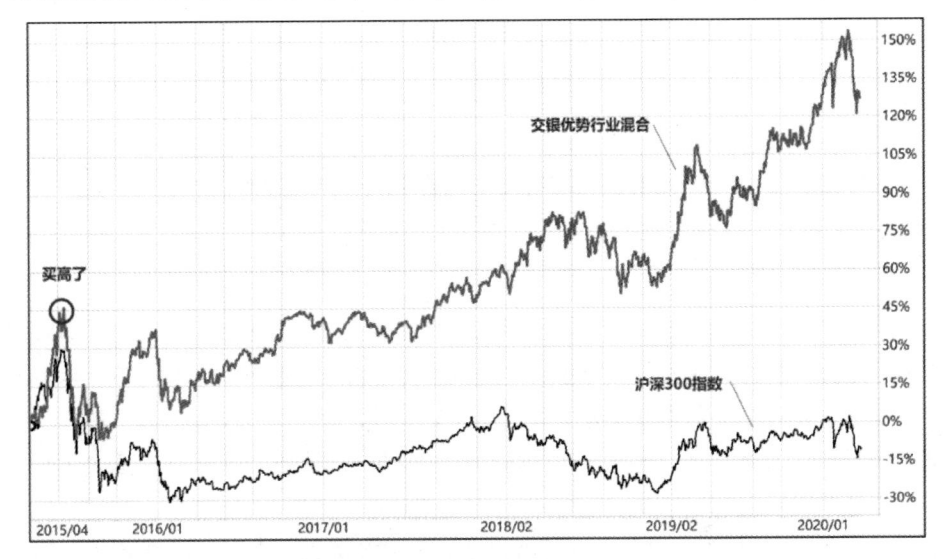

图 5-1 交银优势行业混合与沪深 300 指数的累计收益率走势对比，数据区间 2015-04-01—2020-03-31

（数据来源：Wind 资讯）

如果是因为标的市场短期出现大幅度的回撤，这时候基金的回撤也是很正常的现象。接着，按照第 4 章所讲的基金诊断的方法看看基金各方面维度是不是依然正常。如果各项指标都正常，那完全不必担心，后续涨上去只是时间问题。

案例二：标的买错了，要换

这里就不提基金名称了，用 A 基金代替。

上证指数自 2015 年 6 月 12 日的 5166 点跌至 2020 年 3 月 31 日的 2750 点，区间跌幅达到 46.7%。然而，A 基金在同时期最大回撤的累计净值经历了从 2.366 元到 1.253 元，回撤区间跌幅达到 47%，累计净值最终从 2.366 元跌到 1.160 元（2020 年 3 月 31 日），区间跌幅定格在 50.9%，如图 5-2 所示。

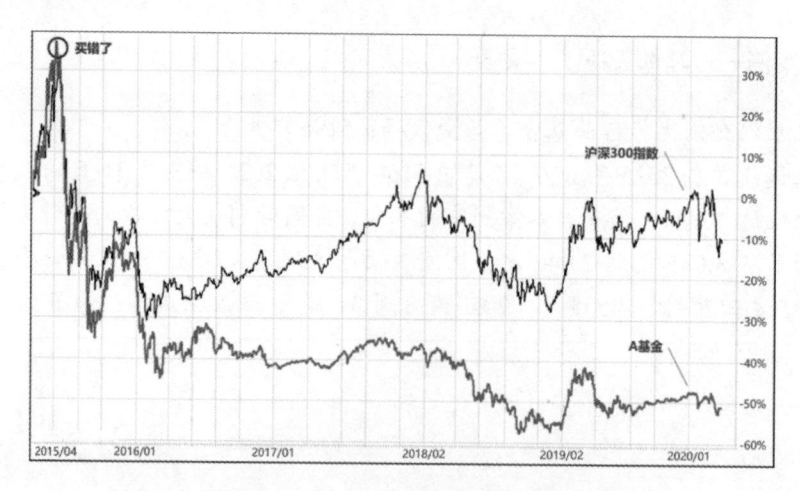

图 5-2　A 基金与沪深 300 指数的累计收益率走势对比，
数据区间 2015-04-01—2020-03-31

（数据来源：Wind 资讯）

如果是因为标的市场短期出现大幅度的回撤，这时候基金的回撤也是很正常的现象。接着，按照第 4 章所讲的基金诊断的方法看看基金各方面维度是不是依旧正常，从图 5-2 中对比走势图来看（聚焦在 2016 年 4 月之前），从高点往下的时候，基金回撤幅度大于指数，从低点反弹的时候绩效并不能优于指数，这在基金诊断第二项"绩效对比"就不过关了。

将上述两个案例中的基金绩效叠加 5 年对比，如图 5-3 所示，差值是 180%。从表 5-1 中可以看到，如果提前 1 年进行调整，差距是 25% 左右；提前 2 年进行调整，差距是 51% 左右；提前 3 年进行调整，差距是 78% 左右；提前 5 年进行调整，差距是 184% 左右。因此，投资者手上如果有不好的基金，果断调整到优秀的基金才是较好的操作方案。

表 5-1　2015-04-01—2020-03-31 两只基金同类排名与累计收益率对比

同类排名	交银优势行业混合	累计收益率	A 基金	累计收益率
近 1 年	1044|2889	12.97%	2860|2889	-12.39%
近 2 年	307|2531	30.62%	2499|2531	-20.90%
近 3 年	107|2046	61.03%	1995|2046	-17.26%
近 5 年	3|820	135.27%	820|820	-49.64%

数据来源：Wind 资讯

结论：一只好的基金，即便遇到短暂市场的下跌，也不需要紧张，因为涨回去只是时间问题；一只不好的基金，持有时间越长，机会成本越大，伤害越大。

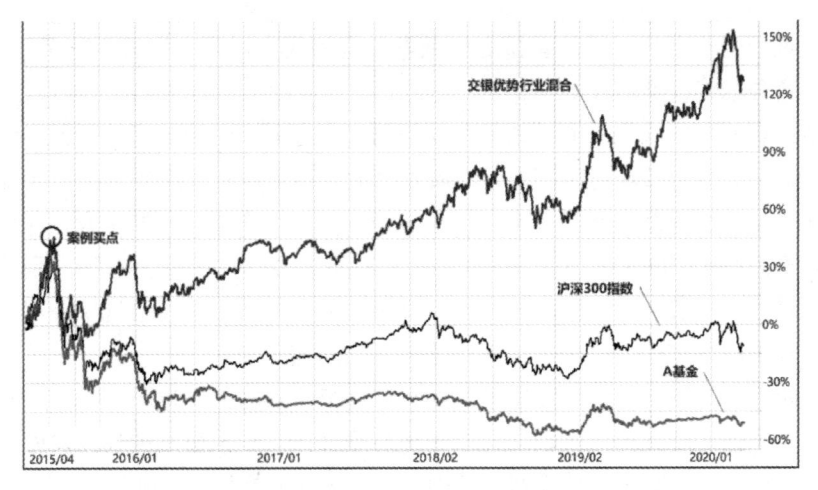

图 5-3　交银优势行业混合、A 基金与沪深 300 指数的累计收益率走势对比，数据区间 2015-04-01—2020-03-31

（数据来源：Wind 资讯）

5.2　从企业融资的角度找到相对有利的时机点

时机点就是投资者希望找出相对便宜（低）的区间买入、相对贵（高）的区间卖出。有比较才有高低，我们通过融资的本质去看看"贵与便宜"的逻辑关系。

股票市场由许多企业的股票组成，企业上市的目的就是融资以发展业务。然而，融资的渠道并非只有上市，还可以通过银行或者其他合法金融机构去发行产品。

从严格定义上看，企业融资的条件有抵押和信用（非抵押），融资的渠道有间接金融和直接金融两种。对于企业负责人而言，融资渠道的选择最需要考虑的是成本。

银行渠道就是典型的间接金融。个人及机构将资金存放在银行里，银行给予存款利息，然后将这笔资金贷款给企业，由企业缴纳贷款利息。贷款利息-存款利息=存贷利差，这个存贷利差就是银行的利润。

对于企业而言，间接金融要求的是抵押或者信用担保，也就是债权；对中间机构而言，不管企业未来有多赚钱，只要利息、本金都按规定期限偿还即可。

直接金融企业不通过中间机构，自己拿出债权（债券——到期还本还息）或者股权（股票——没有期限但利润要分红）直接向资金持有人兜售。交易所提供兜售的场所，但不是任何企业都能够在交易所兜售，必须符合上市条件的企业才可以。对于企业而言，通过直接金融获取融资的成本，即上市每年的费用支出，以及股票分红或债券利息。

站在企业方的立场来看，如果企业很赚钱，肯定倾向于向银行贷款，到期还本还息就好。多的都是公司利润，不需要分红。除非企业只需要拿出一小部分股权，就可以换来很大比例的资金。站在资金方的立场来看，如果企业很赚钱，肯定倾向于当股东，每年都能够参与分红。这时资金方提供的资金必须多到让企业觉得比贷款更划算，才可能购买股权。因此，资金方跟企业方的立场是对立的，企业方觉得越划算，资金方就越不划算，反之亦然。

一般而言，每个产业的发展前景不同，政策扶持的力度也不同。当许多条件都支持这个产业或企业发展时，投资者更愿意让步，给予更高的价格，如新能源产业、芯片产业。反之，政策不鼓励的产业，企业方就要让步才能拿到资金。这个共识点就是股票或债券的成交价。

整个市场所有的企业综合起来就是指数，指数发展前景好意味着国家经济发展好，指数价格就高一些；企业或行业发展的前景不好，相应的指数价格就低一些。这与前面章节提到的"买宽基指数就是买国运"相呼应。

你如果是资金方，需要建立两个核心观念：

第一个，这家企业的"赚钱能力"够不够强？（市盈率）

第二个，这家企业万一经营不善，资产"清算价格"够不够好？（市净率）

1. 市盈率

企业的赚钱能力最终会反映在市盈率上，但只关注某个企业的市盈率，意义不大，必须把产业属性相似的企业放在一起比较，才能说明强弱优劣。

指数综合的是所有企业的结果，它能代表整个市场赚钱能力的估值。

在财务公式中，市盈率 ＝ 股价 ÷ 每股盈余。

例如，企业 A 一个会计年度每股可以赚 2 元，目前股价为 30 元，那么，市盈率 = 30 ÷ 2 = 15。

假设企业把所赚的钱全部分给股东，企业业务在每年不增减的情况下，这个数字 15 就代表投资者（资金方）需要 15 年才能收回投资成本。

市盈率数字越大，意味着投资者收回投资成本的时间越长，对投资者来说就越不划算（另外，上市的成本还包含很多支出，如律师费、会计师费、估价费等，这些费用都不是小数目）。

企业 A 还有另一种选择：银行贷款。

假设银行的贷款年利息是 5%，不管企业贷多少资金，银行都需要 20 年来收回投资成本。然而，对于企业负责人而言，还本期限当然越长越好。

对于企业而言，上面两种融资成本选择向银行贷款的融资方案显然划算很多，所以当整体市场的市盈率接近贷款还本的年限甚至跌穿时，可以理解为经济前景比较悲观，企业此时上市融资的意愿就不高（除非真的非常缺钱，才会选择在市盈率低的时候上市）。企业上市的时机点通常会选在整体市场交易火爆、市盈率高的时候，反过来说，投资者买入基金最好的时机就是在整体市场交易清淡的时候。

市场的市盈率，所有的股票软件上都会显示，我们用图5-4作为参考。

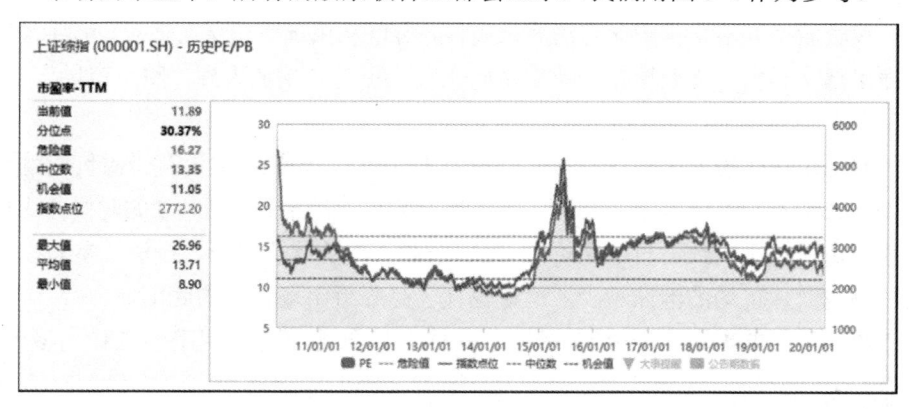

图 5-4　股票软件中的上证综指市盈率界面

（数据来源：Wind 资讯）

自 2010 年以来的 10 年间，上证指数与市盈率走势基本上成正相关，其中市盈率的平均值在 13.5 倍左右。可以理解为，在平均值以下投资者就可以偏向"买方立场"，反之就站在"卖方立场"。如果遇到估值在 10 年来的低位 20%时，就该用力买；反之在高位 20%时，就该逐步"入袋为安"了。可是，我国的市场在时间上明显是牛市短、熊市长，所以投资者投资 A 股市场的基金，需要有耐心。

2．市净率

企业的净资产是会计账上有价财产减去负债的差额，该值除以总发行股数就是每股净资产。更直白的意思就是，万一企业经营不善破产清算的时候，投资者持有的股票中每股含有多少泡沫。

投资股票看的是其未来的成长性，所以或多或少都会有"溢价泡沫"在里头，极少数发展前景不被看好的企业不仅没有溢价，可能还会折价（破净）。企业真的进行清算的时候，由于会计原则比较复杂，这里我们不进行详述，我们从常识的角度来看待市净率的定义即可。

在财务公式中，市净率 = 股价 ÷ 每股净资产。

假设企业 X 的股价是 15 元，目前每股净资产是 3 元，那么企业 X 的市净率 = 15÷3 = 5，这意味着这家企业万一出现经营不善的情况，投资者只能拿回原本投入资金的 1/5。

假设企业 Y 的股价是 8 元，每股净资产是 10 元，那么企业 Y 的市净率=8÷10=0.8，这意味着现在股价已经跌破净资产，也可以说明企业 Y 立马清算的话，投资者手上每股还能倒赚 2 元。

投资股票并不是指望靠它清算来赚钱，所以从挑选股票层面来看，单纯只看市净率意义不大，需要根据产业来横向比较，可是如果放大到"整个市场"，反而就非常有意义了。

整个市场代表国家综合实力（以指数为代表），如果指数没有"溢价"就代表投资者都不看好国家未来发展，所以当指数的市净率越接近 1.0 的时候（清算价值跟市值几乎一致，没有溢价），代表企业上市的欲望越低，投资者参与投资的欲望越低，市场的泡沫越少，但这也代表越靠近市场估值的底部。

整体市场的市净率，在所有的股票软件上都会显示，我们用图 5-5 作为参考。

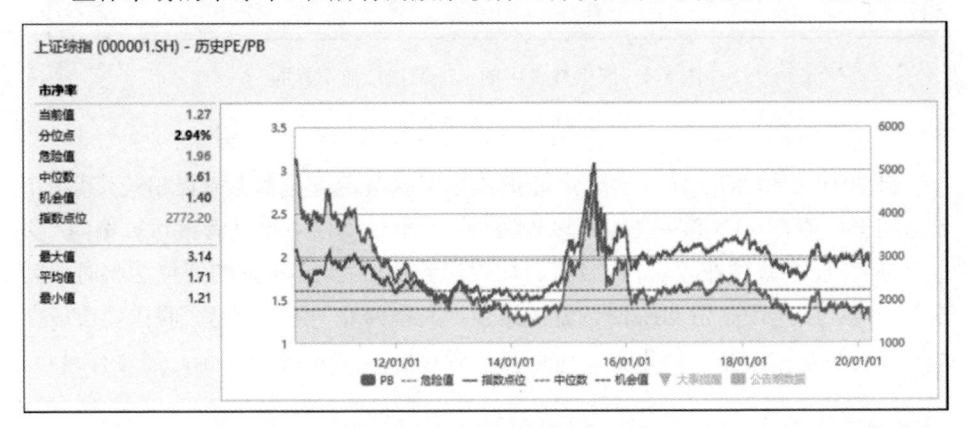

图 5-5　股票软件中的上证综指市净率界面

（数据来源：Wind 资讯）

自 2010 年以来的 10 年间，上证指数与市净率走势基本上成正相关，其中市净率的平均值在 1.61 倍左右。可以理解为，在平均值以下投资者就可以偏向"买方立场"，反之就站在"卖方立场"。如果遇到估值在 10 年来的低位 20%时，就该用力买；反之在高位 20%时，就该逐步"入袋为安"了。

市盈率、市净率也是高度正相关。当不看好市场未来发展前景时，投资者就不愿意以更高的价格认购股票。股价下跌就会导致市盈率、市净率的比值相应下跌,指数市盈率有可能跌破银行的贷款利率倒数(上市融资成本大于银行融资成本,但还有许多企业出于发展便利性的考虑,愿意承受较高成本上市)。然而,过去 20 年来的指数数据显示,从来不会出现市净率小于 1 的情况(依赖于 A 股上市审查严格,在某种程度上提高了上市门槛,也保护了投资者)。

5.3 从资金趋势的角度找到进入时机

只要有资金进去的市场,这个市场就会涨;只要有资金离开的市场,这个市场就会跌。我们要理解资金为什么要来、为什么要走,站在资金浪头上比在浪头下赚得更多。

1. 海外资金

海外资金几乎都是通过机构(公募基金)进行投资的,海外基金投资驱动标准主要有以下几项。

① 被动配置。海外基金大多数都是被动型基金,投资市场有单一市场(如港股)、区域市场(如亚太股市)、全球市场(如全球新兴市场),这类基金按照该基金投资范围中的股票权重进行配置。

目前,我国的股市比较可喜的是:近年来我国正经历金融改革,但并没有全面对外资开放,我国股市虽然占全球股市 16% 的权重,但只占全球基金 4% 左右的份额,这意味着在未来很长一段时间里,海外基金要逐步配足比例。2020 年 9 月,摩根士丹利(MSCI)公开表示,随着人民币国际化的推进,投资组合的资金流入预计未来 10 年大概有 3 万亿美元要进入中国(根据 MSCI 2019 年 12 月的公告,全球与 MSCI 合作的投资机构超过 6000 家,亚洲地区的市场占有率超过 90%)。

② 热钱逻辑。很多人都听过热钱,但对热钱的操作逻辑不太理解。热钱的基本逻辑就是以很低的融资成本去获取资金,进而投资在回报率高的地方。回报可能来自汇率、货币利息、股票回报等。

国际通用的货币以美元为主,这也是美联储(FED)的利息政策会影响全世界的资金流动的原因。FED 降息,意味着融资成本降低,投资机构就可以借美元去全世界寻找投资机会;FED 升息,借钱的机构就必须抽回资金先偿还部分借款以降低负债杠杆风险。2020 年 3 月,新冠肺炎疫情导致美国在 3 月 16 日大幅降息，重新启动货币宽松政策，可以预见的未来就是海外热钱会继续在全世界寻找投资机会。2020年12月，中国的新冠肺炎疫情控制得较好，许多国家的经济都受到巨大冲击。热钱不会等待，只会不断寻找可以获利的机会，中国市场的稳定性为投资者提供了极佳的投资机会，债市、股市、汇市都是投资选项。

③ 市盈率低洼。市盈率低的市场，对于海外资金的吸引力很大。如果这个资金是"热钱"，投资者每年所取得的股票分红如果能大于融资利息，并且做足汇率避险的准备工作，那么基本是稳赚不赔的生意。

目前比较可喜的是，我国沪深股市的市盈率在全世界主要市场中是最低的，图5-6是全球主要市场的市盈率表现（截至2021年1月15日）。

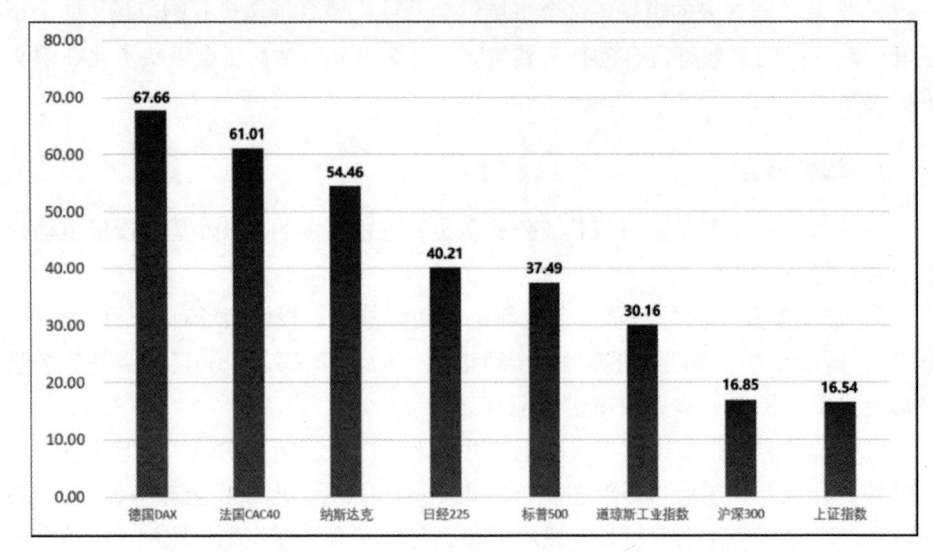

图5-6 全球主要市场的市盈率表现

（数据来源：Wind资讯）

2. 国内资金

市场上的资金流通，以国家的两个层面为主：第一个是政府层面，第二个是机构层面。

政府层面的政策手段由财政政策和货币政策组成。财政政策是政府通过财政收入与支出的手段进行资金调节，执行的主体是政府单位，它的影响是"长周期效应"，影响层面非常广。货币政策是中国人民银行通过货币的供给量或者信用量进行资金调节，执行的主体是金融机构，它的影响是"短周期效应"，影响层面较有针对性。无论是资金宽松政策还是资金紧缩政策，都是在调节资金的流动性。

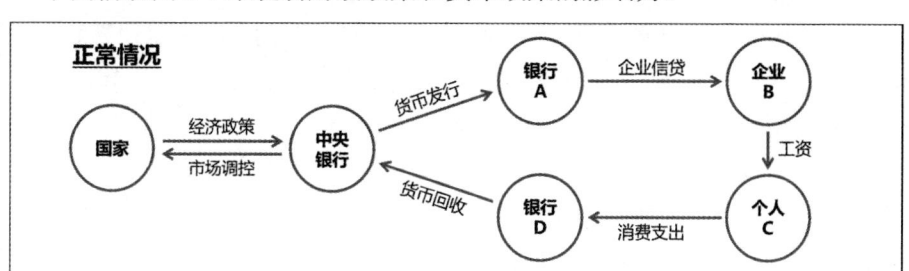

下面借助图 5-7 来说明财政政策和货币政策的影响力。

图 5-7 银行、企业之间的货币流动

（正常情况下：国家 ⇄ 中央银行（经济政策/市场调控），中央银行 → 银行A（货币发行）→ 企业B（企业信贷）→ 个人C（工资）→ 银行D（消费支出）→ 中央银行（货币回收））

图 5-7　银行、企业之间的货币流动

我们可以将政府看作一个大企业，这个企业创造资金收入主要的方式是税收。税收的调节会直接影响全国人民的收入，属于强制性的手段。

这个企业还发行公债募集机构资金，属于自愿募集的手段。

另外，这个企业的资金支出主要包括维持企业运转的劳务相关成本或者重大工程投资支出等。政府的支出规模会直接影响民间收入规模（如政府投资高铁，由民间工程单位承包工程，促使民间财富增长等）。

中国人民银行在 2014 年 9 月创设了一个保持银行体系流动性总体平稳适度、支持货币信贷合理增长的货币政策工具——中期借贷便利（MLF），也就是金融圈人士经常说的"麻辣粉"，对符合条件的商业银行与政策性银行以招投标的方式开展，发放方式为质押，并需要提供国债、央行票据、政策性金融债、高等级信用债等优质债券作为合格质押品，主要的功能在于通过中期利率政策的调节来影响银行资产负债表，驱动更低成本的资金投向实体与信贷市场。这是中国首创的中期信贷投资工具，中国人民银行以较低成本的资金借钱给商业银行，定向要求贷款给三农及小微企业，有利于国家政策的落实。

我们一般能听到的财政政策有三种执行模式。

① 扩张性政策（又称积极政策）。最常见的手段有降低税率、增发国债、增加政府采购项目。这时期的政策对经济的影响是刺激的、正面的，有利于经济复苏发展，理论上有利于资本市场后市。因此，投资基金的好时机是经济或股市的状态被低估的时候，也就是积极政策信号发出的时候。

② 紧缩性政策（又称适度从紧政策）。最常见的手段有提高税率、减发国债、减少政府采购项目。这时期的政策对经济的影响是降温的，不利于资本市场后市。基本上是减持基金的好时机，是经济或股市的状态被高估的时候，也就是紧缩政策信号发出的时候。

③ 中性政策（又称稳健政策），维持现状不变。

中国人民银行直接影响货币的供给量，对经济刺激的影响是短期见效的。货币政策主要通过利率降息或加息的调节、信贷放松或紧缩的供应来平衡市场过冷或过热的发展状态。

国家经济发展情况过冷，于是让中国人民银行采取降准降息（降低银行准备金与贷款利息基准）的动作，释放资金到银行。银行拿到资金之后，再把资金以较低利息的方式贷款给企业，企业拿到资金后发展事业并发给员工薪水，员工拿到薪水之后可以消费，外面的企业接受个人消费之后，再将利润存回银行，存回银行的钱再被提取准备金放到中国人民银行。这一连串的低成本资金降低了企业与个人的负债压力，从而促进消费的增长。

我们一般能听到的货币政策有两种执行模式。

① 积极货币政策（扩张）。经济发展状态不佳，或者经济增长遇阻，甚至遭遇通货紧缩情况，国家就会采取积极的货币政策。一般常见的手段就是降准降息、信贷调节、定向降准、外汇政策等，用以辅助民间企业发展、刺激出口、降低企业负债压力，驱动终端消费意愿。这类信息的密集发布时期往往是资本市场价值低估且发展乏力时，降息趋势，权益投资立场偏多。

② 稳健货币政策（紧缩）。经济发展状态过热，或者经济增长过快，甚至遭遇严重通货膨胀情况，国家就会采取稳健的货币政策。一般常见的手段就是升准升息、信贷调节、定向升准、外汇政策等，用以降温，去除融资杠杆、降低通货膨胀率，鼓励进口。这类信息的密集发布时期往往是资本市场价值高估且发展过热时，加息趋势，权益投资立场偏空。

结论：资金政策是非常复杂的金融知识，一般投资者不太可能深入研究。尽管如此，我们还是得了解两件大事。第一，财政政策上。国家是不是针对企业或个人有降税计划（包含定向税收优惠政策）？如果有，立场偏多；如果没有，中性看待。第二，货币政策上。利率趋势的方向，降息趋势，权益投资立场偏多；加息趋势，权益投资立场偏空。两者的核心都直指资金的流动性。

这里要强调一个重要的观念：市场上不存在任何一个单一指标必然对应资本市场的涨或跌，一切都是相关性或概率的关联。上述资金政策更多的是解决资金流动问题，货币的流通也有赖于政府政策的引导，并不能以一刀切的方式片面理解。

机构层面非常受关注的是保险机构的资金入市及养老金入市。这两个机构资金的特性是每年都有稳定的资金收入，这意味着每年都有源源不断的资金可供投资，且这两类机构投资往往都不是短线交易类型，都是追求长期稳定收益，非常有投资价值，这也是上市公司特别喜欢这种类型基金的原因。

保险业是国家重点发展的产业，保险的底层投资资产，大多数是债券。由于债券受到利率市场化与利率下行趋势的影响，新发的债券收益率逐年递减，这就导致保险机构在兑付投保客户的分红时压力越来越大。保险资金入市的步伐如图 5-8 所示。

图 5-8 保险资金入市的步伐

（数据来源：中国银行保险监督管理委员会公告）

从图 5-8 中可知，保险资金入市的发展情况：
2004 年 10 月：从 0%提高到 5%；
2007 年 7 月：从 5%提高到 10%；
2010 年 7 月：从 10%提高到 15%；
2014 年 2 月：从 15%提高到 20%；
2016 年 9 月：从 20%提高到 30%；
2020 年 7 月：从 30%提高到 45%。

2020 年 7 月，中国银行保险监督管理委员会发布了《关于优化保险公司权益类资产配置监管有关事项的通知》，根据保险公司偿付能力充足率、资产负债管理能力及风险状况等指标，明确八档权益类资产监管比例，最高可占上季末总资产的 45%。

虽然权益类投资监管比例从 5%逐步放开至 45%（预计保险资金投资于股票和证券投资基金的占比将上升至 18%～19%，增长 5～6 个百分点，以当前超 20

万亿元的保险资金体量来测算，预计将会为资本市场带来 1 万亿～1.2 万亿元的增量资金），但是由于保险资金特别重视风险控制与稳定性，流向权益类投资配置并非快速配足，需要比较长的时间慢慢实现这个趋势，投资者在心态上仅需要中性偏多即可。

第 6 章

定投的正确打开方式

基金总资产 = 总份额 × 单位净值。单位净值由基金经理人操作绩效而定，总份额由投资者购入而定。定投就是不断小额购入基金份额的一种手段，也是大众普遍接受的基金理财方式。

定投是普及率非常广的投资方式，也是文章"阅读量"非常高的主题，甚至毫不夸张地说，白领工薪阶层几乎人人都有定投的经验。

根据我多年的观察，定投赚钱的人很多，但赚大钱的人很少。我自己也做定投，坊间传说定投 10 年 10 倍获利，我个人觉得这是做不到的。若定投操作得当，10 年 3 倍获利还是有可能的。对于累积资本而言，定投无疑是非常好的理财方式。

6.1 定投赚钱的基本原理

如果一开始直接说明所谓的定投微笑曲线，我觉得会漏掉一些重要的观念与感受，也没办法解决投资者认知上的盲区，所以我会循序渐进地分场景说明定投赚钱的基础原理，以及投资者在持有过程中如何健康地面对情绪的波动。定投基础原理图解如图 6-1 所示。

形态 1：持续买进，净值没有波动

从第一次买入到最后第 N 次买入期间，净值没有任何波动，始终是 1.0 元，本金是守住了（图 6-1 中的形态 1 的 A 区域），但投资者没有获得利润。

投资者在持有过程中，情绪上估计没有任何反应，或者有点不高兴怎么都没涨。

形态 2：持续买进，净值一路往上走

从第一次买入到最后一次买入，净值一路往上走，购入成本逐步升高，净值稳步走到 2.0 元。最终成本如图 6-1 中的形态 2 的 A 区域所示，利润如图 6-1 中的形态 2 的 B 区域所示。由于一路走高，投资者在持有的过程中从头到尾都会很开心。

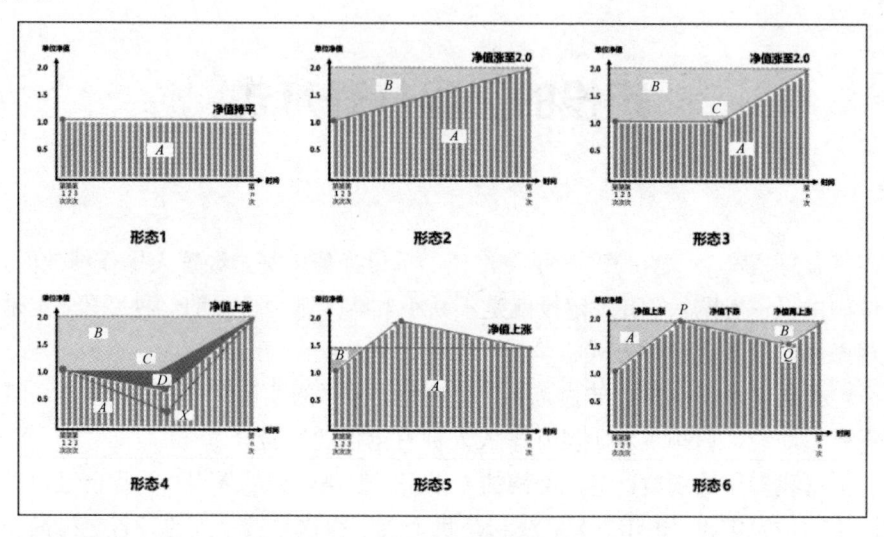

图 6-1 定投基础原理图解

形态 3：持续买进，净值先持平再走高

从第一次买入之后，净值先持平一段时间，再逐步走高。购入成本先持平再逐步走高，净值从 1.0 元稳步走到 2.0 元。最终成本如图 6-1 中的形态 3 的 A 区域所示，利润如图 6-1 中的形态 3 的 B 区域+C 区域所示。由于购入成本先持平再一路走高，与第二个场景相比，总成本反而降低了，利润多出了 C 区域所示的部分。投资者在持有的过程中，情绪上比第二种情况开心的时间少了，但是获得的利润多了。

形态 4：持续买进，净值先走低再走高

从第一次买入之后，净值先走低，一段时间后再逐步走高。购入成本先走低再逐步走高，净值先从 1.0 元跌到 0.7 元后再稳步走到 2.0 元。最终成本如图 6-1 中的形态 4 的 A 区域所示，利润如图 6-1 中的形态 4 的 B 区域+C 区域+D 区域所示。由于购入成本先走低再一路走高，净值也随之走高，比起第三个场景的总成本更低，但利润多出了 D 区域所示的部分。

投资者在持有的过程中前期账面亏钱，肯定是不开心的，但后期涨上去后发现，赚的钱比前三种情况多了很多。假设净值波动到达图中的 X 点位后上涨，这意味着投资者前半段的心情很难受，但是后半段的利润更丰厚。这个场景应该是很多投资者都经历过的"不舒服"状态，有句话是"在定投过程中心情的愉悦与后期利润成反比"，即便投资者笃定后期利润很丰厚，依旧会感到不舒服。

形态 5：持续买进，净值先走高再走低

从第一次买入之后，净值先走高一段时间再逐步走低，购入成本先走高再逐步走低，净值从 1.0 元涨到 2.0 元再跌到 1.5 元。最终成本如图 6-1 中的形态 5 的 A 区域所示，利润就只剩下前几次投资所得的 B 区域，其余部分都是暂时亏损的状态。

由于购入成本先走高再一路走低，净值也随之走低。投资者在持有的过程中前期账面盈利，肯定是开心的，但是涨上去之后往下跌，有可能后期高成本的地方造成的亏损要大于前期低成本的盈利部分。这个场景应该是很多投资者都经历过的"过山车"状态，当遇到这种情况时，投资者不需要紧张，继续等待下一轮波动即可。

形态 6：持续买进，净值先走高再走低再走高

我们可以把图 6-1 中的形态 6 的 P 点位之前的 A 区域当成形态 2，P 点位之后的 B 区域当成形态 4，到这里我们就能理解定投就是不同形态之间的轮换了。只要有波动就有盈利，如果波动是向上的，那盈利的部分就更大。投资者在定投的过程中心情或多或少都会跟着起伏，只要有正确的心态，定投仍是一个非常好的投资策略。

原理 1　降低买入成本（波动大为佳）

我们可以这样理解，如果你是工厂的老板，你需要进货加工然后卖出赚取价差。假设你需要进货，在进货的过程中，你肯定希望成本越低越好，所以进货期间要考虑的只有成本够不够低这一件事。在图 6-1 中的形态 4 的图解中，X 点位所要表达的正是"波动性"，波动性越大的基金表示越有机会在进货期间买到更低成本的货，所以要通过定投方式赚大钱，波动大是必要条件之一（股票型基金、指数型基金、偏股型基金这三类很适合）。下面通过图 6-2 进行说明。

第一种情况：在净值由 1.0 元跌至 0.5 元再涨回 1.0 元期间，我们分三次分别投入 100 元，最后的投资回报率为 33.3%。

第二种情况：在净值由 1.0 元跌至 0.8 元再涨回 1.0 元期间，我们分三次分别投入 100 元，最后的投资回报率为 8.3%。

从图 6-2 的比较中很清晰地看到，波动大的状态明显优于波动小的状态。

但是，这并不代表波动小不适合做定投，这还与个人风险承受能力有关。有些人做定投并不是要赚多少钱，而是想通过强制储蓄把钱留住且能够比定存再好一些就很满足了，那么债券型基金或偏债型基金都能满足这个需求。

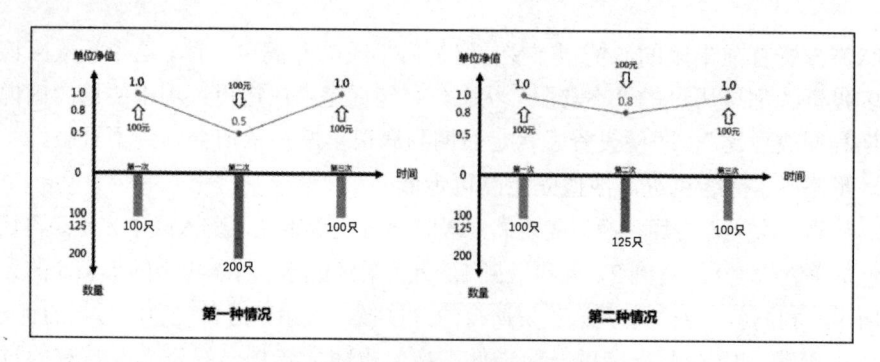

图 6-2 波动大小对基金定投获利的影响

原理 2 净值能创新高（盈利能力佳）

工厂老板进货的目的是希望未来能够以更高的价格出货，同样，投资者持续买入基金份额意味着希望未来在更高的净值处出货，从长期来看基金的累计净值以能不断创新高为佳。波动大意味着可以买到低价格，创新高代表能卖出高价格。

我们通过 5 年的长期区间实例进行说明。时间跨度为 2015 年 1 月 1 日—2020 年 1 月 1 日，用嘉实沪深 300ETF 联接 A（基金代码：160706）与汇添富价值精选混合 A（基金代码：519069）的累计收益做对比，如图 6-3、表 6-1 所示。

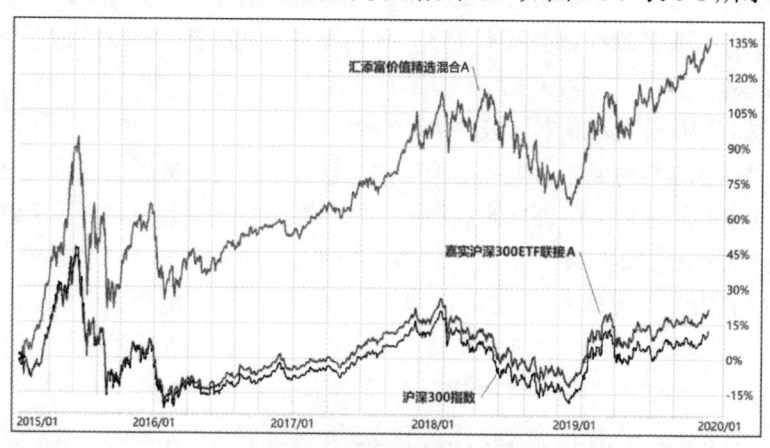

图 6-3 基金创新高能力示意图

（数据来源：Wind 资讯）

表 6-1 两只基金近 5 年定投收益比较

基金名称	近 1 年定投收益率	近 2 年定投收益率	近 3 年定投收益率	近 5 年定投收益率
嘉实沪深 300ETF 联接 A	-4.35%	2.30%	1.47%	5.82%
汇添富价值精选混合 A	0.48%	7.85%	11.97%	26.83%

这两只基金都具备波动性大的特性,其中,汇添富价值精选混合 A 的累计绩效走势显示,它是一只可以不断创新高的基金。我们再看看两只基金在 5 年期间定投的收益情况:嘉实沪深 300ETF 联接 A 的总收益是 5.82%,汇添富价值精选混合 A 的总收益是 26.83%。

由此可知,想要追求更大的盈利,只有波动大是远远不够的,盈利能力也要强大。那么,如何判断一只基金是否具备不断创新高的盈利能力呢?在这里,我提供一个非常简单、有效的口诀供大家参考:"一顶比一顶高+一底比一底高"。

接下来,我们分别用股票型基金、混合型基金作为案例来说明如何观察基金的定投盈利能力。

案例一:股票型基金——易方达消费行业股票(基金代码:110022)

在图 6-4 中,标有顶部和底部的位置代表需要观察的位置,并且要借由每次顶部和底部的位置是否持续创新高来判断基金的盈利能力。在图 6-4 中,我们可以看到易方达消费行业股票在 2013 年 1 月至 2020 年 1 月创造了 3 次新高,7 年累计收益率超过 270%,平均年化超过 20%。假设我们在 2015 年 4 月的高点至 2020 年 1 月一直做规律的定投,那么定投累计收益率已超过 50%。

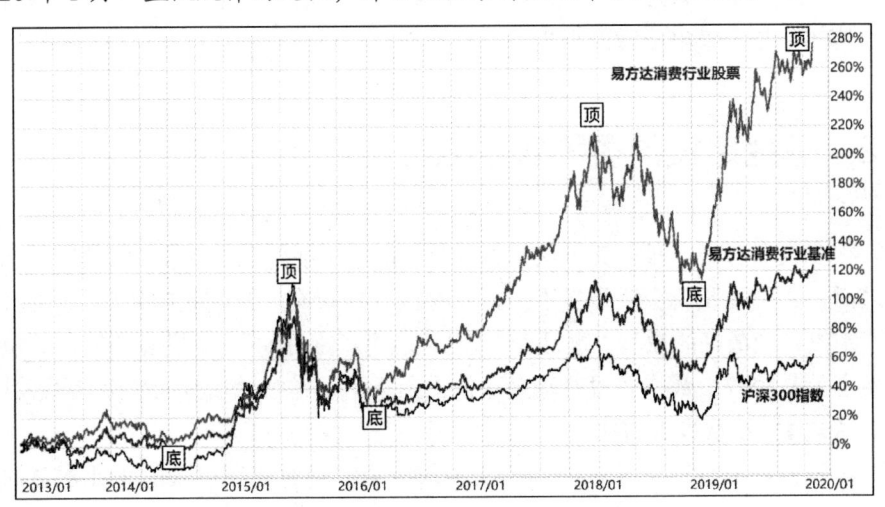

图 6-4 股票型基金创新高案例

案例二:混合型基金——兴全合润混合(基金代码:163406)

在图 6-5 中,兴全合润混合在 2013 年 1 月至 2020 年 1 月 5 次的底部有 4 次是创新高的,4 次顶部都刷新了前一次的高度。

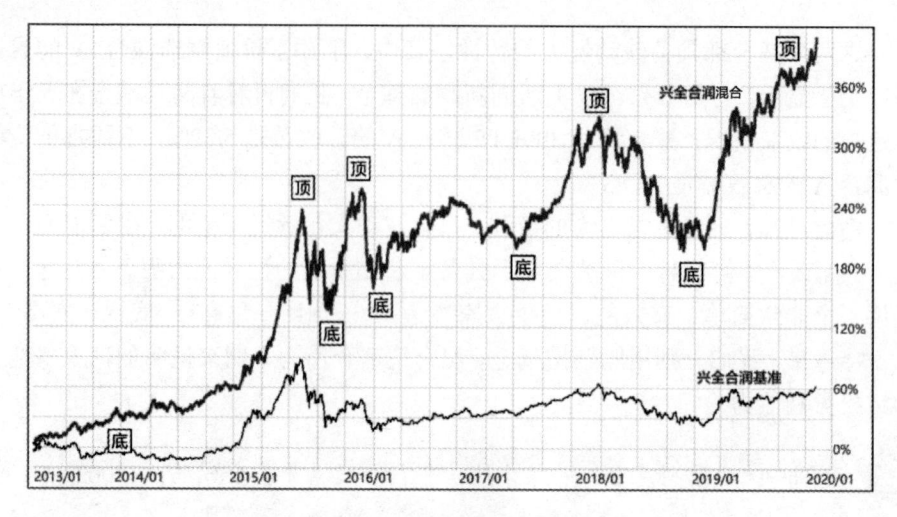

图 6-5　混合型基金创新高案例

原理 3　不能停扣（至少坚持一个微笑周期）

大多数投资者定投不能赚到钱，都是因为基金中途下跌出现短暂亏损时停扣。停扣意味着投资者没有进货，这就代表后续的涨跌过程中的货都跟他没有关系了。如果投资者手上定投的基金属于能够不断创新高的基金，那么在任何时间点上停扣都是未来出货时的损失。

6.2　基金定投的盈利收窄效应

很多投资者做定投都有过这样的经历：定投初期效果很明显，可是投了三五年之后，盈利增长就会明显慢下来，这是因为定投有"盈利收窄效应"。也就是说，定投有段最好的盈利"蜜月期"，过了这个"蜜月期"，定投前期投入的资金基本上就是跟着指数或者跟着基金净值上上下下，继续做增量的效益就不大了。

认知 1　单次投入占比

定投的收窄效应主要是因为每次投入本金都会对前期投入的累计本金的影响力降低。

假设每月都定投，持续 10 年，总共投入 120 次。每次投入的本金随着时间的推移对前期投入的累计本金的影响力从第一次的 100%，到第二次的 50%、第三次的 33.3%，直到最后一次的 0.83%，这个影响力递减效应证明后期投入的资金对前期已积累的本金帮助并不大，如图 6-6 所示。

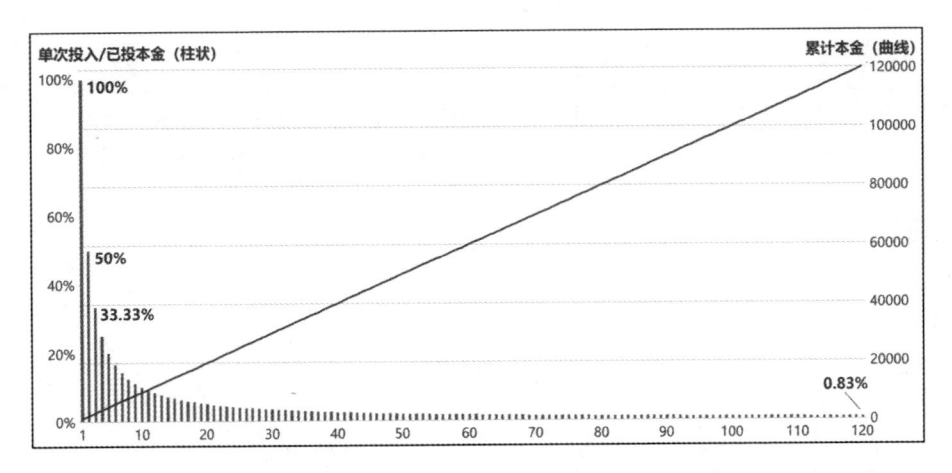

图 6-6　定投模型中单次投入的本金在已投入本金中的占比越来越小

图 6-7 是某基金每月定投、定投 10 年的结果，可以说在前 5 年，定投的盈利增长能力还是非常好的，如图中箭头 A、B、C、D 点所示，绩效增量不断扩大；可是越到后期，定投收益的波动性跟标的物的波动性基本上一致，如图中 E、F、G、H 点所示，绩效几乎与原基金收益率走势平行，失去了增量。

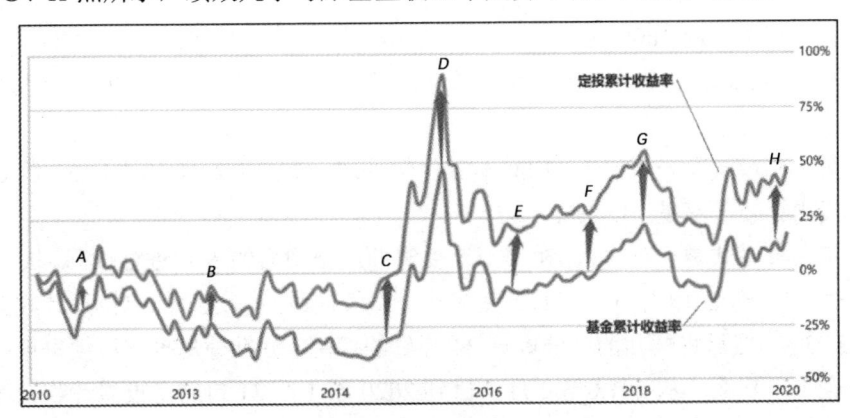

图 6-7　定投盈利收窄效应

认知 2　定投"蜜月期"——微笑曲线

我们在研究定投数据的时候，让人感到满意的形态是微笑曲线，而让人麻痹的形态也是微笑曲线。我们以大成沪深 300 指数 A（基金代码：519300）为例，看看它 5 年间的真实定投数据。

图 6-8 是大成沪深 300 指数 A 和沪深 300 指数从 2015 年 6 月 1 日到 2020 年 1 月 31 日的收益率走势对比，走势形态基本一致。从形态上，我们可以看到

有 A、B、C 三个高点。

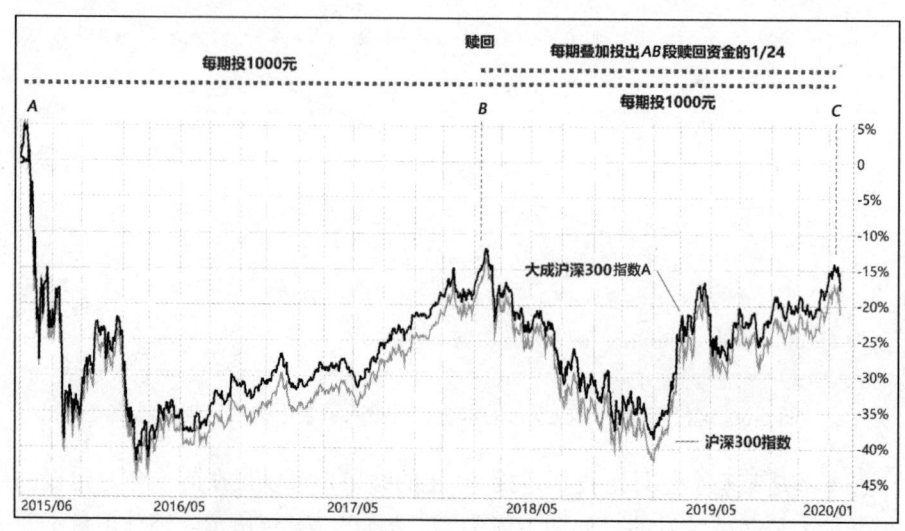

图 6-8　大成沪深 300 指数 A 与沪深 300 指数累计收益率对比走势图，
数据区间 2015 年 6 月 1 日—2020 年 1 月 31 日

假设每个月用 1000 元定投大成沪深 300 指数 A，从 2015 年 6 月的最高点开始，投到 2020 年 1 月停止。我们验证两种模式，看看哪种模式的综合收益率较高。

第一种模式是一直投入，期间不做任何处理，最后到 2020 年 1 月 31 日 C 点的定投累计收益率是 13.09%。

第二种模式是一直投入，在第一个微笑曲线出现后的 B 点进行赎回。从 2015 年 6 月 1 日到 2018 年 1 月 31 日完成一个微笑曲线后，这时的定投累计收益率为 19.93%。然后将赎回的部分进行 24 等份的切割，分批叠加投在后续每期投入的资金上。那么，从 2018 年 2 月 1 日到 2020 年 1 月 31 日的定投累计收益率为 10.32%。最后，总本金 56000 元，期末总资产 68816 元，总收益 12816 元，总收益率 22.89%。

第二种模式比第一种模式的累计收益率高 9.8%。结论：定投的"蜜月期"就是一个微笑曲线。

观念导正 1：经常听到"定投时间越长越好"的说法，其实这句话只说对了一半，完整的表述应该是"定投时间越长越好，每次微笑都要结算一次"。

观念导正 2：如果前期的投入资金很大，继续小额定投摊低前期成本的帮助不大。

6.3 哪些基金适合定投

我个人认为投资标的都是中立的，投资者个人的习惯、喜好、操作手法等可以决定最终绩效。所以"哪些基金适合定投"这个问题，我们从指数增强型基金说起。

1. 性价比高的入门款——宽基指数增强型基金

增强型基金大多数都会出现在宽基指数的类型中，例如，上证 50 指数增强型基金，就是以上证 50 指数为跟踪标的，但是保留一部分资金进行"主动投资"，这样操作可以追求超越对标指数的绩效。除此之外，还有沪深 300 指数增强型基金、中证 500 指数增强型基金等。

如果投资者真的不想在挑选基金、追踪基金上花费精力，我认为可以选择定投指数增强型基金，原因有两个：第一，整体标的少，容易挑选出优秀基金；第二，费率适中，指数增强型基金的申购费率略高于指数型基金，在没有打折活动的情况下，申购费率在 1.5%以内，管理费为 1.2%/年，托管费为 0.2%/年。指数增强型基金申购费率比股票型基金便宜，但比纯被动型基金贵一点。

我个人推崇这类基金主要是因为性价比较高（挑选基金的付出与绩效回报比），跟费用关系不大。

2. 个人推荐款——主动管理的权益类基金（包含股票型基金、偏股型基金）

这类基金的波动性大，只要能够承受绩效较大波动的人都可以依照前面讲述的方法挑选一只基金实践一段时间。股票型基金与偏股型基金在绩效上互有领先，在市场行情大热的时候（相对高位），股票型基金的定投表现会超越偏股型基金；在市场行情冷清的时候（相对低位），偏股型基金表现会比较出色。

原理很容易理解：股票型基金有最低 80%持仓限制，导致市场在回撤时，它至少还得持有 80%的股票。投资者为了避免"过山车"式的体验，适量的出场操作是非常重要的。如果投资者对投资基金感兴趣、对资本市场资讯也比较关心的话，我会推荐定投这类主动管理的权益类基金。

指数中有所谓的宽基指数、窄基指数，主动型基金中也有类似的情况。例如，富国天惠成长混合 A/B（LOF）（基金代码：161005）是针对整个市场在大类筛选后进行配置的，几乎任何产业都可能出现在持仓股票中，相关情况如表 6-2、图 6-9、表 6-3 所示。这类基金的净值比较稳定，受资本市场大环境影响较大、单一产业影响较小。

表 6-2　富国天惠成长混合 A/B（LOF）持仓明细

时间：2019-12-31

股票名称	持仓占比	较上期
国瓷材料	7.15%	0.12%
中国平安	5.15%	−1.11%
五粮液	4.44%	−1.01%
伊利股份	4.30%	0.04%
格力电器	3.95%	0.67%
安车检测	3.92%	−1.28%
上海钢联	3.10%	−0.74%
重庆百货	3.03%	新增
宁波银行	2.95%	新增
韦尔股份	2.82%	新增

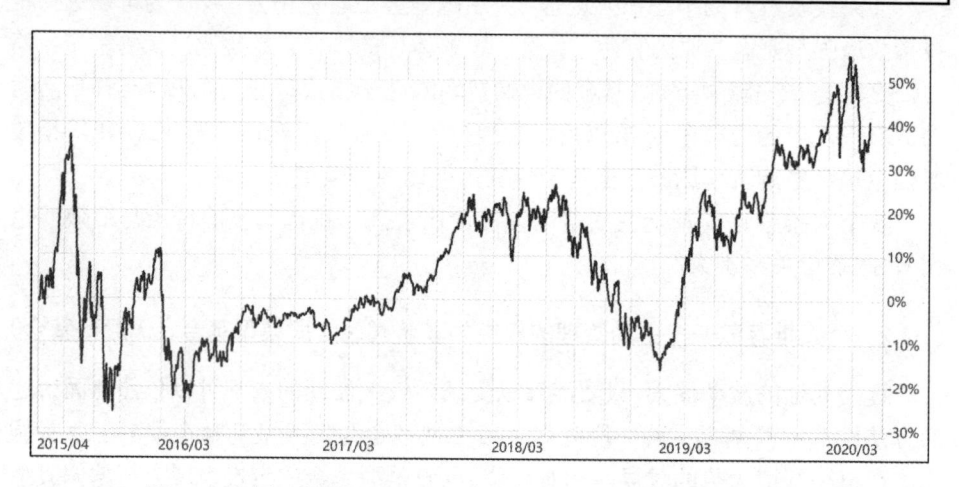

图 6-9　富国天惠成长混合 A/B（LOF）近 5 年累计收益率走势，
数据区间 2015 年 4 月—2020 年 4 月

表 6-3　富国天惠成长混合 A/B（LOF）多种方法的定投收益

周期	普通定投	目标止盈法	移动止盈法	慧定投
近 1 年	8.72%	20.29%	8.72%	8.57%
近 2 年	22.18%	37.09%	22.18%	21.14%
近 3 年	23.73%	21.14%	20.38%	21.67%
近 5 年	34.43%	36.86%	27.95%	29.11%

数据来源：Wind 资讯

再如，博时医疗保健行业混合 A（基金代码：050026），投资配置只聚焦在医药保健产业，那么基金的绩效受医疗保健行业的政策和环境影响较大、受资本市场大环境影响相对较小。由于周期性强，这类聚焦单一产业的基金做定投可能会出现一两年不涨、一涨就赚很多的情况，如表 6-4、图 6-10、表 6-5 所示。

表 6-4　博时医疗保健行业混合 A 持仓明细

时间：2019-12-31

股票名称	持仓占比	较上期
长春高新	8.28%	1.37%
药明康德	7.85%	1.18%
恒瑞医药	7.22%	1.00%
迈瑞医疗	5.37%	0.27%
健康元	5.34%	1.51%
兴齐眼药	5.18%	2.03%
国药股份	4.79%	0.06%
金域医学	2.96%	新增
艾德生物	2.85%	−0.94%
康泰生物	2.83%	新增

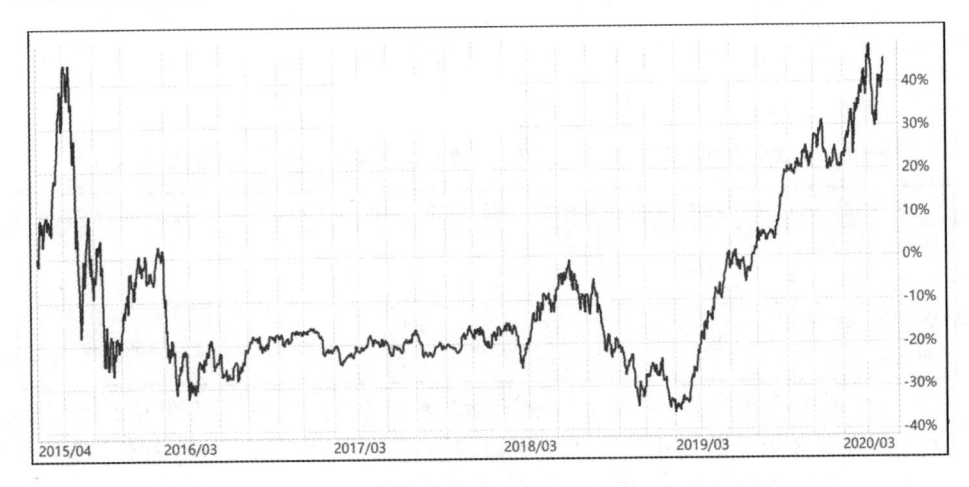

图 6-10　博时医疗保健行业混合 A 近 5 年累计收益率走势，
数据区间 2015 年 4 月—2020 年 4 月

表 6-5　博时医疗保健行业混合 A 多种方法的定投收益

周期	普通定投	目标止盈	移动止盈	慧定投
近 1 年	24.70%	29.44%	24.70%	23.91%
近 2 年	54.11%	38.37%	42.20%	45.18%

续表

周期	普通定投	目标止盈	移动止盈	慧定投
近3年	62.32%	53.59%	49.12%	50.85%
近5年	66.95%	24.87%	45.64%	46.83%

如果不考虑投资类型的差别,硬把上述两只基金叠加在一起,只看收益率走势,投资者很可能会认为富国天惠成长混合A/B(LOF)的定投成绩要优于博时医疗保健行业混合A,可是定投收益就完全相反了,如图6-11、表6-6所示。

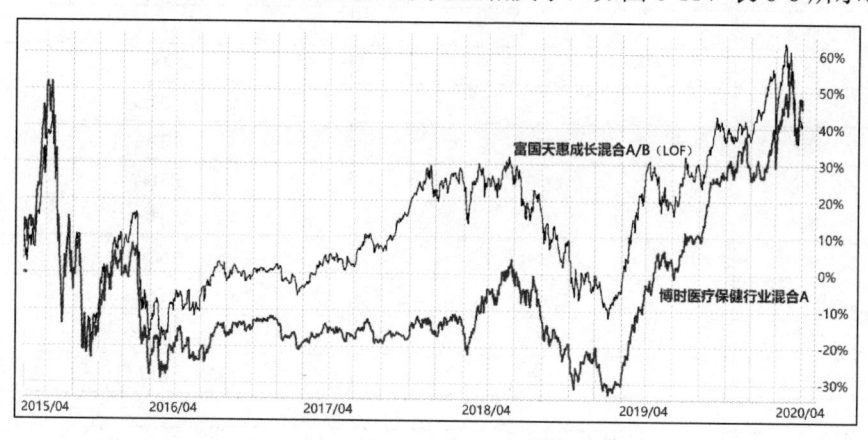

图6-11 富国天惠成长混合A/B(LOF)与博时医疗保健行业混合A的累计收益率走势对比,数据区间2015年4月—2020年4月

表6-6 富国天惠成长混合A/B(LOF)与博时医疗保健行业混合A定投收益对比

基金名称	近1年定投收益率	近2年定投收益率	近3年定投收益率	近5年定投收益率
富国天惠成长混合A/B(LOF)	8.72%	22.18%	23.73%	34.43%
博时医疗保健行业混合A	24.70%	54.11%	62.32%	66.95%

这里再次呼应了本章开头提到的定投形态4的说法:基金在低位时间够长(投资者心情不好的时间也长),涨上去后超额利润就更多。虽然基金有好坏之分,但更要看适不适合自己。如果投资者可以在两三年完全看不到盈利的情况下,坚持定投博时医疗保健行业混合A,那最后才能赚得多;如果投资者经常想看到盈利或者投入资金坚持不了5年,那富国天惠成长混合A/B(LOF)反而是相对好的选项。

3. 债券型基金可以定投吗

从严格意义上来说,债券型基金波动性不大,定投效益不会太好,但是有些人定投是为了逼自己把钱存下来，而不是为了赚很多钱，而且他们承受不了什么波动，只要打开计算机或手机银行看到自己的损益栏是正数就很开心了，这样债券型基金就是一种挺适合他们存钱的选择。

6.4 定投需要选择时机吗

定投关于时间点的选择，将时间拉长来看，影响是很小的。我们选取 5 年做个统计。将易方达上证 50 增强 A（代码：110003）作为验证标的，以每个月最高点、每个月最低点及每月 10 日扣款 2000 元来比较说明。

每个月的最高点投——假设运气非常差，过去 5 年每个月的最高点都扣了款，5 年累计收益率是 36.98%。

每个月的最低点投——假设运气非常好，过去 5 年每个月的最低点都扣了款，5 年累计收益率是 42.32%。

5 年间，上述两种方式的收益率对比如图 6-12 所示。

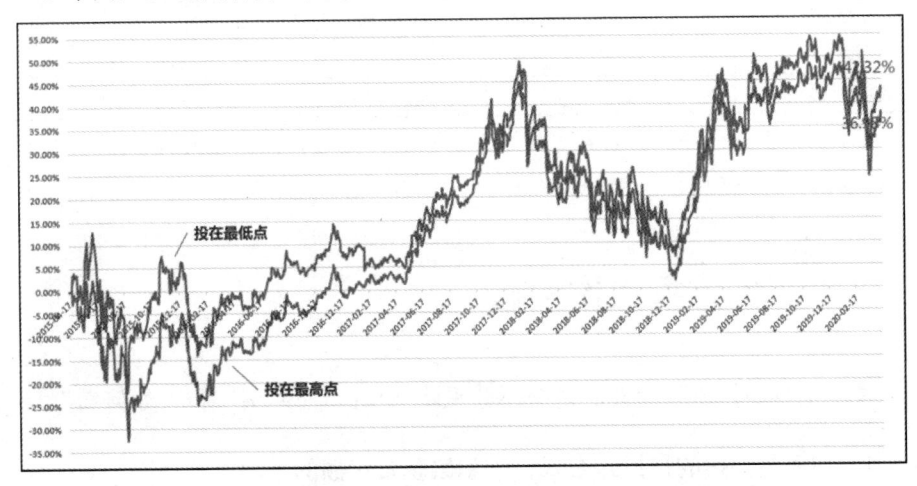

图 6-12　每月最低点和最高点定投的累计收益率比较，数据区间 2015 年 4 月—2020 年 4 月

每个月的 10 日扣款——假设运气很普通，过去 5 年在每个月的发薪日 10 日扣款，5 年累计收益率是 41.25%。

由此可知，上述三种方式的结果差异不大。如果时间再拉长，那差距就更小了。因此，定投不用等待，不用挑日子，今天就是最好的开始，定投越早开始越好。

6.5 定投多久投一次合适

关于扣款频率的选择,将时间拉长来看,影响也是不大的。我们将易方达上证 50 增强 A(基金代码:110003)作为验证标的,选取 3 年做统计。在总投入资金一样的前提下,将日定投、周定投、月定投三种扣款频率进行比较,如表 6-7 所示。

日扣款 100 元:每日定投 100 元,定投期限为 3 年,最终累计收益率为 22.07%。

周扣款 500 元:每周定投 500 元,定投期限为 3 年,最终累计收益率为 12.74%。

月扣款 2000 元:每月定投 2000 元,定投期限为 3 年,最终累计收益率为 12.92%。

表 6-7 易方达上证 50 增强 A 日定投、周定投、月定投收益率比较

	日定投	周定投	月定投
每期定投金额(元)	100	500	2000
定投期限(年)	3	3	3
总收益率(%)	22.07	12.74	12.92

结论:在同一标的且最终投入资金相同的前提下,将定投时间拉长来看,按照日、周、月频率定投的最终收益率的差别并不大。

6.6 常见的定投操作策略

关于定投如何盈利的分析说明不外乎两件事:"如何买"和"如何卖"。

1. 如何买,指的是投入方式,即积累基金份额的手段

方案 1　定额投入

固定期限、固定金额投入之后就完全不管了,优点是全程零干扰,达到了懒人投资的极致,也是大多数人选择的方式。市场估值低的时候,积累的基金份额多一点;市场估值高的时候,积累的基金份额少一点。

举例说明:选取 2017 年 4 月至 2020 年 4 月的沪深 300 指数累计收益率走势,我们分别在市场估值相对较高和较低时投入 1000 元/次(图 6-13 中的 A、B、C、D 点)。从图 6-13 中可以看出,在 B 点估值相对较低的地方,1000 元能

买到 1223 份基金；而在 A 点、C 点、D 点估值相对较高的地方，1000 元分别可以买到 819 份、908 份和 875 份基金。

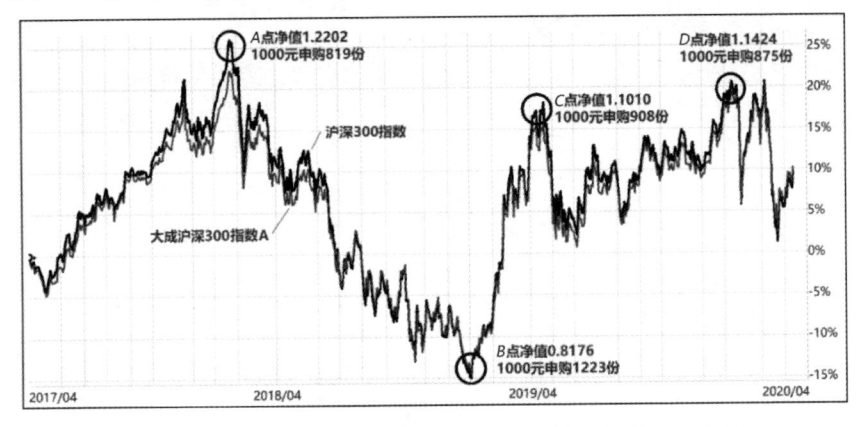

图 6-13　大成沪深 300 指数 A 与沪深 300 指数累计收益率走势，
数据区间 2017 年 4 月—2020 年 4 月

方案 2　智能投入

我们可以设定指标，价格偏低时就多投一点，价格偏高时就少投一点。市场上有很多指标，这里讲述一下大多数投资者比较容易取得的两个常见指标：第一个是股市市盈率，第二个是大盘均线图。

当市盈率出现在相对低位区间 20% 时，投资者可以选择加大投入金额。

举例说明：继续选取近 3 年沪深 300 指数收益走势图，从图 6-14 中可以看出，只有在 B 点时，分位点为 19.53%，是低于 20% 的。计算得出，申购每份基金花费约 0.97 元。

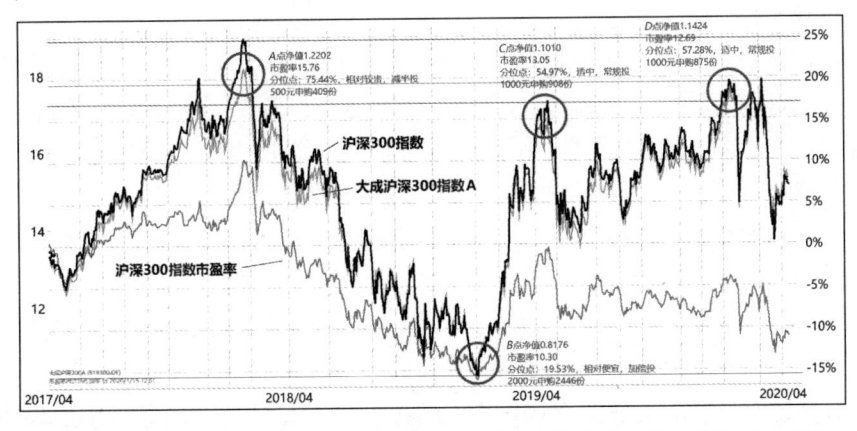

图 6-14　大成沪深 300 指数 A、沪深 300 指数累计收益率走势与沪深 300 指数市盈率走势，数据区间 2017 年 4 月—2020 年 4 月

大盘均线可以理解为平均值的意思。季均线就是一个季度的平均值，年均线就是 1 年的平均值。例如，股市点位低于年均线，代表目前是过去 1 年来相对便宜的位置，反之就是处于较贵的位置。

举例说明：在图 6-15 中，A、C、D 点都在均线上方且偏离很远，属于相对贵的位置，操作策略为不申购；只在 B 点参与申购，每份基金花费 0.8176 元。

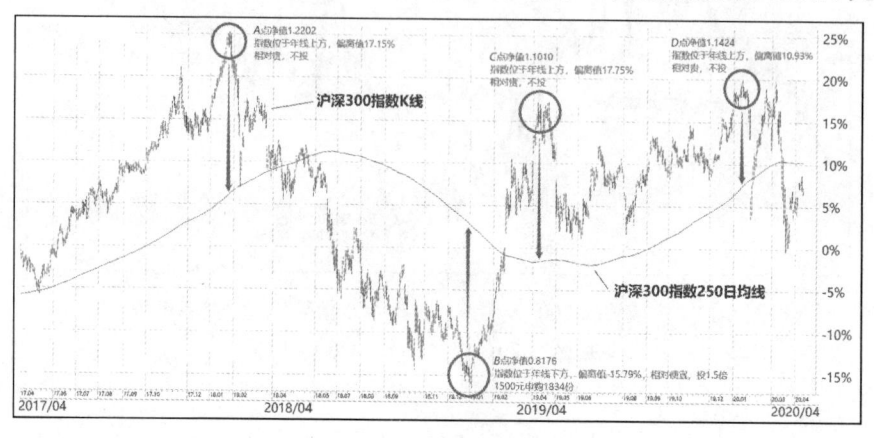

图 6-15 沪深 300 指数均线与指数的关系

由此可以得出，智能投入的两种方式都比定额投入划算。

方案 3　大额投入

所谓的大额就是做不到长时间持续投入。例如，将可投资的整笔资金 100 万元切割成 10 笔或 5 笔，每日投入一笔 10 万元或 20 万元。对大多数人来说，每日投入 10 万元或 20 万元是不能长时间持续的，但在低位区间用这种方式操作的效果确实很好，尤其是遇到重大事件引起大回撤的时候。

大额定投的目的是希望把"低位区间的价格以带状通吃的方式去替代单笔抄底"，这样把握性大、风险相对较小，非常适合在重大危机出现时的暴跌后低位接盘。通过这种方式操作的人绝大多数不会把大笔资金放在定投里面太久，反弹盈利就会赎回，效率高但操作难度大，具备专业知识且能力强的人才适合。

在我创作期间（2020 年 3 月—4 月），原油暴跌至每桶 20 美元，美欧股一个月暴跌超过 35%，这时候大概就是大额定投石油相关 ETF 或美欧股市比较好的时机，但是还等不到后续验证本书就会完稿，所以我只能再找出一个暴跌加仓的时机。

举例说明：选取大成沪深 300 指数 A，从 2020 年 2 月 3 日起连续定投 5 次，每次投入 10 万元，到 2020 年 3 月 5 日能取得约为 10% 的收益，如图 6-16、

表 6-8 所示。在图 6-16 中，方块标识为前 5 天连续定投的净值，圆圈标识为直到定投结束的每日净值。

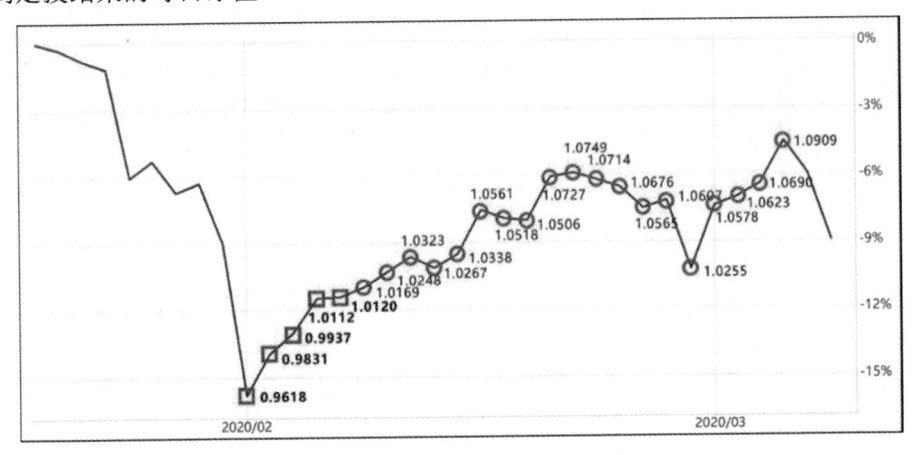

图 6-16 单期的大额单笔定投

表 6-8 大成沪深 300 基金定投明细

日期	净值（元）	定投（份）	累计期末资金（元）	累计收益率
2020 年 2 月 3 日	0.9618	100000.00	100000.00	0.000%
2020 年 2 月 4 日	0.9831	100000.00	202214.60	1.107%
2020 年 2 月 5 日	0.9937	100000.00	304394.92	1.465%
2020 年 2 月 6 日	1.0112	100000.00	409755.60	2.439%
2020 年 2 月 7 日	1.0120	100000.00	510079.78	2.016%
2020 年 2 月 10 日	1.0169		512549.53	2.510%
2020 年 2 月 11 日	1.0248		516531.38	3.306%
2020 年 2 月 12 日	1.0323		520311.61	4.062%
2020 年 2 月 13 日	1.0267		517489.04	3.498%
2020 年 2 月 14 日	1.0338		521067.66	4.214%
2020 年 2 月 17 日	1.0561		532307.56	6.462%
2020 年 2 月 18 日	1.0518		530140.23	6.028%
2020 年 2 月 19 日	1.0506		529535.39	5.907%
2020 年 2 月 20 日	1.0727		540674.48	8.135%
2020 年 2 月 21 日	1.0749		541783.35	8.357%
2020 年 2 月 24 日	1.0714		540019.24	8.004%
2020 年 2 月 25 日	1.0676		538103.92	7.621%
2020 年 2 月 26 日	1.0565		532509.17	6.502%
2020 年 2 月 27 日	1.0607		534626.11	6.925%

续表

日期	净值（元）	定投（份）	累计期末资金（元）	累计收益率
2020年2月28日	1.0255		516884.20	3.377%
2020年3月2日	1.0578		533164.42	6.633%
2020年3月3日	1.0623		535432.56	7.087%
2020年3月4日	1.0690		538809.57	7.762%
2020年3月5日	1.0909		549847.85	9.970%

数据来源：Wind 资讯

一般而言，股市非常重要的是流动性与投资者的信心。2020年年初一场危机对资本市场打击巨大，我国政府及时推出一系列解决流动性问题的措施（如逆回购、降息、企业纾困等），开盘当天外资净流入接近200亿元抄底资金，为历史第二大规模（在图6-17中，2020年2月3日成交净买入181.8939亿元）。

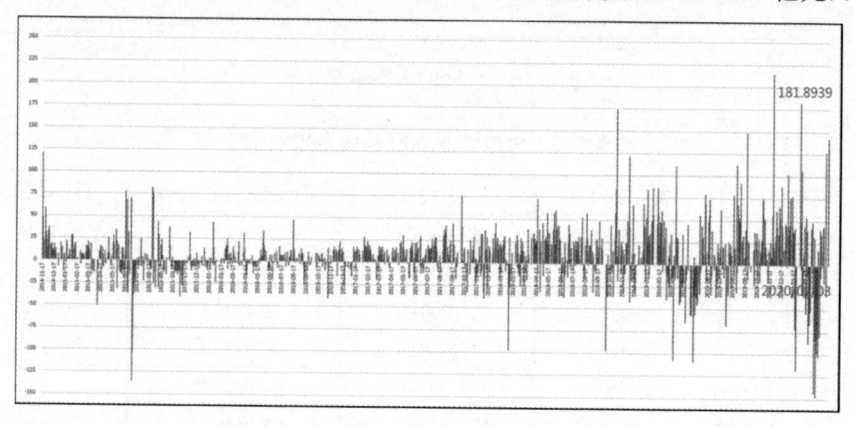

图6-17 外资在A股市场交易规模，数据区间2014年11月—2020年4月

外资投资比较重视价值投资，大概可以判断这个位置价值肯定被低估了，也就是可以大额定投的好时机。假设在后续的5天之内进行大额定投，收获应该颇丰。但是，重大危机的反弹要很小心，所以我才会说这类资金都不会长期停放在定投中，可能10%的收益就离场。

结论：定投的进货策略，唯一考虑的是"够不够便宜"，也就是说，定投是"不止损"的。

2. 如何卖，指的是出货方式，即基金份额高抛的手段

由于市场的不可判断性，再加上定投会有盈利收窄效应，所以有纪律地出场是投资者必须学习的重要技能，这里用三种比较容易操作的方案进行说明。

方案 1　固定盈利止盈

除非遇到 2007 年、2015 年这种明显的大牛行情或者 2019 年明显的科技行情，否则定投要赚取大额利润难度很大，投资者不做止盈多数面临的是"过山车"式的体验。这里我建议投资者设定一个合适的止盈，如 15.61% 以内（根据某基金网站数据，股票型基金定投 5 年的平均收益率为 15.61%）。

这种形式止盈的好处是频率相对可控。如果投资者把预期止盈设低，那么出场阈值就很容易触发。例如，投资者的预期目标是 10%，很可能一个波动几个月就出场了。大多数手机银行 App 及三方基金交易平台都有"盈利止盈提醒"的功能，非常方便。

方案 2　微笑周期止盈

如果扣款之后基金就开始进入下跌周期（感觉半年以上一直处于赚不到钱的状态），那就记录下相对高点的一个净值，等到净值重新回到这个位置的时候就算完成了一个微笑曲线，这时候就可以止盈了。止盈之后，如果基金还一直往上涨，可以搭配"固定盈利止盈"的方式继续保持。2018 年 7 月 24 日至 2019 年 2 月 22 日，沪深 300 指数的微笑曲线形态如图 6-18 所示。

图 6-18　沪深 300 指数的微笑曲线形态

方案 3　市盈率止盈

市盈率就是估值，在估值相对低的位置就加仓，在估值相对高的位置就赎回。这个相对位置投资者可以自己设定，我会建议设定 5 年来低于市盈率最高点数值的 20% 与高于市盈率最低点数值的 20% 作为赎回和加仓的依据。

举例说明： 我们借用沪深 300 指数的数据，对比常规投资和止盈、加仓投资两种操作方式，如图 6-19 所示，图中阴影部分为止盈和加仓的操作节点。每期投资金额为 1000 元，期限 5 年，两次止盈都在低于市盈率最高点数值 20% 处，一次加仓在高于市盈率最低点数值 20% 处。

交易日期	指数点位	市盈率	浮动上限	浮动下限	常规投资金额	每期期末资产	止盈、加仓投资金额	每期期末资产	操作
2015-01-05	3,641.54	13.42	22.58	9.61	1000	1124.96	1000	1314.76	
2015-02-02	3,353.96	12.25	20.38	9.61	1000	1221.42	1000	1427.49	
2015-03-02	3,601.27	13.05	20.38	9.61	1000	1137.54	1000	1329.46	
2015-04-01	4,123.90	14.93	19.28	9.61	1000	993.38	1000	1160.97	
2015-05-04	4,787.74	17.17	14.18	9.61	1000	855.64	0	0.00	止盈
2015-06-01	5,076.18	17.83	14.41	9.61	1000	807.02	0	0.00	
2015-07-01	4,253.02	15.72	15.20	9.61	1000	963.22	0	0.00	
2015-08-03	3,829.24	14.19	15.20	9.61	1000	1069.82	1000	1108.81	
2015-09-01	3,362.08	12.27	15.20	9.61	1000	1218.47	1000	1262.88	
2015-10-08	3,296.48	11.91	15.20	9.61	1000	1242.71	1000	1288.01	
2015-11-02	3,475.96	12.79	15.20	9.61	1000	1178.55	1000	1221.50	
2015-12-01	3,591.70	13.13	15.20	9.61	1000	1140.57	1000	1182.14	
2016-01-04	3,469.07	12.82	15.20	9.61	1000	1180.89	1000	1223.93	
2016-02-01	2,901.05	10.83	15.20	9.61	1000	1412.14	1000	1463.57	
2016-03-01	2,930.69	10.96	15.20	9.61	1000	1397.82	1000	1448.77	
2016-04-01	3,221.89	11.92	15.20	9.61	1000	1271.48	1000	1317.83	
2016-05-03	3,213.54	12.12	15.20	9.61	1000	1274.79	1000	1321.25	
2016-06-01	3,160.55	11.96	15.20	9.61	1000	1296.16	1000	1343.41	
2016-07-01	3,154.20	11.99	15.20	9.61	1000	1298.77	1000	1346.11	
2016-08-01	3,176.81	12.31	15.20	9.61	1000	1289.53	1000	1336.53	
2016-09-01	3,301.58	13.13	15.20	9.61	1000	1240.79	1000	1286.02	
2016-10-10	3,293.87	13.04	15.20	9.61	1000	1243.70	1000	1289.03	
2016-11-01	3,359.05	12.97	15.20	9.61	1000	1219.57	1000	1264.02	
2016-12-01	3,565.04	13.73	15.20	9.61	1000	1149.10	1000	1190.98	
2017-01-03	3,342.23	13.04	15.20	9.61	1000	1225.70	1000	1270.38	
2017-02-03	3,364.49	13.32	15.20	9.61	1000	1217.59	1000	1261.97	
2017-03-01	3,458.44	13.57	15.20	9.61	1000	1184.52	1000	1227.69	
2017-04-05	3,503.89	13.71	15.20	9.61	1000	1169.15	1000	1211.77	
2017-05-02	3,426.58	12.85	15.20	9.61	1000	1195.53	1000	1239.11	
2017-06-01	3,497.74	13.29	15.20	9.61	1000	1171.21	1000	1213.90	
2017-07-03	3,650.85	13.7	15.20	9.61	1000	1122.09	1000	1162.99	
2017-08-01	3,770.38	14.23	15.20	9.61	1000	1086.52	1000	1126.12	
2017-09-01	3,830.54	14.12	15.20	9.61	1000	1069.45	1000	1108.43	
2017-10-09	3,882.21	14.27	15.20	9.61	1000	1055.22	1000	1093.68	
2017-11-01	3,996.62	14.12	15.20	9.61	1000	1025.01	1000	1062.37	
2017-12-01	3,998.14	14.04	15.20	9.61	1000	1024.62	1000	1061.97	
2018-01-02	4,087.40	14.5	15.20	9.61	1000	1002.25	1000	1038.78	
2018-02-01	4,245.90	15.43	15.20	9.61	1000	964.83	0	0.00	止盈
2018-03-01	4,049.09	14.38	15.20	9.61	1000	1011.73	1000	1011.73	
2018-04-02	3,886.92	13.42	15.20	9.61	1000	1053.94	1000	1053.94	
2018-05-02	3,763.65	12.73	15.20	9.61	1000	1088.46	1000	1088.46	
2018-06-01	3,770.59	12.64	15.20	9.61	1000	1086.46	1000	1086.46	
2018-07-02	3,407.96	11.52	15.20	9.61	1000	1202.06	1000	1202.06	
2018-08-01	3,447.39	11.8	15.20	9.61	1000	1188.31	1000	1188.31	
2018-09-03	3,321.82	11.17	15.20	9.61	1000	1233.23	1000	1233.23	
2018-10-08	3,290.90	11.21	15.20	9.61	1000	1244.82	1000	1244.82	
2018-11-01	3,177.03	10.76	15.20	9.61	1000	1289.44	1000	1289.44	
2018-12-03	3,260.95	10.84	15.20	9.61	1000	1256.25	1000	1256.25	
2019-01-02	2,969.54	10.09	15.20	9.61	1000	1379.53	1000	1379.53	
2019-02-01	3,247.40	11.01	15.20	9.61	1000	1261.50	1000	1261.50	
2019-03-01	3,749.71	12.5	15.20	9.61	1000	1092.51	1000	1092.51	
2019-04-01	3,973.93	13	15.20	9.61	1000	1030.86	1000	1030.86	
2019-05-06	3,684.62	11.91	15.20	9.61	1000	1111.81	1000	1111.81	
2019-06-03	3,632.01	11.76	15.20	9.79	1000	1127.91	1000	1127.91	
2019-07-01	3,935.81	12.74	15.20	9.79	1000	1040.85	1000	1040.85	
2019-08-01	3,803.47	12.28	15.20	10.26	1000	1077.06	1000	1077.06	
2019-09-02	3,848.32	11.95	15.20	10.28	1000	1064.51	1000	1064.51	
2019-10-08	3,837.68	11.96	15.20	10.28	1000	1067.46	1000	1067.46	
2019-11-01	3,952.39	11.99	15.20	10.80	1000	1036.68	1000	1036.68	
2019-12-02	3,836.06	11.65	15.20	12.11	1000	1067.91	2000	2135.83	加仓
2019-12-31	4,096.58	12.48	15.20	12.11					
合计					60000	68754.75	57000	68287.65	

图 6-19 常规定投和按照市盈率阈值止盈的定投操作数据对比

最终，常规投资的投入资本为 60000 元，期末总资产为 68754.75 元，收益率为 14.59%；而根据市盈率进行止盈、加仓投资的投入资本为 57000 元，期末总资产为 68287.65 元，收益率为 19.80%。

6.7 小结

无论投资者用哪种方式做定投，想赚钱都需要时间，想多赚一点钱都必须经历下跌过程，这个过程肯定不好受，不管投资者中途如何安慰自己下跌是为了买进更多的份额，心情都会不舒服。我遇到过太多中途停扣的案例，理由都是"我觉得还要跌，我等低一点再大额买入"。这类人最后都把定投玩成抄底，心态都变了，怎么可能赚钱？

从事基金研究、投资 20 多年，我的建议就是把定投当成一种"独立习惯"，纪律操作，这样很容易赚钱。

参考文献

[1] 罗伯特·斯莱特. 约翰·博格与先锋集团：一个人改变一个行业[M]. 博格Fans团，译. 北京：电子工业出版社，2019.

[2] 龙红亮. 债券投资实战[M]. 北京：机械工业出版社，2018.